池田綱政

元禄時代を生きた岡山藩主

倉地克直

吉川弘文館

はじめに

池田綱政は、日本三名園の一つである岡山後楽園《こうらくえん》を造った人物として知られる。後楽園の素晴らしさは、あの開闊《かいかつ》な景観にある。庭園の内部は歴代の藩主の好みによって変えられたが、開闊な空間は綱政が開園したときのままだ。そこには綱政の趣好とともに、時代の空気も流れているだろう。綱政は、庭内の田で村の子どもが田植えをするのを眺め、能の興行には領民を招いて見物させた。

庭園と「名君」

日本三名園には、岡山後楽園の他に金沢の兼六園《けんろくえん》、水戸の偕楽園《かいらくえん》があげられる。兼六園は金沢藩の前《まえ》田《だ》綱紀《つなのり》が基礎を造ったもので、偕楽園は水戸藩の徳川斉昭《とくがわなりあき》が造った。二人とも藩政の「改革」に尽くした「名君《めいくん》」だ。「名君」というのは「名のある君主」という意味で、儒学では「道に明るい君主」を「明君《めいくん》」と呼ぶ。江戸小石川の後楽園を今のような形にしたのは「水戸黄門」として知られる徳川光圀《みつくに》だし、「寛政の改革」をすすめた松平定信《まつだいらさだのぶ》は優れた庭園を三つも造っている。(1)

庭園と「名君」とは縁が深そうだが、綱政の場合はどうだろう。はたして彼は、「明君」と呼ばれるような政治を行ったのだろうか。

綱政の出自

池田綱政は、寛永一五年（一六三八）一月五日に江戸に生まれた。父は岡山藩主の池田光政《みつまさ》、母は本多《ほんだ》忠刻《ただとき》の女《むすめ》勝子（円盛院《えんじょういん》）。二人の間に生まれた三番目の子で、長男であった。光政以前に岡山を居城としたのは、叔父の池田忠継《ただつぐ》・忠雄《ただお》の二代である。しかし、忠雄の死後、子の光仲《みつなか》は幼少であったために鳥取に転封《てんぽう》となり、その子孫が鳥取藩三二万石を幕末まで継承する。光政は、姫路藩主池田利隆《としたか》の家督《かとく》を相続したのち鳥取に転封となり、さらに光仲との国替えによって岡山藩主となった。そののち光政の子孫が幕末まで岡山藩主を務めている。こうした経緯から、光政を岡山藩池田家の初代としてよいと考える。とすれば、綱政は岡山藩池田家の二代目ということになる。[2]

池田家は、もとは美濃国出身の土豪《どごう》と言われるが、光政の曽祖父にあたる池田恒興《つねおき》の時代に織田信長・羽柴秀吉の配下で武将として頭角をあらわした。そののち祖父の輝政《てるまさ》が姫路城主となり、播磨一国五二万石を領した。父利隆は播磨国のうち四二万石を相続し、光政もそれを継承したが、元和三年（一六一七）に因幡《いなば》・伯耆《ほうき》両国三二万石に転封となる。そして、光仲との国替えによって寛永九年に岡山城に移った。[3]領地・知行高は忠雄時代と同様で、備前一国二八万二〇〇〇石および備中国六郡（のちに五郡）のうち三万五〇〇〇石、計三一万五二〇〇石であった。[4]

母勝子は、光政の跡に姫路城主となった本多忠政の嫡男である忠刻の女。勝子の母は将軍徳川秀忠の女の千姫《せんひめ》（天樹院《てんじゅいん》）であった。忠刻が若くして亡くなったのち、勝子は母天樹院とともに江戸城に暮らした。勝子と光政の婚姻を進めたのは秀忠である。勝子は秀忠の養女となって光政に嫁いだ。こうした関係から将軍家光も光政を信頼し、光政も生涯家光や天樹院に対する尊敬の念を欠くことはなかった。

光政の母の福照院《ふくしょういん》は、徳川譜代の名門榊原康政の女鶴子。夫利隆の亡きあと、子の光政を厳しく育て、江戸での光政の生活をなにかと支えた。綱政は、池田の家を継ぐべき大事な長男である。天樹院と福照院は綱政の誕生を悦び、その成長を温かく見守った。

綱政はどう評価されてきたか

綱政は、なにかにつけて父の光政と比較される。光政は寛永九年から寛文一二年（一六七二）まで四一年間にわたって岡山藩主を務めた。その間三度の「改革」を実施し、藩政の確立に努めている。学問を重んじ、藩学校や手習所を設けて教育・教化を政治の基礎とし、質素倹約を生活の旨とした。その実績によって当時から「明君」として評判が高かった(5)。

それに対して綱政はどうだろうか。例えば、江戸時代の大名の評判を記した『土芥寇讎記《どかいこうしゅうき》』は、綱政を次のように評している(6)。

綱政、生得魯《ろ》にして、分別あたわず。親父光政は、天下に沙汰せし文武両道の達人なり。其の子として不学文盲なり。儒書・軍書などは山のごとく積み重ねて有るといえども、一偏も見たる事なし。故に理に暗く、行跡正しからず。昼夜酒宴・狂乱を心として、政道に綺《いろ》わず。御旗本に婆娑羅動楽《ばさらどうらく》の悪名を取りて、万人指頭《しとう》の誹《そし》りを受ける。（中略）更に主将の行跡にあらず。剰《あまつさ》え、女色を好む事倫《みち》を超えたり。学者の子に、斯《か》くのごとき不学文盲短才もまた珍しと、風聞あり。

「文武両道の達人」として天下に評判の高い父光政と比較して、「不学文盲短才」だと綱政を貶《けな》す。政治に無関心で、昼夜酒宴に明け暮れ、とりわけ女色には底なし。まさに「暗愚《あんぐ》で放埒《ほうらつ》な君主」の典型といった評価だ。なんとも酷《ひど》い評価だが、こうした評価は今にも引き継がれている。(7) はたして、そうだろうか。

他方、こうした評価に疑問を呈する考えもある。綱政の時代に、大規模な新田開発の進行、百間川《ひゃっけんがわ》の開削、閑谷学校《しずたにがっこう》の整備、後楽園の造営、などが行われたことを評価して、綱政を擁護する。ただし、こうした事績も家臣の津田永忠《つだながただ》の功績として語られることが多く、彼を抜擢したことに綱政評価の重点が置かれている。(8) また、後楽園の造営やそこでの能などの文化活動を取り上げて、綱政が伝統文化を岡山地域に根付かせたことを評価する意見もある。(9)

光政は詳細な自筆の「日記」(10)を記しており、政治についての考えを述べた書付《かきつけ》類も多く残されている。それらを通じて光政の治績や政治思想については多くの研究が行われてきた。(11) それに対して綱政は、自ら記した日記類はなく、政治に関する書付も多くない。(12) そのため、綱政の政治に関する考え方は明確にされていないし、その治世について系統的に考察した研究も乏しい。(13)

光政と綱政では生きた時代が変わっている。一七世紀前半から中頃過ぎにかけての光政の時代は、幕府や藩による支配の確立期であった。こうした時期には、藩主が宗主権《そうしゅけん》を強化し、家中に対しても領民に対しても、先頭に立って政治の理念を明確にして、上から「啓蒙《けいもう》」していく必要があった。それに対して一七世紀後半から一八世紀初めにかけての綱政の時代には、それまでの政治の成果を踏まえて、家中や領民を藩運営に動員していくシステムを作動させることが求められるようになっていた。(14) 幕府政治も、家光の「武断《ぶだん》政治」から綱吉の「文治《ぶんち》政治」へと変化する。(15) そうした社会状況の変化を踏まえて、綱政の治世の評価を行うことも必要だろう。

本書のねらい

綱政は藩主として生きることを運命付けられていた。その運命を彼はどのように生きたのだろうか。将軍綱吉の治世は延宝八年（一六八〇）から宝永六年（一七〇九）まで。その時期を元禄時代という。岡山藩主としての綱政の治世もそれとほぼ重なっている。本書のねらいは、綱政の治績を明らかにすることを通じて、彼がその時代をどう生きたかを描いてみることだ。

岡山大学附属図書館が所蔵する池田家文庫には、岡山藩政資料がまとまって残されている。[16] それらを使って、綱政の生涯に沿いながら、出来る限り綱政を主語にして、岡山藩政の動きを具体的に追究してみたい。そのなかで、綱政の政治に対する考えも浮かび上がってくるに違いない。本書を通じて、これまでとは異なる「治者」としての池田綱政の像を浮き彫りにし、さらに、綱政の治世を語ることで当時の民衆生活の一端でも示せたら、なおよいだろう。それは、元禄期を前後する時期の時代状況と藩主のあり方を明らかにすることにつながる。

本書では、出来る限り読みやすくするために、資料の引用にあたっては読み下し文とし、送り仮名も多く付けることにした。現代文に書き替えたものも少なくない。出典は註に明記しているので、興味のある方は、原典によっていただきたい。また、『池田光政日記』[17]、『池田家履歴略記』[18]、「池田氏系譜」[19]、岡山藩の「留帳《とめちょう》」[20]「日次記《ひなみき》」[21]「御留帳評定書《ひょうじょうがき》」[22]「備陽国学記録」[23]「諸職交替《しょしきこうたい》」[24]および各家の「奉公書《ほうこうがき》」[25]による事項は、本文中に〔日記〕〔履〕〔系〕〔留〕〔日次〕〔評〕〔国学〕〔職〕〔奉〕と註記した。

目　次

池田家略系図

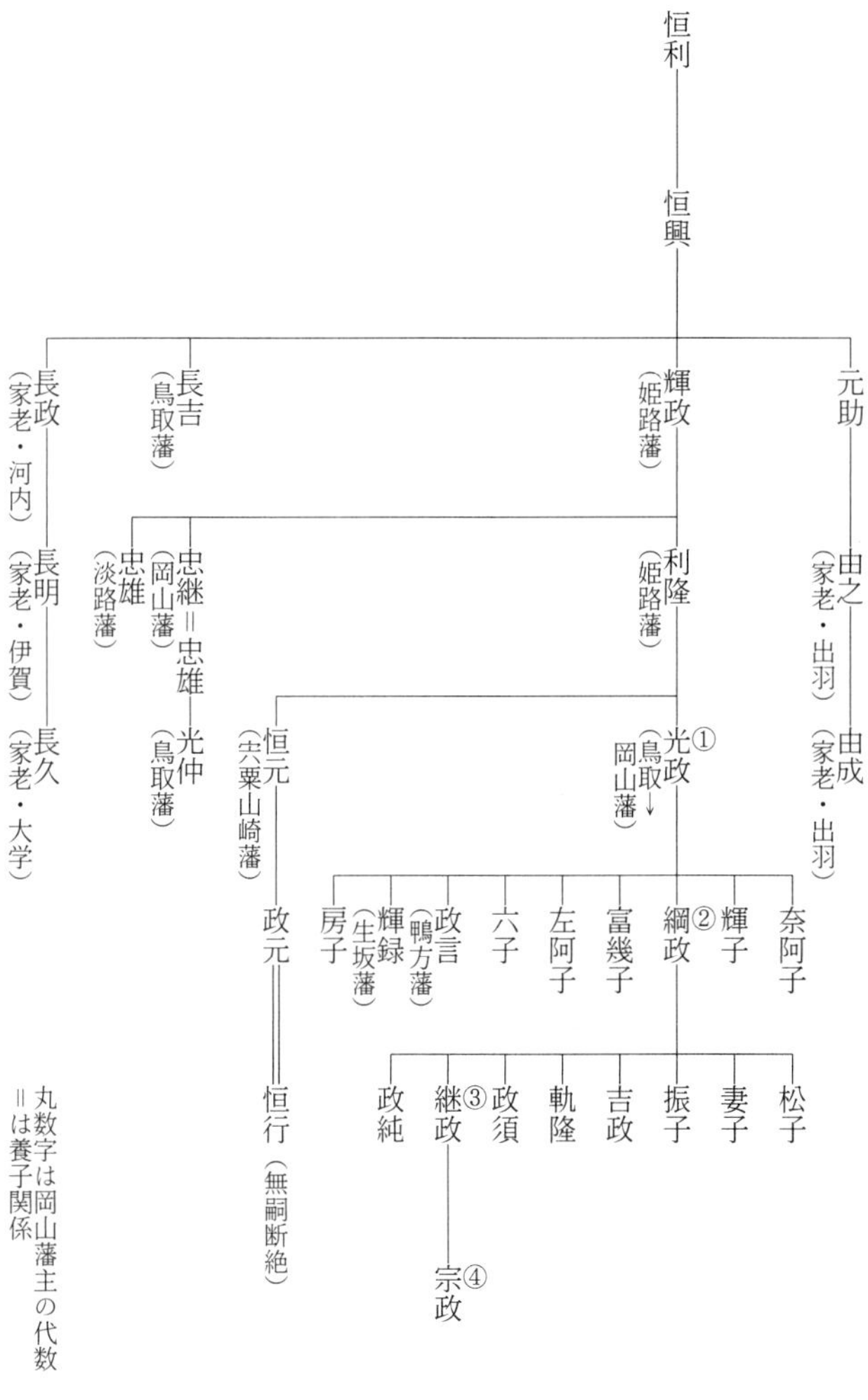
恒利
恒興
元助
輝政（姫路藩）
長吉（鳥取藩）
長政（家老・河内）
由之（家老・出羽）
利隆（姫路藩）
忠継（岡山藩）＝忠雄
忠雄（淡路藩）
長明（家老・伊賀）
由成（家老・出羽）
光政①（鳥取→岡山藩）
恒元（宍粟山崎藩）
光仲（鳥取藩）
長久（家老・大学）
奈阿子
輝子
綱政②
富幾子
左阿子
六子
政言（鴨方藩）
輝録（生坂藩）
房子
政元＝恒行（無嗣断絶）
松子
妻子
振子
吉政
軌隆
政須
継政③
政純
宗政④
丸数字は岡山藩主の代数
＝は養子関係

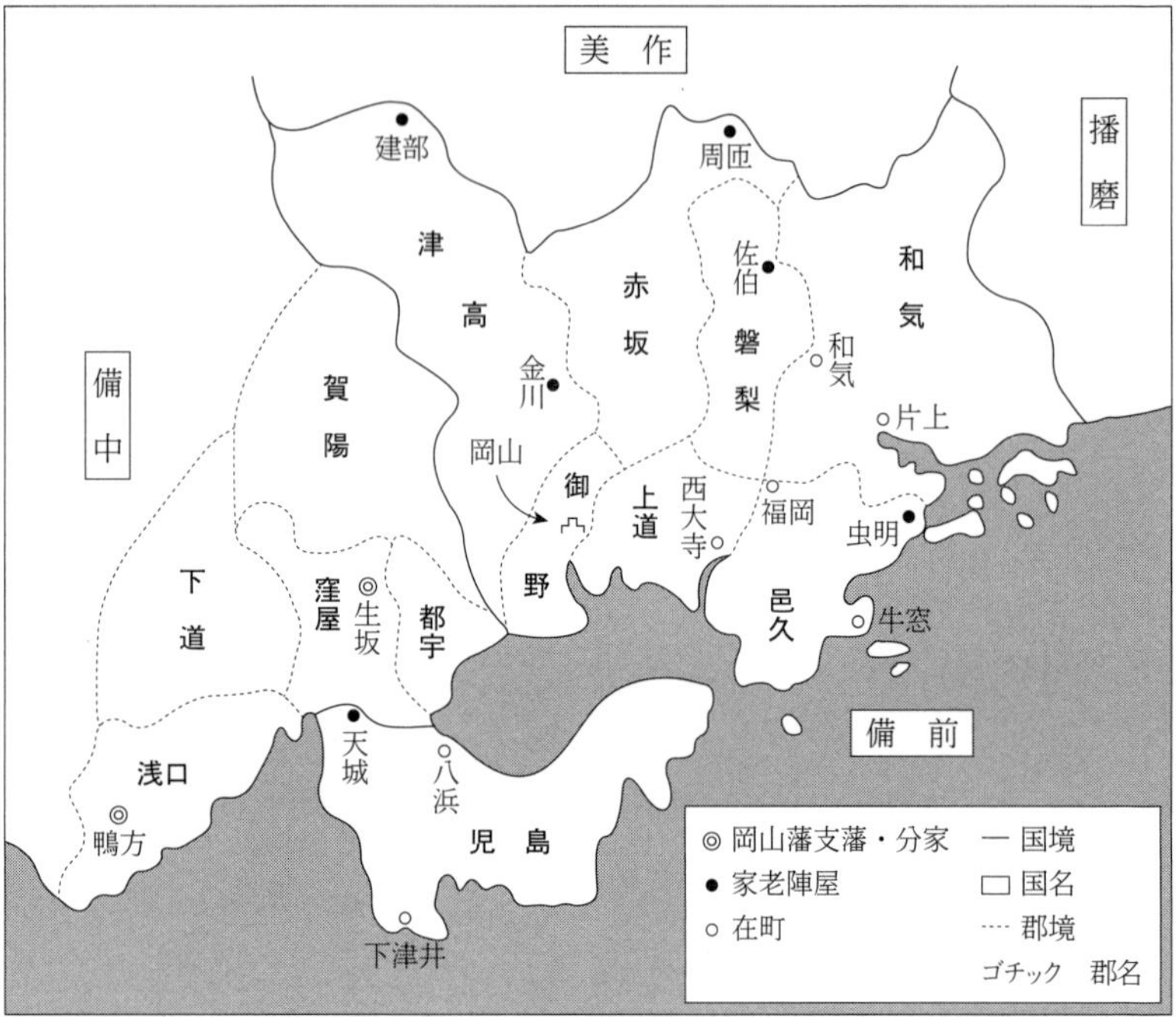
美 作
播 磨
備 中
備 前
建部
周匝
津
高
赤
坂
佐伯
磐
梨
和
気
和気
片上
金川
賀
陽
岡山
御
野
上
道
西大寺
福岡
虫明
邑
久
牛窓
下
道
窪
屋
生坂
都
宇
浅口
鴨方
天城
八浜
児 島
下津井
◎ 岡山藩支藩・分家
● 家老陣屋
○ 在町
— 国境
□ 国名
---- 郡境
ゴチック 郡名
岡山藩領地図

第一章　家督相続以前

1　嫡男綱政

綱政の幼名は太郎。三歳となった寛永一七年（一六四〇）正月朔日に三左衛門と改めている（系）。三左衛門は曽祖父輝政の通称だから、この時すでに光政の跡取りとして成長することが期待されていた。

初御目見得から具足着初まで

寛永一八年六月一三日、四歳になった綱政は初めて将軍家光に拝謁、「国光」（来国光か）と名のある脇差《わきざし》を拝領している（日記）。光政の後継者であることが将軍によっても確認された。同年一二月二六日には、家光より「御はかま・かたきぬ・御小袖《こそで》」などを拝領、翌寛永一九年正月朔日「はかまき」（袴着）をした（日記）。同月六日には、水野伊織が綱政に付けられ、子の勘兵衛とともに江戸へ引っ越すように命じられている。水野伊織は知行一〇〇〇石で番頭《ばんがしら》格。寛永一八・一九年は、いわゆる寛永飢饉の年で、光政は幕府の指示のもとに最初の「改革」に取り組むことになる。

寛永二一年正月元日の『日記』に、「三左衛門元服《げんぶく》仕り候、長門《ながと》はさミそめ《（鋏初）》仕り、其後加左衛門さかやき《（月代）》そり申し候」とある。綱政はこのとき七歳。普通の元服には少し早いが、光政には何か考えがあったのだろう。祝儀として「長光」の刀を遣《つか》わした。「長門」は家老《かろう》の伊木《いぎ》忠貞《たださだ》、寛永一九年から慶安四年（一六五一）まで仕置家老《しおきがろう》を務めている〔奉〕。岡山藩には家老格の家が五、六家あり、そのうち二、三人が直接の仕置（政治）に当たった。「加左衛門」は未詳。(1)

正保三年（一六四六）綱政九歳。この年から綱政への家臣による正月元日の礼儀が始まる〔日記〕。藩主に準じる扱いになった。翌正保四年一一月三日、綱政付きの家臣に加増が遣わされた。光政は水野伊織を、油断なく奉公しており「満足申し候」とねぎらっている〔日記〕。

慶安五年二月一六日、江戸屋敷で「具足着初《ぐそくきぞめ》」の儀式が行われた。綱政は一五歳になった。その様子が『日記』に記されている。この日の朝、光政から綱政に「大兼平太刀・助真の刀・国光の脇指」が遣わされた。そののち、「御影《みえい》三ふく」を掛けて焼香。御影の脇に具足を飾り、「馬印・弓二てう・しかうふち・うちわ・あふき」を掛けた。「しかうふち」は「しごう」と「ぶち」で、紙と筆、および鞭《むち》か。「うちわ」（団扇）、「あふき」（おうぎ・扇）と一緒に飾った。しばらくして水野伊織が綱政に具足を着せ、熊皮を敷いた床机《しょうぎ》に南向きに座らせた。左脇に水野勘兵衛が太刀を持って控える。そのまま綱政は光政と盃《さかずき》を三献《こん》酌み交わし、肴《さかな》も出された。出陣を模した儀式が行われたようだ。「御影」三幅は、光政の祖父にあたる輝政と父利隆、および輝政の妻で利隆の母にあたる中川氏（大儀院《だいぎいん》）(2)の絵像。後に元日の儀式に掲げられるようになるものだ。池田の家を継承させる儀式でもあった。

藩主教育始まる

同年七月に別木《べつき》庄左衛門らの老中襲撃《ろうじゅう》計画が発覚する。いわゆる「承応事件《じょうおうじけん》」である。このとき「新太郎殿心学《しんがく》、おもてむきハ儒者、内々ハむほん心も候哉」という噂が流れたようで、その件について「備後《びんご》」と一緒に綱政も老中に呼ばれ、気遣う必要はないと申し渡された〔日記〕。「新太郎」は光政、「心学」は当時光政が傾倒していた熊沢蕃山の学問。中江藤樹の陽明学の流れをくむものであった。「備後」は光政の弟の池田恒元《つねもと》のこと。慶安二年に播磨《はりま》国宍粟《しそう》郡に三万石を与えられ、山崎《やまさき》藩（宍粟藩）として独立していた。光政が江戸を離れているときは、綱政が叔父の後見を受けながら父の名代としての扱いを受けるようになっているようだ。

承応二年（一六五三）五月一四日、水野伊織は三〇〇〇石の江戸家老に取り立てられ、子の勘兵衛が父の知行一〇〇〇石と鉄砲三〇挺を継ぐとともに、綱政付きの役も引き継いだ。ただし勘兵衛は多用のため、その助けとして泉八右衛門が綱政付きの「小々性頭《こごしょうがしら》」に申し付けられた〔日記〕。八右衛門は熊《くま》沢蕃山《ざわばんざん》の実弟で、字は仲愛。初め肥前平戸《ひぜんひらど》藩に仕えたが、致仕《ちし》して中江《なかえ》藤樹《とうじゅ》に学んだ。そののち慶安三年から岡山藩に仕えるようになっていた。光政が学識と人柄を買って、綱政に付けた。

同月二七日、綱政は「わキをつめ」、向屋敷《むかいやしき》に移徙《いし》した〔日記〕。岡山藩の江戸上屋敷《かみやしき》は大名小路《だいみょうこうじ》をはさんで、西の本屋敷と東の向屋敷からなっていた。現在の東京駅前丸ビルあたりだ。本屋敷が江戸での政庁と藩主の居住空間であったのに対して、向屋敷は岡山城で言えば本丸《ほんまる》に対する西丸《にしのまる》のような位置付けであった。前藩主の室や嗣子などが居所とし、江戸詰め家臣の長屋も建ち並んでいた。

同年閏七月八日、綱政は初めて日光《にっこう》に参詣した。光政は同月二日に参詣している〔日記〕。

同年一二月四日、天樹院から老中に綱政の元服と官位のことにつき要請があり、一九日幕府から元服について進物などの準備をするようにと指示があった。二三日には登城して元服を仰せ付けられ、従四位下侍従《じじゅう》兼伊予守《いよのかみ》に任じられた〔日記〕。そののち御前にて「御字」（家綱の「綱」）を賜った[3]。以後「綱政」と名乗ることになる。二六日には綱政が官位に就いた祝儀として、惣家中《そうかちゆう》に小袖や銀子《ぎんす》が遣わされた〔日記〕。

承応三年正月元日、光政は「御影三ふく」と「格物《かくぶつ》」に焼香、続いて『孝経《こうきよう》』一部を読誦した〔日記〕。綱政も同じように焼香、礼拝しており、以後これが元旦恒例の儀式となる。「御影三ふく」は綱政の「具足着初」に飾られたもの。「格物」は中江藤樹直筆の書軸。この語は『大学』の説く八条目の最初の項目で、朱子学では「物に格《いた》る」と読み、陽明学では「物を格《ただ》す」と読む。光政としては、当主となって池田家を継ぐ自覚を綱政に持たせる意図があったのだろう。翌日には綱政を伴って江戸城に登城、将軍への年頭の挨拶を行っている。

承応三年七月、岡山藩領は大洪水に襲われる。国許に帰った光政は、災害からの復旧に努めるとともに、二度目の「改革」に全力で取り組む。翌承応四年正月一二日、綱政が「前かミおろし候」との知らせが江戸から届く。二月一六日に光政は江戸家老の水野伊織に書状を送り、江戸屋敷の作廻《さくまい》〔財政管理〕について綱政から申し渡させるように指示した〔日記〕。綱政にやがて当主となる自覚を促すとともに、家中にも綱政の存在を印象づけようとしたのだろう。綱政に対する藩主教育が始まる。

明暦元年（一六五五）五月六日、石谷貞清《いしがやさだきよ》から綱政の結婚について問い合わせがあった〔日記〕。前年あたりから、天樹院が綱政の結婚について動いており、光政に申し合わせている家があるかと問い合わせている。光政としては、申し合わせている家はないが、とにかく「大身衆とは申し合うまじき」と返事したところ、天樹院も光政の「心次第」と納得していた。家格《かかく》よりも家風《かふう》を重視したいというのが光政の考えであった。石谷貞清は幕臣で町奉行《まちぶぎょう》。彼の妻は板倉重昌《いたくらしげまさ》の養女だから、後に述べる板倉重宗《しげむね》の女のことを打診したのだろうか。

一二月になって、妹の富幾子《ふきこ》について福照院の甥である榊原忠次から息子の政房の嫁にという話しがあり、光政も乗り気であった。あわせて酒井忠勝から綱政の妻に板倉重宗の女（実は子の重郷《しげさと》の女）はどうかという話しが改めてあり、光政も板倉は「筋目《すじめ》」（血筋）もあることだからとその仲介を酒井に頼んでいる〔日記〕。重宗は学問者として知られ、光政の理解者でもあった。

翌年になると綱政の縁談も、天樹院と酒井忠勝のもとで本格化し、光政も両者とたびたび相談している。しかし、この話しは重宗の女が婚礼前に亡くなってしまったために実現しなかった(4)〔寛政譜〕。

初入国にむけて

明暦二年閏四月二三日に光政は久世三四郎のところで久世大和《くぜやまと》・牧野織部《おりべ》・池田恒元と「伊与国《いよ》へ参り候事」を相談している〔日記〕。嫡男である綱政が国許に行くには将軍の許可を得なければならない。その根回しを依頼したのだろう(5)。牧野織部（成常）は牧野成里《しげさと》の子。成里は関ヶ原戦後池田輝政の庇護を受けていて、のち幕府に出仕した。成常も父とともに徳川家に仕え、小姓組から書院番《しょいんばん》になっている〔寛政譜〕。久世三四郎・大和（広之）は久世広宣《ひろのぶ》の子で、ともに小姓組であった。久世広之はのちに下総関宿藩主《しもうさせきやど》から老中になる〔寛政譜〕。光政はこの三人に将軍周辺への綱政の取次を依頼していたようだ。光政は帰国直前の五月三日にも、三四郎・織部に綱政の「万事」について頼んでいる〔日記〕。

同年五月二五日、光政は岡山に帰る。承応三年の洪水から二年余りが経ち、領内の状況も回復に向かっていた。七月、梶田清右衛門が綱政に付けられることになった。清右衛門は三五〇石の小姓、他に大原孫左衛門の子ら四人が児小姓に召し出されている〔日記〕。綱政初入国に向けての準備が本格的に始まった。

翌明暦三年九月四日、光政は家老の池田出羽・伊木長門・池田伊賀を呼び出して、綱政が初入国した場合の心構えについて申し渡した〔日記〕。綱政は「いまだ十方《とほう》もなく、万無安内《よろずぶあんない》」なので、なにかと心配だ。とにかく三人の心得が肝心だ。「三人衆が綱政を軽々しく扱うと末々《すえずえ》の者までがそのようになってしまう。だから綱政には自分〔光政〕に仕えるようにせよ」、と命じたのだ。

あわせて仕置家老の伊賀には、「綱政はいまだ家中の御用には不案内だけれども、聞かせもしなければいつまでもうまく対処できるようにならない。聞くだけは聞かせて、申し付けはしないというのがよいだろう。そのために評定の場に水野市正《いちのかみ》か泉八右衛門を出させ、その内容を綱政に聞かせて、仕置のあり方について物語するようにさせよ」、と指示している〔日記〕。評定は家老を中心に藩政上の諸課題を検討する寄合で、その結果を受けて藩主が最終決定をした。寛永二一年から月に三度ずつ開かれることになり、正保三年五月からは毎月の一〇日・二〇日・晦日の三回開かれるようになっていた(6)。市正は水野勘兵衛のこと。のちに宇右衛門と改名し、さらに再び勘兵衛に戻る〔奉〕。先に述べたように、八右衛門とともに承応二年から綱政に付けられていた。

2 初入国

初入国の心構え

明暦三年（一六五七）九月八日、光政は岡山を出船、同月二五日江戸に参着した。一〇月三日、綱政に登城が仰せ付けられ、御暇《おいとま》を下された。直に拝領物も下されている〔日記〕。綱政初入国が正式に決まった。

翌四日、光政は綱政入国にあたっての注意事項を「一ッ書」にして「いをり・市正・八右衛門・備後・いよ一同ニ」申し渡した〔日記〕。市正・八右衛門という近習《きんじゅう》とともに、幼少から綱政に付いていた水野伊織も、養生を兼ねて同行、帰国することになっていた。

あわせて綱政には直に、「今回の入国は一大事である。父のよいところはまね、悪いところはまねないように。父親の権威を笠に着て悪事を行わないこと。とくに気随《きずい》（わがまま）をおこさないようにせよ」、と注意している。

さらに一〇月一〇日の出発の朝にも綱政に「書付」を渡して申し含めた。『日記』には、その書付は「別紙ニ在り」とあるが、いまのところ確認できていない。

綱政は二〇歳になっていた。初めての大旅行でもある。その様子を旅日記に書き残している(7)〔履〕。江戸から大坂までは東海道を行き、大坂からは船で岡山に入った。途中に歌枕《うたまくら》では和歌を詠みながらの旅であった。綱政の文芸嗜好の片鱗がうかがえる。詳しくはのちに述べる。岡山に着いたときには次のように詠んだ。

色深き　君か恵《めぐみ》に　末葉《すえは》まて　枝さしかはす　岡山のまつ(松)

「君か恵」は父光政の「仁政」を指すのだろう。それが国の末々まで行きわたっていることを讃える歌だが、同時に、それを引き継ぐ子として岡山の地に入る綱政自身の緊張感もうかがえる。

初入国中の光政の手紙

綱政が岡山に着いたのは一〇月二六日。光政は、綱政の岡山での様子を家老や綱政の近習たちから逐一報告させた。また、光政と綱政との間で書状の遣《や》り取《と》りもたびたび行われた。残念なことにこの期間に綱政が光政にあてた書状は見付けていないが、光政が綱政にあてた書状は八通が見付かっている(8)。それによりながら、綱政の動きと光政の指示をみてみよう。

到着早々の一〇月二八日、綱政は池田数馬《かずま》を江戸に送った(履)。数馬は家老池田出羽《でわ》(由之《よしゆき》)の三男、知行一〇〇〇石の番頭(9)。綱政は数馬に光政宛の書状を持たせた。

綱政は岡山に到着するとすぐに岡山城の天守閣に登った。いわゆる「国見」である。初めての国許での体験に「肝をつぶした」と書状で報告したのだろう。そのことを光政は「尤《もっとも》ニ候」と返事している。一一月朔日には家中の者から御目見得の礼を受け、五日には家老へ振舞(饗応)を行った。評定には市正・八右衛門を列席させている。このあたりは光政に指示されたとおりだ。光政は、ときどきは大目付《おおめつけ》などの横目衆《よこめしゅう》(監察役)を呼び寄せて藩内の様子を聞くようにと改めて指示している。

綱政は幕府の老中などへの礼状と進物も数馬に託した。江戸で光政は老中の酒井忠清《さかいただきよ》の指図を受けて、他の老中へ樽肴《たるさかな》を遣わしたが、おおかたは返された。忠清は池田家の取次的な存在であった。(10)礼状は大体必要な所へは手配されていたが、豊後《ぶんご》岡《おか》藩の中川久清《ひさきよ》が落ちていたのは理解できないと光政はたしなめている。綱政の妹の左阿子《さあこ》が久清の嫡男久恒《ひさつね》に嫁ぐことになっていた〔系〕。曽祖母大儀院の実家でもある。(11)

この年一月、いわゆる「明暦の大火」で江戸城の天守閣が焼失した。その修復のための石の調達を池田家が命じられており、光政は老中からの命令があり次第すぐに取り掛かれるよう仕置家老の伊賀と相談しておくことを綱政に伝えた。この大火では池田家の江戸屋敷も焼けたので、その再建のための材木を調達することも指示している。

山田《やまだ》道悦《どうえつ》の話しを聞くようにとも光政は指示した。道悦は京都の儒者。承応三年（一六五四）四月に召し出され〔奉〕、明暦三年九月に伏見で金五〇両を下されている〔日記〕。このとき綱政の教育を頼まれたのだろう。また熊沢蕃山にも会って話しを聞くように指示している。当時蕃山は和気《わけ》郡の給地（和気郡蕃山《しげやま》村、現備前市）に隠棲していた。このころはまだ蕃山に対する光政の信頼は厚い。(12)

岡山で綱政は弟の政言《まさこと》と初めて顔を合わせている。政言は家臣の池田信濃の養子になり、家を継いで五〇〇〇石の番頭になっていた。(13)弟としてではなく小姓のように扱い、政言に気随が出ないようにと光政は注意している。

国許での綱政

一一月二五日、使者の役目を終えた池田数馬が江戸を立った〔日記〕。光政は綱政への指示を数馬に託したが、二七日、改めて飛脚《ひきゃく》を岡山に遣わしている。主な用件は公儀《こうぎ》御用の石の件で、瀬戸内海の犬島（現岡山市）で切り出すよう急いで知らせた。もう一つは、伊賀を通じて児島《こじま》の郡奉行《こおりぶぎょう》へ詮索を命じるよう指示したこと。諫箱《いさめばこ》に、酒造を行っていた八浜《はちはま》村の庄屋が、通帳《かよいちょう》を付けずに酒を売ったり、水を入れた酒を高く売ったり、さまざまに不法をしているとの訴えがあった。それを郡奉行に調べさせるよう指示したのだ（日記）。諫箱は藩主に家臣や領民が直接意見具申するための投書箱で、光政はそのすべてに目を通し、覚書を作っている(14)。領内の具体的な仕置についても綱政に関与させようとしていることが分かる。

一一月一九日に綱政は城中で光政の名代として「四季御忌日御祭」（「祖考祭《そこうさい》」）を行った。しかし、祭礼では小堀彦左衛門を役からもらすという手違いがあった。小堀は知行一五〇〇石の番頭（奉）。明暦三年八月には児島郡で起こった猟場争論を検証するため現地に赴いていた（日記）。それで前回は役から外れていたのだが、今回綱政が送った役付けにも外されたままであった。光政は、彦左衛門は「余人」とは違うので、次回からは入れるように注意している。儒教式の儀礼は泉八右衛門が詳しい。光政は岡山で綱政と八右衛門が相談して役付けを決めるよう改めて指示した。あわせて、正月元日の礼法は言うに及ばず、節句ごとの礼儀についても自分と同じように執り行うよう綱政に指示している。先祖を祀ることは当主の重要な務めであった。

いつのことだか分からないが、綱政が狩に出て初めて雁を撃った。それが書状とともに光政に届けられた。遠いのによく当たったと光政は褒めている。狩にことよせて領内を巡回するのも藩主の務め。光政もしばしば行っているが、綱政もそれにならった。光政の指示に違いない。

一二月に入って綱政が立て続けに三通の書状を送った。光政は同月二六日に返書を送っている。そのなかで光政は、綱政付きの小姓や右筆《ゆうひつ》の人事を家老の伊賀と相談して綱政自身が進めたことについておおむね同意した。弟の政言の扱いについても「尤」と述べている。また、綱政が光政の指示通りに山田道悦の講義を聴いたことを報告したので、光政はやはり「尤」と返事している。綱政が蕃山と福岡（邑《お》久《く》郡の在町、現瀬戸内市）あたりで逢う予定だと伝えたことにも賛成している。

一二月一二日に綱政は政言の屋敷で妹の六子《ろくのこ》と逢った。政言と六子はともに母が側室のお国で、母子ともに岡山に居た。(15)綱政は弟や妹と逢って親しく付き合っている様子だ。それを聞いて光政も喜んでいる。光政は、綱政の姉である奈阿子《なあこ》（本多忠平《ただひら》妻）や輝子（一条教輔《いちじようのりすけ》妻）、妹の富幾子（榊原政房《さかきばらまさふさ》妻）に関わる情報も綱政に伝えており、家族思いの面がうかがえる。(16)

江戸藩邸を再建するために国許から送った材木船《ざいもくぶね》が到着した。「進上石」は急ぐ必要はないから、良い日柄を選んで送るようにと指示した。

あいつぐ江戸の火事

明けて明暦四年正月一〇日、本郷三丁目から出火、駿河台から日本橋・京橋・新橋辺りまで延焼、さらに霊岸島《れいがんじま》・八丁堀・鉄砲洲《てつぽうず》まで焼けた。(17)前年の明暦大火に匹敵するような大火であった。岡山藩の向屋敷は火が近くまで来たが、幸い焼けなかった。筋向かいで三軒離れた阿波徳島藩の中屋敷が焼け、数寄屋橋《すきやばし》近くの下野烏山《しもつけからすやま》藩の屋敷からも出火して、全焼した。その筋向かいの摂津三田《さんだ》藩の屋敷も類焼。(18)奈阿子が嫁いでいる本多家の屋敷は、長屋が三〇間ほど焼けたが、消し止めた。あちこちで付け火があったという風聞。火事の翌日に光政は急いで綱政に書状を送った。被害の全貌はつかめていないようだが、とりあえず「一門中無事」を国許に伝えた。江戸城本丸に被害はなかったので、綱政からわざわざ使者を遣わすには及ばないとも知らせている。

光政が信頼していた番大膳が前年末の一二月二一日に亡くなった〔奉〕。輝政・利隆に仕えた譜代《ふだい》の重臣で、二〇〇〇石の番頭。大膳は「すぐれたる奉公人」であったが、倅の五郎三郎は「幼少」であるうえに、「役に立つ者とも思われない」と光政も心配している。家督《かとく》をどうするか家老の伊賀や水野伊織と相談するよう綱政に指示した。また、八右衛門を通じて蕃山の意見を聞くようにと指示している(19)。なお、慶安三年（一六五〇）には番大膳の女と政言との婚約が成立していた〔系〕。

正月一四日光政は綱政に書状を送っている。正月元日に先祖の神位を祀る儀式を執行したこと、二月に「祖考祭」を準備していることを綱政が報告したところ、光政は「尤」と褒めている。この書状の前日である一三日にも江戸の三か所で火事があった。綱政の叔父で宍粟山崎藩主の池田恒元が江戸城の番に当たっていて、苦労したと光政は告げている。ただし見舞いの書状を諸方に遣わす必要はないとも述べている。やはり市中で付け火が横行しているという。江戸の治安はますます悪化しているようだ。

福照院が風邪を引いているので見舞いの書状を送るのがよいと綱政に伝えた。福照院は光政・恒元の母、綱政の祖母である。風邪の原因は、今回の火事で避難する際に「れいき」（冷気）がさしたためだろうか。「出立《いでたち》」（服装）に問題はなかったようなのにと、光政は少し心配している。父利隆を早くに亡くした光政は、母福照院への孝養を欠かすことはなかった(20)。

光政が綱政に命じたこと

綱政初入国中の二人の遣り取りから分かることを整理しておこう。

一つは、綱政の初入国を「一代の大事」として、「家中」への「示し」を重視したこと。とりわけ、今度の綱政の「さほう《作法》」によって、いずれ綱政を支えることになる「若キ者」たちの「心ね《根》」が違ってくるから、「御たしなミ」が肝要である。「悪事」があれば家臣から「伊予殿はこの程度だ」と見限られることは疑いないから、くれぐれも「たしなミ」申すべきだと繰り返し諭している。他方、光政がいつも行っていることでも、若い綱政には「にやい《似合》」のことだとは限らない。「万事物かるく」するのが「若キニハにやい」申すものだから、そのように心得ておくようにとも注意している。

二つは、家臣との心情的なつながりを重んじさせたこと。家臣からの「礼」を受ける、家老や家臣への振舞をする。これも初入国に欠かせない行事であったろう。

三つは、幕府の老中や親類縁者の大名との進物・礼状の遣り取りについて習熟させようとしたこと。この点では、綱政に手落ちもあり、光政から細かな指示を行っている。これも藩主として必要となる作法であった。

四つは、岡山に居る弟や妹との付き合いを深めさせたこと。政言は家臣でもあり、主従のけじめを付けて、なれ合いを戒めたが、妹を加えた家族的交わりはむしろ勧めている。叔父（恒元）や祖母（福照院）への礼儀についても細かく指示している。

五つは、領内や家中のことに細かく目配りし精通するように指示していること。伊織・市正・八右衛門と議論すること、横目から話しを聞くこと、蕃山の話しを聞くことも勧めている。

六つは、「祖考祭」など光政が当時重視していた祭祀を代行させ、習熟させようとしたこと。

七つは、学問に心掛けること、とりわけ山田道悦の話しをよく聞くように命じている。八右衛門らと議論したり、側に居る者に適切に指示することも「学問(学文)」だと述べている。

光政にとっても綱政にとっても、この初入国はおおむね満足のいくものであったようだ。[21] 綱政自身や八右衛門などからの報告を聞いた光政は、綱政の「万事油断なく務める覚悟」を「何よりも大悦なること」と褒めている。ただし、「慣れてくると必ず怠る心が出るものだから、その用心が肝要だ」、と慢心を戒めた。

明暦四年四月二三日、綱政は岡山を出船し、五月一〇日に江戸に着く。かわって光政は同月一六日に暇を賜ったが、女の左阿子と中川久恒との婚儀を待って帰国することになり、結局江戸を立ったのは九月五日であった(履)。

3　二度目の入国

二度目の入国に対する光政の指示

明暦四年(一六五八)は七月二三日に改元されて万治元年となる。九月五日に江戸を出発した光政は、一九日に岡山に着く(日記)。この年は大きな災害もなく、年貢《ねんぐ》収納もやや持ち直した(後掲【表1】)。『日記』では、かぶき者や男色《なんしょく》の処分など家中の風俗取締の記事が目を引く。前年に続いて、自分と交替で再び綱政を入国させるという考えは、岡山に居る間に固まったと思われる。

翌万治二年三月一一日、光政は岡山を離れ、二七日に江戸に着く〔日記〕。綱政の二度目の入国に向けては解決しておくべき問題が二つあった。

一つは綱政の結婚問題である。『日記』の四月四日の条に、光政が綱政に恒元を通じて丹羽《にわ》光重《みつしげ》の女との結婚について申し聞かせたという記事がある。丹羽は陸奥《むつ》国二本松《にほんまつ》藩一〇万石の大名。同家との婚姻話は光政が岡山に居るあいだに、江戸で進められていたのだろう。綱政は「どのようであっても畏《かしこ》まって承ります」と返答した。天樹院にもそのことを伝えると、光政の「心次第」にするようにという返事であった。翌五日、光政は酒井忠清を訪ね、綱政の縁組みについて相談した。忠清は「大変よいことだ」と賛成し、「少しでも早いほうがよい」という意見であった。そこで早速久世三四郎を通じて丹羽家に申し入れたところ、「にやい申さざる処如何《いかが》」とは思うが、思《おぼ》し召《め》しは忝《かたじけな》いことであり、「いかようとも御意《ぎょい》次第」という返答であった。そのため、八日になって池田家からは牧野織部を通じて、丹羽家からは兼松下総《しもうさ》を通じて、それぞれ老中に届け出た〔日記〕。しかし、一九日に綱政に暇が遣わされたため、帰国を延期すべきではないと光政は判断し、老中の松平信綱《まつだいらのぶつな》に来春参府《さんぷ》したときに祝言をあげたいと伝え、信綱もこれを了解した〔日記〕。

もう一つは、泉八右衛門の処遇である。八右衛門は五年前から児小姓頭《こごしょうがしら》として綱政の側近くに仕えていたが、家臣のなかにはその勤務態度をよく言わない者たちがいたようだ。綱政によれば、他人は八右衛門が学者だと思うから、目を付けていて、その良いことは言わずに悪いことだけを言いふらすのだという。家中には藤樹流の「心学《しんがく》」を嫌う風潮もあった。確かに八右衛門は「才不足」のために平生のことに過ちもあったが、それは誰にでもあることだと綱政はかばっている。しかし、そうした状況に八右衛門は嫌気が差していたようで、自分から児小姓頭を辞退した。光政は慰留したが、辞意は固く、結局「並ノ足軽大将《あしがるたいしょう》」(組頭《くみがしら》)に役替えした。ただし、祭祀のときには出てきて祝《はふり》の役を務めること、またときどきは綱政の前に出て話しをするようにと命じている。

以上二つの件について一定の目途《めど》を付けたのち、五月七日に光政は、出発を前にした綱政に対して、今度は帰国したら「我等ニかハり万事申し付け候様ニ」と命じた〈日記〉。しかし綱政は、いまだ「不案内」と言ってこれを断る。そこで光政は、家老からすべての御用について綱政に報告させ、それについて綱政が「心ニて評判」し、それを自分のところに伝えて来るようにと命じた。これが以後の「けいこ」になるというのだ。あわせて、領地四万石を渡してそれで「勝手」向き(領地経営)の「けいこ」をするようにとも命じたが、綱政はこれも「不案内」として断った。そこで光政は四万石の三ツ五歩に当たる物成《ものなり》(三割五歩の年貢)を渡すので、それで「作廻」(家計のやりくり)をするようにと命じた。以上のような二人の遣り取りの場に居た久世広之は、「光政の政治を守って光政と志を一つにすること。特に学術に怠りがあれば、家中の者たちはこの学問は光政一代のことと考えて、光政の政治も成り立たなくなってしまう。よくよく覚悟するように」と綱政を諭した〈日記〉。

翌八日、光政は水野宇右衛門と上坂外記《うえさかげき》を呼んで、綱政への四万石の物成渡しについて細かく説明した。あわせて綱政の学問のことについても申し渡し、綱政が怠るようなことがあれば、両人から勧めて、「我等と一躰志成り候様」にするのが「忠臣たるべき」務めだと申し付けた。先に述べたように水野宇右衛門は市正のこと〔奉〕。上坂外記は知行五〇〇石、明暦三年から綱政に付けられていた〔奉〕。泉八右衛門に代わってこの両人が綱政付きの近習を命じられたのだ。なお「士帳《さむらい》」（侍帳）ではこの年から綱政付きの家臣が「伊予守衆」として別に書き上げられるようになる。(22) このときの人数は二九人。そののち次第に増加し、家督相続直前の寛文一一年（一六七一）には四五人、知行高は合わせて九四〇〇石になる。(23)

「心覚ノ書」

五月一〇日、綱政は江戸を出発し、同月二七日に岡山に着いた〔履〕。綱政二度目の在国中も光政との間で書状の往復があったことは『日記』から確認できるが、初入国のときのように書状はまとめられていない。『日記』からは次のようなことが分かる。

綱政が帰国して一か月あまりが経った六月二四日に光政は綱政に書状を送った〔日記〕。そこでは、水野か上坂のうち一人を評定所《ひょうじょうしょ》に出し、横目も呼んで、彼らから評定の内容をよく聞くように指示している。また山田道悦の話しを怠らずに聞いているのは「尤」だと述べるとともに、「たか」（鷹）に心をとられないようにと注意している。夜詰めの医者と奏者《そうじゃ》の「おとなしき者」（大人らしい分別ある者）一人ずつを置き、「奥入り」を控えるようにとも述べている。女色にふけることを誡めたのだろう。同じ日に、仕置家老の池田伊賀と日置若狭に対しては、幕府の法令を綱政にも見せて、よく守らせるように命じた。

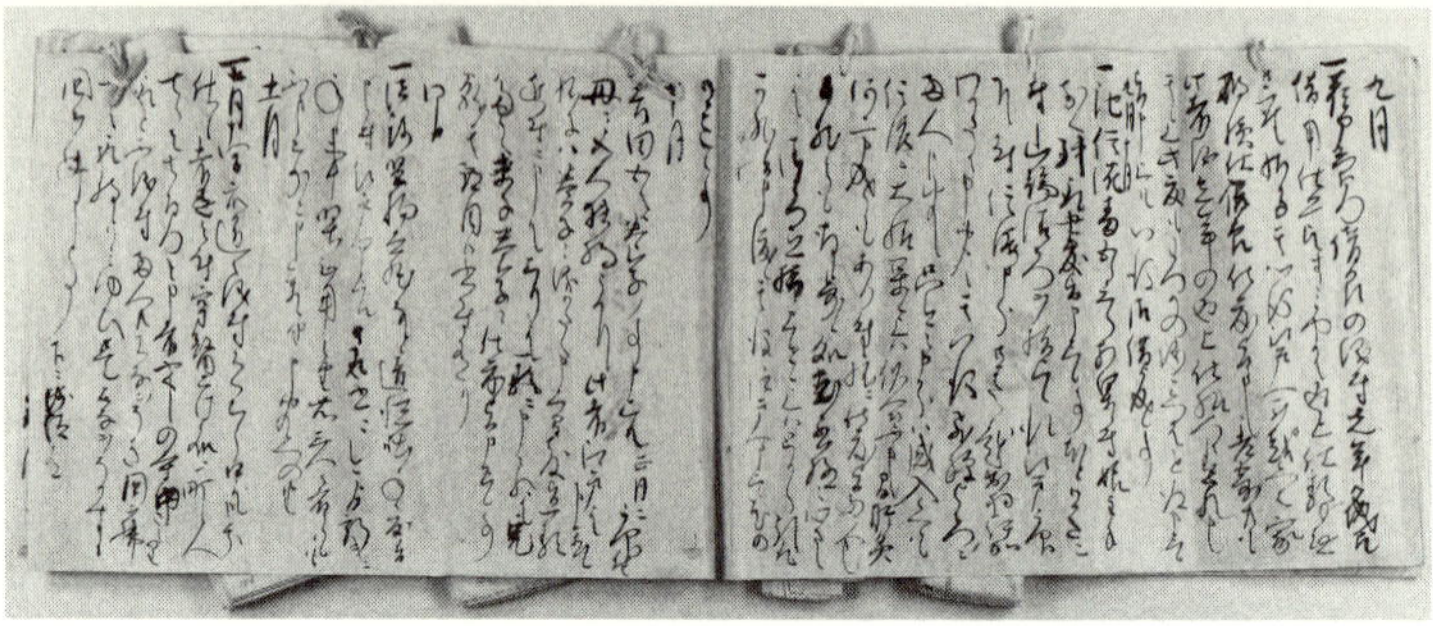

【図1】「心覚ノ書」（岡山大学附属図書館所蔵）

一〇月二〇日に光政は「勝手ノ事」について綱政に指示をした。ただし、具体的な内容は『日記』にも記されていない。さらに一二月二日には、今年は四万石の物成であったが、来年は参勤し祝言もあるので、五万石で「けいこ」させると告げている。同じ日に光政は水野にも「口上書《こうじょうがき》」を送っていて、そこでは綱政に「気随」の癖が出ないよう、加世《かせ》八兵衛のところで『小学《しょうがく》』の話しを細かいところまで聞かせるように命じている。加世八兵衛は中江藤樹門下の儒者で、慶安元年（一六四八）に岡山藩に召し抱えられた。このころ加世たち藤樹門下の家臣と熊沢蕃山とは対立するようになっており、この後の一二月末に加世たちに祖廟の管理が命じられる[24]。祖廟はこの年二月に石山に建立されたもので、そこへ城中にあった先祖の「神位」（位牌）が移され、以後ここで「祖考祭」が行われるようになっていた〔履〕。

綱政が二度目の帰国中に記した「心覚ノ書」が残されている[25]（【図1】）。この書付は二つの部分からなっていて、前半は山田道悦から聞いた軍談《ぐんだん》や兵法《へいほう》についてメモしたもの。後半は藩政に関わる事柄を月ごとに記したものである。後半部には、光政から送られてきた書状や書付が紙縒《こより》で括《くく》られている。綱政は、政事向きの話しを聞いて自分で評判し、それを江戸の光政に知らせるよう指示されていた。覚書の内容や紙縒で括られた書付類から、この帳面がその遣り取りを記したものであることがわかる。その全体は別に紹介しているので[26]、ここでは注意したい点をいくつか挙げておきたい。

一つは、綱政は光政から送られた書状や書付を括り付けて保存するなど、仕置の「けいこ」となるよう意識してこの期間を過ごそうとしていること。その記録がこの覚書である。

二つは、国許と江戸との遣り取りは通常光政と仕置家老との間で行われるが、綱政在国中は綱政を介して行われることも少なくなかった。その場合は綱政は光政の名代のような位置にあり、家中にとっても綱政が藩主になるための「けいこ」であった。光政は意図的にそのように計らったに違いない。

三つは、綱政は国許での仕置についてすべて報告したわけではないということ。家老からの報告を綱政が了承することで処理された案件もあったようだ。町人の衆道《しゅどう》（男色）の処罰や新田開発など光政の考えがはっきりしている事柄や暫定的な処置については、国許での家老の判断と綱政による確認だけで処理されている。

四つは、綱政は光政の指示どおり山田道悦の教授を受けている。これは初入国に続いてのことで、この覚書の前半部はそのメモでもあった。道悦の教授については、家中にも知られるようになっていた。そのため、重臣の間でも道悦の話しを聞きたいという気運が起こっている。しかし、光政は家中に広がらないように抑えている。かつて熊沢蕃山の「心学」を聞くように光政が勧めたところ、家中が「おこり」にかかったように騒然となったことを思い出して、そうならないように配慮したのだろう。

五つは、綱政が政言の結婚について弟の肩を持って光政に意見を述べていること。その経過は次のようであった。先に述べたように政言と番大膳の女夏子との婚約は慶安三年に決まっていた。ところが初入国中の明暦三年に番大膳が亡くなり、跡を継いだ五郎三郎も万治二年二月八日に亡くなった〔奉〕。『日記』三月八日条によれば、番家の当主が居なくなってしまった以上、政言には似つかわしくないので、婚約は解消し、政言の妹として夏子をどこかに嫁がせようと光政は思っていた。政言は夏子を引き取る積もりだったので光政の意見に同意せず、それを光政に訴えた。家老たちも夏子をどこかに世話しようと政言を説得した。綱政も最初はそれがよいと思ったが、弟の思いを知って夏子を引き取ることに賛同した。それを江戸に申し上げたところ、光政も賛成した。この年政言と夏子は結婚しており、二人の間にはのちに男子一人が生まれている〔系〕。綱政と政言の間柄は初入国以来親密であったが、こうしたことを通じてさらに深まったに違いない。二人は生涯信頼し合う関係になる。

六つは、光政は綱政に四万石に相当する家計の差配を指示していたが、そのことについての記述がこの書付には一切ないこと。この点は、近習の水野や上坂に任せ切っていて、綱政は関心も関与も薄かったのかもしれない。一〇月に光政が「勝手ノ事」について綱政に指示したことや、一二月に来年は五万石で「けいこ」させると告げたことなども、「心覚ノ書」には書かれていない。

綱政の結婚と九か条の覚書

綱政の二度目の在国も大過なく過ぎたようだ。光政の周到な指示のもとに、綱政の藩主への道は一段と進んだ。万治三年三月二二日、綱政は江戸に到着する。江戸では綱政の留守中に丹羽光重の女（千子、真証院）との婚姻の準備が進められており、四月一四日に二人の婚儀が行われる〔系〕。綱政二三歳、千子一六歳であった。

五月一七日、綱政は藩政全般について相談できる相手として「年も寄候者」（経験豊かな年配者）を付けてほしいと願い出て、池田伊賀が付けられることになった。池田伊賀（長明）は知行二万二〇〇〇石の家老で、赤坂郡周匝《すさい》（現赤磐市）に陣屋《じんや》を置いていた。寛永一九年（一六四二）から仕置家老を務めており、万治三年には五六歳であった〔奉〕。あわせて小堀半弥を横目として綱政の言動を注意させることにした〔日記〕。このことは一九日に綱政とともに久世大和・牧野織部・池田伊賀・水野宇右衛門・上坂外記・半弥を一座に呼んで申し聞かせており(27)〔日記〕、伊賀・宇右衛門・外記・半弥の四人が綱政を支える体制が出来上がったことが分かる。小堀半弥は番頭小堀彦左衛門の養子。慶安三年に新知二〇〇石で召し出され、万治元年から綱政付きの児小姓頭となり、万治二年に二〇〇石を加増されていた。のちに父の跡を継いで彦左衛門を名乗り、綱政のもとで番頭を務める〔奉〕。

同じ日に光政は綱政に対して九か条の覚書を遣わした〔日記〕。その内容は次のとおりである。

一福照院さまへ心遣いすることが第一に肝要である。今までの態度は実があるようには見えない。特に今は病中でもあるので、例年にも増して心入れするように。

一家老の伊賀に対しては、自分（光政）が接するのと同じようにすること。使いなど立てず直接に万事相談すること。事柄によっては宇右衛門・外記を加えて相談すること。

一判断の難しい事柄は久世大和・牧野織部に相談すること。大きな問題は雅楽殿《うた》（酒井忠清）に相談すること。

一万事自分で直接に吟味し、心から打ちはまって公儀の御用を勤めること。

一政言に作法の悪いところがあれば、きつく叱ること。

一物好きに走る兆しがあるので、用心すること。一族の衆と疎遠にならないこと。

一御用がないときには武芸を好んで嗜むこと。下々にまで怠らないように申し付けるべきだ。

一気随の根がまだ残っているので、少しでも油断すると元に戻ってしまうのではないかと心配だ。

気随が出ないようにしっかり努めること。

一半弥の使い方について、今のままでは半弥も言いたいことも言えないようだから、言いやすいように心掛けること。


いつも光政が言っていることではあるが、日常の細々としたことまで改めて注意した。翌二〇日には宇右衛門・外記・半弥を呼び出して同じ箇条を読み聞かせ、綱政に間違って心得るようなことがあれば、すぐに自分（光政）に申し越すよう指示した（日記）。

4　寛文年間の綱政

岡山藩の石高と免

岡山藩にとって承応三年（一六五四）の洪水は大きな試練であった。綱政は一七歳になっていたから、その時の苦境は十分に感じていただろう。光政は二度目の「改革」を行い、きめ細かな農政を実施することで藩政の建て直しを図った。明暦・万治期（一六五

【表1】明暦3年〜寛文11年（1657〜71）の高・物成・免

年代		高(石)a	直高(石)b	物成(石)c	免 c/a	免 c/b	給知被下免
明暦3年	1657	406,457.88	511,014.12	182,880.00	0.4499	0.3579	—
万治1年	1658	406,021.03	510,464.83	184,416.57	0.4542	0.3613	0.35
万治2年	1659	405,950.66	510,469.13	187,434.63	0.4617	0.3672	0.35
万治3年	1660	407,042.26	510,469.13	171,199.10	0.42059	0.33538	0.33538
寛文1年	1661	407,060.85	510,469.09	191,824.47	0.4712	0.3758	0.36
寛文2年	1662	407,266.76	510,469.09	183,417.73	0.4503	0.3593	0.35
寛文3年	1663	411,376.94	510,438.67	178,269.27	0.4333	0.3492	0.35
寛文4年	1664	411,919.63	510,490.94	206,528.67	0.5014	0.4046	0.38
寛文5年	1665	412,709.96	510,490.94	205,937.45	0.4989	0.4034	0.39
寛文6年	1666	412,337.39	510,471.64	198,906.72	0.4824	0.38965	0.38
寛文7年	1667	412,319.38	510,471.64	210,855.93	0.51139	0.41306	0.4033
寛文8年	1668	412,276.34	510,471.64	186,367.98	0.45205	0.36508	0.35
寛文9年	1669	412,499.22	510,490.94	210,914.44	0.5111	0.413	0.35
寛文10年	1670	412,476.20	510,490.95	218,223.80	0.52906	0.42748	0.3
寛文11年	1671	412,714.96	510,490.95	218,332.68	0.529157	0.427692	0.3

註）各年度の「留帳」（「備陽国史類編」）より作成．数値は資料のまま．

五〜六二）を経て寛文期（一六六一〜七三）になると、年貢収納も上昇に向かうようになる。その様子を【表1】に示している。この表に基づきながら、岡山藩の石高《こくだか》と免《めん》（年貢率）について簡単に説明しておこう[28]。

岡山藩の領地は備前一国と備中国の五郡のうちに広がっており、朱印高《しゅいんだか》は三一万五二〇〇石であった。この朱印高は池田忠雄が岡山藩を継いだときに定められたもので[29]、将軍の代替わりごとに下される朱印状に記された高である。この朱印高に対応した村高が各村にも付けられており、それが村の朱印高である。この朱印高は、正保の「郷帳《ごうちょう》」[30]に記載されていて、以後基本的に変わることはない。しかし、村の朱印高は、領内では全く機能していない。

実際に村々から年貢を徴収するための基準にされたのは「二口高《ふたくちだか》」と呼ばれた実高《じつだか》である。

実高は、検地《けんち》で決められた村高にその後に開発された開高《ひらきだか》を加えたもので、時によって変化する。この実高から荒高《あれだか》を引いたものを基準に免が掛けられて物成高《ものなりだか》（年貢高）が決められ、さらにここからさまざまな加除が行われて実際の年貢が徴収される。この計算の過程を細かく記したものが免定《めんさだめ》（免状）であり、これが各村に交付された。【表1】で言えば、高aが二口高、物成cが物成高であり、免c／aが実高に対する免ということになる。

岡山藩には、もう一つ「直高《なおしだか》」という石高があった。姫路時代の池田家は五二万石であり、家臣たちの知行高はこれを基準にしていた。鳥取に転封《てんぽう》になったとき、家臣団はそのまま移住したのに、因幡《いなば》・伯耆《ほうき》両国の知行高は三二万石に過ぎなかった。この知行高に合わせると家臣の知行高を減らさざるをえなくなる。しかし、家臣の知行高は家中での家格を表すものでもあったから、容易に変更することはできなかった。そのため知行地の村に水増しした仮の石高を付け、これを家臣に配分することで、姫路時代の知行高を維持することにしたのだ。これが「直高」bである。直高は実高より変動が少なく、ほぼ五一万石余で推移する。直高に対する免c／bは、物成高cから逆算されるが、実高に対する免c／aよりは当然低くなる。また承応三年からは、知行地からの物成の免は蔵入地《くらいりち》（藩財政に当てられる耕地）と同じ「平シ《なら》免《めん》」（一律の年貢率）になり、給人（知行取《ちぎょうどり》）に実際に遣わされる免は数字上の免よりさらに低めに設定された。これが表中の「給知被下《くださる》免」である。

実高aは村や百姓に対する石高であり、直高bは給人に対する高である。同じように、実高に対する免c／aは村や百姓に対する免であり、直高に対する免c／bは給人に対する免である。以後、藩財政が窮乏するなかで問題となるのは、主に直高に対する免である。

なお、当時の岡山藩はいわゆる「土免《どめん》」（「つちめん」ともいう）制であった。これは土地柄に応じた免（「土免」）をあらかじめ定めて、春に免定を発給するもので、不作の年には秋に検見《けみ》を行って免が下げられることもあったが、「土免」は「定免《じょうめん》」制のように固定的ではなく、年々上げ下げするのが原則であった。またのちには、この「土免」が土地柄に応じて段階的に設定される「段免《たんめん》」となっていく。これは村に対する実高についてのことである。閑話休題。

光政と綱政の参勤交替

万治三年（一六六〇）五月二一日、光政は江戸を出発し、六月六日に岡山に着いた。こののち光政と綱政は江戸と岡山との間をほぼ一年交替で交互に行き来する〔履〕。ただし、光政が定期的に岡山と江戸の間を往復しているのに対して、綱政は不定期で、岡山での滞在期間も短い。

寛文二年（一六六二）から五年にかけては、三年以上にわたって綱政は江戸滞府を続けている。寛文三年は病気を理由に帰国を取りやめた。どんな病気であったかは分からない。寛文四年三月一一日に綱政の下谷《したや》新邸が完成している〔履〕。「備藩邸考」によれば、この下谷屋敷は綱政が板倉重宗の女と婚約したのに際して準備されたもので、明暦三年（一六五七）以降綱政の居所であったという(31)。五月二四日には、正室千子の最初の子である松子が生まれる。綱政の女性関係や子どもたちについては、あとでまとめて述べるが、この長女の誕生を光政も大変喜んだ〔履〕。寛文五年九月一九日、久しく煩っていた綱政がこのほど平癒して帰国することになったのを祝して、福照院を招いて饗応が行われている〔履〕。

同日綱政は三年ぶりの帰国に向けて、江戸を出発する。久しぶりの旅行であったためか、綱政は今回の道中でも旅日記を残している[32]。その冒頭には、慣れ親しんだ江戸との別れを悲しみながらも、領地の野山を駆けまわる狩を一種のリハビリとして楽しみにしている気持ちが綴られている〔履〕。しかし、綱政は岡山でも病床に伏すことが多かったようだ。

寛文六年二月六日、天樹院が亡くなった。光政にとっても綱政にとっても、絶大な存在感のある人であった。その訃報が岡山に届くと綱政は直ちに江戸に旅立とうとしたが、病態すぐれず、結局出発を断念する。光政はその様子を気遣って、急いで岡山に帰国した。光政の見舞いを受けて綱政の容態は日ごとに回復し、九月八日になってようやく岡山を出船することができた。病後の旅行であることを気遣って光政は泉八右衛門を大坂まで綱政に付けて送らせている〔履〕。

光政病む

寛文七年四月二日、光政は江戸に参府した。江戸では前年に光政が始めたキリシタン神職請《しんしょくうけ》をめぐる幕閣との緊張関係が続く。キリシタン神職請は、キリシタンでないことの証明を僧侶に代わって神職に行わせる制度で、光政の廃仏興儒《はいぶつこうじゅ》政策と連動するものであった。そのため寺院の淘汰と僧侶の還俗《げんぞく》が進められ、民衆や僧侶の反発が広がっていた。厳格な寺請《てらうけ》の実施を求める幕閣からの光政への圧力も強まっていた。

そのなかで光政は「腹中気」に体調を崩す。田中誠二は、光政の腹病を「神経性」と推測している[33]。八月に「湯治《とうじ》御暇《おいとま》」を願い出て許され、伊東に湯治に行く。半月ほど入湯したが、気色は思わしくなかった。七月に願い出ていた「四方髪《しほうがみ》」(総髪)が一一月になって幕府から許された。月代《さかやき》を剃らないのは病気のためだが、隠居の準備とも受け取れる。これより先の五月四日に綱政は江戸を立って、帰国する。この道中でも綱政は長い旅日記を残している(34)〔履〕。

八月八日に光政は鳥取の池田光仲とともに江戸城の堀普請の御手伝《おてつだい》を命じられた。この報が岡山に届くと、光政の容態を気遣った綱政は、来春の参勤予定を縮めて、この冬中に参府したいと幕府に願い出て許されている〔履〕。結局このときの綱政の岡山滞在は半年足らずであった。

翌寛文八年正月、御手伝普請の準備を進めていたところ、正月晦日・二月四日と続いた江戸大火によって、綱政が住んでいた下谷の屋敷が焼失する。翌五日、光政と光仲は将軍から直に御手伝普請の延期を申し渡された〔日記〕。綱政たちは麻布《あざぶ》善福寺《ぜんぷくじ》借地に建てられた麻布屋敷に移る。なお、下谷の地は寛文一〇年に大崎の買地と換えられ、以後大崎屋敷が岡山藩の下屋敷となった(35)。現在の東京都品川区池田山公園がその跡地だ。

普請延期ののち、暇を遣わされた光政は、四月二二日に江戸を出発して、五月七日に岡山に着いた。到着直後の五月一四日に「四季祭」を行ったのち、光政は居所を西丸の綱政の屋敷に移す。明らかに隠退を意識した行動だ。以後光政は亡くなるまで岡山では西丸を居所とする。綱政が本丸に入るわけにもいかないから、別に綱政の屋敷が造営された〔履〕。

寛文九年、綱政は光政と入れ替わりで帰国、九月四日に岡山に着いた。同月二〇日、綱政は新築したばかりの藩学校《はんがっこう》に参校している。藩学校開設も以前からの光政の強い願いで、寛文六年に仮学校が開校していたが、のちに三《さん》の外曲輪《そとぐるわ》の円乗院跡地に新学校が建設され、この年七月二五日に開校式が行われたばかりであった。(36) さらに閏一〇月二五日、綱政は学校建物の完成を祝って関係者に料理を振る舞っており、二八日には岡山を訪れていた叔父の恒元ともに参校し、学校教授の広沢喜之介の講書《こうしょ》を聴聞した〔国学〕。光政の名代として綱政が学校の諸行事に関わっていることがうかがえる。広沢は熊沢蕃山の推薦で召し抱えられた儒者で、こののち綱政の側近くに仕えることになる(37)〔奉〕。なお、光政は翌寛文一〇年に帰国し、五月一四日初めて藩学校に参校する〔国学〕。

政言・輝録の分家

それまで細かく記されていた光政の『日記』は、寛文七年の病気以降、極端に記事が簡略になる。そして、寛文九年二月二日の半田山での大鹿狩の記事を最後に途絶えてしまう。寛文期の「改革」については予想以上に領民の反発があり、とくに廃仏興儒政策やキリシタン神職請については、仏教界や幕閣からの批判も強かった。大鹿狩は、こうした緊迫した状況のなかで、家中および領内を引き締めなければならないという光政の危機意識の現れであった。(38)

同年五月一〇日付けで泉八右衛門・津田重二郎にあてた光政の書状が残っている。(39) 津田重二郎(永《なが》忠《ただ》)は尾張《おわり》・三河《みかわ》以来の譜代の家の出身。承応二年に一四歳で光政の児小姓として召し出され、寛文四年には大横目を仰せ付けられ、評定所出座を命じられた。寛文六年からは泉八右衛門とともに学校奉行を務めている〔奉〕。こののち綱政の政治を多方面で支えることになる。この書状によれば、光政が江戸に着いた四月二二日に、綱政と奈阿子から政言を「上様ニ御奉公ニ出しくれ候へ」との希望が出された。このことは以前から天樹院にも言われていたが、そのときは光政も「がてん」(合点)がいかなかった。しかし、今回は福照院も恒元も賛成しているという。こうした例は他家にも多いので、久世広之に相談したところ、「一段然るべし」（きわめてよかろう）という返事であった。そこで光政も今回は「同心《どうしん》」と決め、近日中に酒井忠清に内談してみることにした、というのだ。ついては恒元のときと同じように、まず新田高のうちから分知《ぶんち》し、その上で二万石の「御朱印」を拝領するようにしたい。[40] ただし、恒元に遣わした新田高は二万五〇〇〇石であったので、二万石がよいか二万五〇〇〇石がよいか、そのことを含めて蕃山の意見を尋ねてくれるように、と結んでいる。[41] 当時蕃山は岡山を離れ、明石《あかし》に居住していた。

光政が綱政の弟たちへの分知を決意したのは、この時だと思われる。「我等病気、年も寄り候」と述べているように、健康不安が原因だろうが、先に触れたような危機意識も背後にあったに違いない。[42]

綱政は以前から政言を頼りに思っていた。万治元年のことだが、綱政が政言を江戸に呼びたいと天樹院に相談している。天樹院は、よいことだから「心次第」に進めるようにとの意見であった。そのことを綱政が、岡山に居る光政に伝えると、光政は早速安藤善大夫を政言の家老に申し付けた〔日記〕。そして、翌万治二年三月二七日に光政が江戸に参勤するのに同行させ、政言は初めて江戸に下向した〔系〕。翌万治三年の江戸での正月元旦の儀礼で、政言が奏者の役を務めている。五月一七日に光政は、福照院および綱政の同席のうえで、行儀についての九か条の書付を政言に申し付けた〔日記〕。同年六月朔日に政言は初めて将軍家綱に御目見得し、一二月二五日には従五位下信濃守に叙任されている。

他方、綱政のもう一人の弟である八之丞（政倫）は、初め家臣の若原監物の養子となったが、のちに熊沢蕃山の求めで養子となり、その家督を継いで三〇〇〇石の番頭となった。ただし、蕃山のたっての願いで池田の姓を名乗る。寛文元年初めて江戸に下向した。光政の参府に同行したのだろう。その途中京都で一条冬経から輝録《てるとし》の名を賜り、主税《ちから》と称することになる。さらに寛文五年九月にも参府し、寛文七年一一月一五日初めて家綱に御目見得している〔系〕。一条家は五摂家の一つで、綱政の姉である輝子が教輔に嫁いでおり、冬経は二人の間に生まれた子。その婚姻以後、一条家と池田家とのつながりは幕末期まで続くが、綱政はこの輝子を生涯頼りにした。

光政の隠居

寛文一二年、光政は前年から江戸に居た。三月二九日、綱政が岡山から江戸に参着する。四月一五日、光政に対して早く帰国して病気養生に専念するようにと暇が遣わされた。しかし光政の病状は思わしくなく、そのまま江戸に滞留していた。六月一一日、光政・綱政が登城し、かねての願い通り、光政の致仕、綱政の家督相続が申し渡された。あわせて政言と輝録に朱印高以外の新田高を分知することも認められた。この結果、岡山藩三一万五二〇〇石は綱政が継ぎ、政言は二万五〇〇〇石（いわゆる鴨方藩《かもがた》）、輝録は一万五〇〇〇石（いわゆる生坂藩《いくさか》）を分知された。閏六月九日、光政初め父子四人がそろって登城し、このたびの致仕・相続・分知の礼を将軍らに行っている〔履〕。光政は六四歳、綱政三五歳、政言二八歳、輝録二四歳であった。なお輝録は、翌延宝元年（一六七三）一二月二八日に従五位下丹波守に叙任される。

家督相続を受けて、七月一〇日に綱政が岡山藩上屋敷に入り、代わって光政が麻布屋敷に移った。

この年一〇月二六日に福照院が亡くなる。棺は輝録が守護して備前に送られることになった。一一月に入って光政は江戸を立ち、同月二六日に和意谷墓所で母の葬儀を執行している。新しく藩主となった綱政は、この年江戸にそのままとどまった。

第二章　洪水・飢饉との闘い

1　キリシタン神職請をめぐって

相続直後の人事

寛文一二年（一六七二）六月一一日、江戸城白書院《しろしょいん》において老中《ろうじゅう》が列座するなか、光政《みつまさ》の隠居《いんきょ》、綱政《つなまさ》への家督《かとく》相続、政言《まさこと》・輝録《てるとし》への分知《ぶんち》が、酒井《さかい》忠清《ただきよ》によって上意として仰せ付けられた。また、御礼を述べて退出する際には、光政が老母（福照院《ふくしょういん》）看病のため江戸隠居することも、願いのとおり許されたことが忠清から伝えられている[1]〔家督〕。しかし福照院はこの年一〇月二六日に亡くなる。以上は、先にも述べている。

閏六月朔日の晩、綱政は忠清の屋敷を訪れ、家督相続にあたって将軍に誓紙《せいし》を提出したい旨相談した。忠清が賛成したので、秀忠《ひでただ》・家光《いえみつ》の他界に際して光政が提出した誓紙の控書を示したところ、これでよいという返答であった。この誓紙は、のちの七月九日に忠清の面前で血判《けっぱん》をして五人の老中宛に提出している〔家督〕。

閏六月九日、綱政は家督相続の御礼のため黒書院《くろしょいん》で将軍に拝謁。家綱からは「伊予守《いよのかみ》（綱政）は余人と違い筋目の者」との上意が伝えられ、綱政は「忝《かたじけな》い」とありがたく承った。綱政の母の勝子は秀忠の子の天樹院《てんじゅいん》の女であり、勝子が秀忠の養女として光政に嫁いだという関係からすれば、家綱と綱政は又従兄弟《またいとこ》の関係になる。こうした徳川家との関係を「筋目」と呼んだのだ。この日の拝謁も忠清が始終取次《とりつぎ》を行った〔家督〕。

同じころ、綱政は江戸詰めの家臣に対して、諸事これまでどおり変わりなく用を務めるように申し渡した。「これまで少将様（光政）が仰せ付けられた趣意と自分の考えは少しも相違ないから、用などについて危ぶむ必要はない」と諭したのだ。同じ内容のことを岡山に居る家老の池田大学への書状にしたため、同じく家老の池田伊賀《いが》と相談して諸役人に申し渡すよう指示した。そのように取り計らった旨の返書が七月一二日に綱政のもとに届く〔家督〕。綱政への代替わりによって、人事異動が行われるのではないかという不安が家中にあったのかもしれない。綱政は「諸事光政のとおり」と、その不安を払った。実際、仕置家老《しおきがろう》を初め諸役人は光政時代のままに引き継がれた。人事の異動があったのは次の二件である。

一つは、同年九月に、代官頭を務めていた都志《つし》源右衛門と川村平太兵衛とが、それぞれ分家した政言と輝録の家老に抜擢されたこと〔奉〕。両人ともに光政の信任厚い家臣であり、綱政と光政が同座するところで仰せ付けられているから、光政も同意した人事である。むしろ、分家の仕置を危ぶんだ光政が、たって望んだのではないだろうか。両人跡の代官頭には、渡辺助左衛門と岩根《いわね》周右衛門が任じられている(2)〔奉〕。いずれも光政の下で長年にわたって郡奉行《こおりぶぎょう》を務めてきた能吏であった(3)。

もう一つは、津田重二郎（永忠《ながただ》）に関してである。津田は八月八日に、水野三郎兵衛・山内権左衛門・滝波与兵衛・服部与三右衛門とともに光政の御前に呼び出され、「諸事の御積《おつも》り」について取り調べて帳面にしたためるよう命じられている〔奉〕。水野と山内は判形《はんぎょう》、滝波は江戸判形、服部は大目付《おおめつけ》（大横目《おおよこめ》）である。判形は出納・財務の責任者である。藩財政の状況と見通しについて整理するように命じられたのだろう。同月二八日に帳面を光政に提出すると、政言と輝録の「作廻《さくまい》」（財政）についても「御積り」を提出するよう命じられた。家督相続と分知に伴う措置である。この御用は九月二九日に終わっている。その一か月後の一〇月二八日、津田は綱政も同座するなかで、光政から評定所《ひょうじょうしょ》への出座と学校奉行の役を免じられた。そのうえで、「和意谷《わいだに》の御山、閑谷学問所《しずたにがくもんじょ》、井田《せいでん》、在々手習所、同葬祭之儀、在々御借シ米」の御用に専念するよう指示されている〔奉〕。井田は中国古代の井田法にならって、光政が和気郡の友延新田で試験的に実施したもの。「葬祭」は神職請となった領民の葬儀・祭祀の指導・監視のこと。「在々御借シ米」というのはのちに述べる社倉米《しゃそうまい》のことである。とりわけ閑谷学問所については光政の特別な「大願」であるにもかかわらず、今のままでは「無益」なことになりかねない。津田は光政の最初からの主意をよく知っているのだから、その主意どおりに学校が存続するよう仕上げるべきであり、今後は閑谷に在宅して勉めるように、と命じられたのだ(4)。同日、津田は二日前に亡くなった福照院の棺に付き添って岡山に帰る。

以上の二件の人事には光政が直接に関わっており、家督相続・分知にともなって懸案を光政自身が処理したものと考えてよいだろう(5)。一一月一五日、福照院の葬儀を和意谷墓所で行うために、光政も江戸を出発する。

行き詰まる神職請

翌寛文一三年（九月二一日に延宝と改元）二月二八日、光政は江戸に向けて岡山を出船する。翌二九日の評定に、十《と》村《むら》庄屋・手習師匠および庄屋・百姓に申し渡すべき口上覚の案を津田重二郎が提出した〔評〕。この覚は全三か条からなる長文のものだが、その末尾に「去々年（寛文一一年）領内を巡回して申し付けた内容を、代替わりにあたって改めて申し聞かせる」とあるように、従来からの葬祭と手習所の趣旨を徹底させるものであった。

その第一条では、キリシタン神職請の者は一年に一度仲秋《ちゅうしゅう》に神主を祭り、死人が出たときには儒葬にすること。この二つの勤めをしなければ仏道をやめて神職請《しんしょくうけ》にした実がない、と述べている。この条の最初では、仏法を信仰しキリシタン請に旦那《だんな》坊主《ぼうず》を立てている者は今までのとおりでよいと述べているが、実際に寺請《てらうけ》の者は二%余りしか居なかったから、あまり意味のない建前だ(6)。本旨は、仲秋祭と儒葬を厳格に実行するよう命じることにあった。

次いで第二条では葬祭について、第三条では手習所について詳しく指示しているが、去々年に続いて、くどくどと申し聞かせている様子から、光政が進めて来た廃仏興儒《はいぶつこうじゅ》や神職請の政策が領民に受け容れられていない状況も透けて見えてくる。前年からの経緯からして、津田の提案が光政の強い意向を受けたものであることは間違いない。

この津田の提案に対して評定では結論を出さずに、池田大学が江戸に書状を送って綱政の意見を伺った。その結果は「書付のとおり軽く申し付けるように」とのことであったので、大学はその旨を津田に伝えている。「軽く」という表現に、神職請に慎重な綱政の態度がうかがえる。キリシタン神職請は、光政が寛文期に行った三度目の「改革」の中心政策の一つだが、当初から寺院や領民の反発が強く、酒井忠清をはじめとした幕閣ともその是非をめぐって大きな軋轢があった。この問題をどのように処理するかが、この時期の綱政にとって一つめの試練であった。

同年四月、幕府から国々に預け置かれているキリシタンについてその後の状況を報告するよう指示があった(7)。岡山藩でも改めを行ったところ、幕府に提出した帳面と国許の控えとの間に多くの違いのあることが分かった。このままでは、岡山藩の宗門改《しゅうもんあらため》が杜撰《ずさん》だという非難を浴びかねない。大学は、詳しく調べたうえで綱政の確認を経たのちに提出するよう大小姓頭の岸織部《きしおりべ》に指示している〔評〕。幕府の手前、キリシタン改の失態は許されないことであった。

六月二四日に綱政は帰国し、一一月一九日に代官頭を廃止する〔留〕。代官頭とその配下の村代官が神職請の推進部隊であったから、その廃止は神職請政策の後退を示唆するものであった。神職請に慎重であった綱政が、その実質的な修正に向けて動き出した。帰国後に江戸で酒井などからの指示があったに違いない。

宗旨請は心次第

翌延宝二年（一六七四）、参勤に出発する前日の四月二日に、綱政は仕置家老をはじめ諸役人それぞれに留守中の心構えを説いた〔留〕〔家督〕。仕置家老には、公儀《こうぎ》法度《はっと》を堅く守ること、キリシタン改を油断なく申し付けること、家法が末々も猥《みだ》りにならないようにすること、などを命じた。また寺社奉行と町奉行に対しては、「この両役は特別に難しくて大儀な役である。士は主に付き、寺社・町人は国に付いているものであるから、その趣意をよく理解して、天下の御掟に異儀があってはならない」と命じている。「寺社・町人は国に付いている」というのは、「国は将軍からの預かりもの」という意味だ。だから「天下の御掟」によって治めなければならない。具体的にはやはりキリシタン改のことを言っているのだろう。寺社奉行に対しては、「以前も下の役人が心得違いをして、僧に厳しくあたり、無理に還俗《げんぞく》などもさせている。とにかく僧に対しては、その務め方について、こちらからとやかく干渉しないようにするのがよい」と注意している。「下の役人」というのは村代官のことだ。江戸に着いてからこの内容を酒井忠清・久世広之《くぜひろゆき》に報告したところ、忠清は「大形ならざる御悦び」であったと綱政自身が記している〔家督〕。

村代官による無理な強制が行われたことは確かだろう。熊沢蕃山《くまざわばんざん》も同年一〇月一一日付け国枝平介宛《くにえだへいすけ》書状で、「代官殿きげんあしく候ゆへ、是非無く神儒のふり仕り候と申す由に候」と述べ、「御仁政《じんせい》やみて葬祭ばかりのこり候ては、ゆくゆくたへ申すはづにて候」と神職請の強制を批判している。(8) 国枝はかつての蕃山の弟子で、当時は備中浅口《びっちゅうあさくち》郡担当の郡奉行であった。

この年一〇月二四日に帰国した綱政は、一一月九日に寺社奉行・町奉行・郡奉行に対して「現在、表向きは神職請でありながら、内実は仏道を信じている者がいる。このように内外表裏が異なっていては、キリシタン請の実がないから、以後は心次第にさせるように」と申し渡した〔留〕。神職請については、「先年江戸の老中と光政が相談して心次第と申し渡されたにもかかわらず、奉行どもの心得違いもあったようで、末々に表裏があることになってしまった」とも述べている。この綱政自身による指示以降、寺請に復帰する者が増加する。綱政は、幕府の意向を受け容れて、民衆の精神世界への介入を控え、民衆との「協調」をはかる方向に舵を切っていく。

もちろん宗門改を厳密に行うのは、幕府が命じるキリシタンと日蓮宗不受不施派《にちれんしゅうふじゅふせは》に対する禁教を徹底するためであった。とりわけ不受不施派の影響が強かった岡山藩では、「かくれ不受不施」を摘発するためにも寺院や僧侶に依拠する必要があった。その範囲内での民衆との「協調」であったことは言うまでもない。

それから三年後の延宝五年の「御留帳評定書」に御野《みの》郡米倉《よねくら》村・当新田《とうしんでん》村・辰巳《たつみ》村の状況が報告されている。この村々の住民は、国清寺《こくせいじ》末寺の米倉村常慶寺《じょうけいじ》の檀家であったが、武田左吉の郡奉行時代に村中が神職請になった。そのため旦那寺《だんなでら》を置くことは無益ということで、常慶寺は畳まれることになった。ただし、のちのことを考えて材木と寺道具は村内の与左衛門に預けられた。ところが、近年「神道仏道人の心次第」の触が出されると、村の者たちはこぞって仏道に立ち帰った。しかし常慶寺は廃寺となっているため、本寺の国清寺に仏事や宗門改を依頼せざるをえなかった。ただ国清寺は藩主家の菩提寺《ぼだいじ》であるため遠慮も多く、また遠方でもあるので不便だ。ついては、預けておいた材木・寺道具で常慶寺を再興したいと願い出たのである。この願いについて評定では、理由があって廃寺となった寺の再興まで本寺から願うのではないかという懸念《けねん》が出され、決着しなかった。綱政に伺ったところ、村民の願いどおり再興を許すようにという仰せであった〔評〕。信仰は「心次第」という綱政の方針は確固としていた。

このように延宝二年の「心次第」の触以降、神職請制度は事実上崩壊していった。ただし、一般領民への神職請が最終的に廃止され寺請に完全復帰するのは、貞享四年(一六八七)六月三〇日のことである〔留〕。さすがに綱政も光政の存命中はそこまで踏み込むことはできなかった。

2　延宝初年の洪水・飢饉と救恤

綱政にとっての二つめの試練は、寛文一三年(一六七三、九月二一日に延宝と改元)に始まる洪水と飢饉である。

延宝元年の洪水

綱政が家督相続後の最初の帰国をする直前の寛文一三年五月一二日から大雨が間断なく降り続き、一四日には雨は一段と激しくなった。いわゆる梅雨末期の集中豪雨だろう。この日の午前一〇時頃から旭川《あさひかわ》の水かさが増し、暮れの六時頃には城の石垣が水に浸かるようになり、城下の川崎町や橋本町にも浸水した。夜の一〇時頃にはさらに水が押し込み、夜半過ぎの二時頃にようやく引き始めた。岡山から江戸屋敷に伝えられた洪水の被害状況は、家中・町在の流家潰家《ながれやつぶれや》が二九九一軒、流死八八人、牛馬流死一三五疋、永荒《えいあれ》・当荒《とうあれ》合わせて七万六二〇〇石余などであった〔留〕。特に堤・池・井関《いぜき》など生産基盤の被害は甚大で、なかでも奥上道《おくじょうとう》郡と備中山北南《やまきたみなみ》の被害が深刻であった。備中山北南は、岡山藩の備中領分のうち松山川(高梁川)左岸の都宇《つう》・窪屋《くぼや》・加陽《かや》郡分を指してこう呼んだ。

ところが、前年が不作であったためだろうか、この年はすでに春から飢人が目立つようになっていた。四月一〇日の評定で町奉行が言うには、今年は町方はことのほか困窮しており、これまですでに御救銀《おすくいぎん》を五貫五〇〇目遣わしたという。去年は一貫八〇〇目ほどであった。四、五年以前に七貫目程遣わしたこともあったが、今年はそれ以上になりそうだというのだ〔評〕。五月一〇日の評定では、備中山北南郡奉行村田小右衛門が困窮者には土免《どめん》をあらかじめ下げて遣わすか、秋になって救米を遣わすのがよいか、と伺っている。近年は救米は無用と年寄中から申し渡されているが、いずれかであるならば土免はそのままにして秋の救米で対処したいというのが村田の意見であった〔評〕。年寄中も、とりあえず土免はそのまま遣わすようにという意見であったが、備中ではすでに救米が予想されるような状況が見受けられていたのだ。そうしたなかで起きた洪水被害であった。

救済と復興

岡山藩では、洪水の直後から被害者の救済と復興に乗り出している。その取り組みの様子を「御留帳評定書《ひょうじょうがき》」から拾ってみよう。

五月二九日、被害者への当座の救済として、流家の者には一坪につき米一斗、潰家の者には米五升が遣わされることが決められた。これは先年の洪水では流家七升、潰家三升であったものを増して遣わすことにしたものだ。その後の六月二四日、綱政は岡山に帰国する〔履歴〕。

七月一〇日、和気《わけ》郡田原井関《たばらいぜき》の役人から在々四〇〇人ばかりの飢人を日用《ひよう》（日雇い）普請《ぶしん》に遣《つか》いたいとの願いが出され、日用米一五〇石が遣わされることになった。救済を兼ねた復興事業である。同じ日、児島《こじま》郡の新田村《しんでんむら》に銀八五〇匁の牛銀《うしぎん》の拝借が認められた。牛銀は耕作に必要な牛の購入費用を貸し付けるもので、通常より低利で七年賦返済であった。

備中山北南でも日用普請を起こし飢人に対して日用米を遣わすことで、なんとか急場を凌いでいた。

しかし、日用に出られない老人・女・子どもなどに飢人が多いため、やむをえずこれらの者には粟《あわ》・蕎《そ》麦《ば》・干菜《ほしな》の雑炊《ぞうすい》などを遣わした。それでも当分の飢人が七〇〇人ほど居て、これらの者に麦が取れるようになる来年五月まで雑炊を遣わすとすると、米二八〇石ほどが必要だという。当座は郡の御用のための米を流用して対処したとしても、来春には不足することは目に見えていると、一一月二一日の評定で村田小右衛門が訴えている。

一二月一〇日の評定では、町奉行の石田鶴右衛門がこれまで一〇〇〇人ほどの飢人に救米を遣わしたが、さらに二度目の御救を遣わすべきかどうかと伺っている。これに対して仕置家老の日置《ひき》猪右衛門は、「町人は百姓と違って方々から商売のために集まってきている者なので、百姓と同じように御救を遣わすのは如何《いかが》なものか。それでも城下に居る飢人をそのままにしておくこともできないだろう」と悩ましげに述べている。同じ日の評定には、御野郡から拝借銀の願いも出された。これに対して日置は、「今は藩も手が廻りかねているときなので、村々に備蓄している畝麦《せむぎ》をあてるように」と指示した。これを受けて郡奉行の武田左吉は、「郡に畝麦は六〇〇〇俵ほどある。これを三俵につき三〇匁で売り払えば銀六〇貫目になるので、これを使ってなんとかする」と返答している。畝麦は明暦三年（一六五七）五月に始まった岡山藩独自の救荒備蓄制度で、田方一反につき麦二升を郷蔵《ごうぐら》に蓄え、平時は貸付金として運用しつつ、飢饉時には扶持米《ふちまい》として村々に遣わすというものであった。初め貸付の利息は年一割五歩であったが、のちに貞享三年（一六八六）からは月一歩に緩和される。麦凶作の年には無利息で貸し付けられた。(9) 畝麦の管理と運用の最終決定は郡奉行に任されていたから、それによる救済は藩による「御救」と意識された。

以上のような洪水と救済の状況を目の当たりにした綱政は、一二月二五日に直接郡奉行に、「民の撫《ぶ》育《いく》は、これまでどおり油断なく勉めること。過不及がないように申し付けるべきであり、特に情に引かれて用捨するようなことがあってはならない。何ごとも見たままに、正しく真っ直ぐに申し付けるべきだ」、と指示している〔家督〕。救済は必要だが過不足なく適切に行うようにという姿勢は、当時の領主に一般的な態度と言えるだろうが、洪水後に家中より百姓の救済を優先した光政[10]に比べると慎重な対応と言える。

延宝二年の洪水

しかし、年が明けて延宝二年（一六七四）になっても状況は変わらなかった。二月二一日の評定には御林で薇《ぜんまい》の根を掘らせてほしいという願いが奥《おく》津《つ》高《だか》郡の百姓から出されている。飢饉時に山に入って草木の根を食べるという習俗は、古くから行われていた。ただし藩の御林は通常は一般の領民の利用が禁止されているところなので、特別に許可を求めたのだ。入会山《いりあいやま》などの草木の根はすでに食べ尽くしたのだろう。年寄中は、「跡を荒らさないように掘らせよ」と郡奉行河合善大夫に申し渡している。同じ日に郡奉行の横井次郎左衛門は奥上道郡の金岡《かなおか》新田では種米が全くないので貸し付けてほしいと願っている。しかし藩の蔵にも真米（上質米）は払底しているので、それと振り替えるための太唐米《だいとうまい》を遣わすことにした。種籾や牛銀の貸付願いは口上《くちじょうとう》道郡からも出されている。また、五月一〇日に国枝平介が出した書付によれば、浅口郡では日用米を扶持米に当てたり小普請を起こしたりして飢人を救い、また畝麦銀五貫目を救い捨てにして助けたりしたために、近所の他領

【表 2】延宝 1 年～天和 2 年（1673～82）の高・物成・免

年代	高(石)a	直高(石)b	物成(石)c	免 c/a	免 c/b
延宝 1 年　1673	—	510,391.0	181,269.4	—	0.355158
延宝 2 年　1674	415,073.2	510,058.5	171,110.8	0.412242	0.335473
延宝 3 年　1675	415,050.3	510,058.5	181,257.3	0.436712	0.355366
延宝 4 年　1676	415,129.6	510,058.5	195,848.3	0.471776	0.383972
延宝 5 年　1677	415,850.9	510,058.5	211,442.5	0.546174	0.414546
延宝 6 年　1678	416,194.8	510,058.5	196,265.8	0.508401	0.384791
延宝 7 年　1679	419,545.0	510,058.5	193,276.8	0.460682	0.352038
延宝 8 年　1680	419,729.2	510,058.5	179,122.3	0.426757	0.325072
天和 1 年　1681	420,145.9	510,058.5	187,977.3	0.447410	0.341289
天和 2 年　1682	421,400.5	510,058.5	207,452.8	0.492294	0.380749

註）各年度の「留帳」より作成．高は小数第二位を，免は小数第七位を四捨五入した．免の数値は資料のまま．物成は計算上の数値．

では餓死者が多く出ているにもかかわらず、岡山藩領では一人も餓死者は出なかったという。国枝の報告がそのとおりかどうかは確かめようもないが、領内各地でさまざまな手段を尽くして救済活動が行われたことは確かだろう。

飢饉のときには、年末から翌年の麦がとれる五月までの端境期《はざかいき》に餓死者が集中する。この時期をなんとか乗り切ろうとしていた矢先に、岡山地方は再び災害に見舞われる。四月一一日、五月二八日、七月八日と三度にわたり、大雨による洪水に襲われたのだ。この年の被害状況は、在々流家潰家三六八軒、流死人一人、当荒・永荒合わせて三万三二九六石余などであった〔留〕。前年ほどの被害ではないが、復旧途上での災害だけに村々に与えた痛手は予想以上であった。

郡奉行たちは、救済と復旧のための日用普請を起こすとともに、引き続きさまざまな救恤《きゅうじゅつ》活動を行った。しかし、その努力も限界に近づきつつあった。七月二一日の評定で村田小右衛門は、五月以降他領に乞食に出る百姓が増えており、やむを得ず手習所の跡屋敷を使って施行《せぎょう》を始めたいと願っている。年寄中はそれを許した。同月二九日には奥上道郡の田方の作毛の状況が報告された。それによれば、一八か村の高四五四七石五斗五升五合のうち立毛《たちげ》（収穫前の実入り）の少しある分が二一一石三升五合、立毛なしが二四三六石五斗二升だという。実に田方の五三・六％が取実《とりみ》なしという惨状であった〔評〕。一一月には百姓たちが年貢減免を求めて岡山城下に出訴する。この年の物成（年貢収納）は、前後の時期の最低を記録する（【表2】）。

施行場となる手習所

飢饉の状況は綱政の思惑を超えて深刻の度を増していく。

翌延宝三年正月、津田重二郎は手習所入用米を使って粥施行《かゆせぎょう》することを提案する。手習所は村役人の子弟などに読み書きを教える藩営の学校で、寛文一一年には全領で一二三か所あったが、延宝元年には一郡一か所程度の一四か所に統合されていた。その入用米は、師匠分を除いて一か所に三、四〇石はあり、これを合わせて一人一日一合の積もりで施行すれば、国中で六〇〇〇人を六〇日間養うことができる。また、手習所の畳をあげて、むしろ・こもなどを敷き、押し合わせて入れれば四、五〇〇人は収容できる、と述べている(11)。この献策は綱政によって採用され、正月から四月にかけて各地の手習所で施行が実施された。手習所は施行場と化した。二月一〇日の評定で、和気郡の状況を郡奉行の小林孫七郎は次のように報告している〔評〕。

一先日手習所米を粥にして飢人に食べさせるようにという指示があった。しかし、片上《かたかみ》（現備前市《びぜんし》）手習所は借家のため狭く、往還筋《おうかんすじ》にあるので、飢人が多数集まるのはいかがかと思われる。そこで、津田重二郎に頼んで、閑谷で一月一八日から施行を始めた。

一飢人の数は予想に反して多く、関谷には九〇〇人が粥を求めて集まった。そこで、村役人に命じて飢人の身元を調べさせ、七、八畝以上所持する者は足弱の者だけ残して他は村へ帰らせ、男は二合、女は一合ずつ畝麦を貸し付けるようにしたところ、六〇〇人くらいに減った。

一このままでは畝麦も七〇〇石ほど必要だが、とても麦が出来るまで続きそうにない。緊急の普請を起こして飢人に日用米を遣わしたい。

一これまでは女・子どもも普請に出させ、日用米を遣わしてきたが、関谷での様子を見ていると、女・子ども、老人や弱った者は普請に使えそうにない。こうした者は関谷で粥を施して、役に立つ者だけを普請に出させるようにしたい。

一飢人のうちで余力のある者には津田のもとで細工物を申し付け、勝手によいように取り計らいたい。

一飢人たちが留まるための小屋を、村々に申し付けて関谷に作りたい。それまでは関谷の牛屋・こなし屋（脱穀などを行う作業小屋）・出百姓（他村から出作する百姓）の小屋を借りて入れておき、小屋が出来次第移すようにしたい。

一飢人のうちには、関谷に粥を食べに来る途中の道で果てる者、関谷から村へ帰って果てる者、関谷で果てる者も居る。先月の半月ほどで二二人が亡くなった。村々の死者のうち半分以上は常の病死だと村の庄屋は言っているが、よく見ると半分以上は餓死である。関谷に来る者を見るとひどく弱った者ばかりで驚き入るばかりだ。ただし、関谷に来た者は粥を与えられて力を付け、もう餓死する者はないだろう。

一近所の御林の下刈りを許したならば、自分の山を持たない百姓の救いに少しはなるだろう。

閑谷学問所は、寛文一二年以来津田の努力によって整備が進められ、翌延宝元年に講堂が、同二年には聖堂（孔子廟）が完成している。また同年四月朔日には木谷村二七九石余がすべて閑谷学問所料とされ、同日学校の校則ともいうべき「定」（壁書《かべがき》）が決められた。(12) このころまでに学校としての体裁が一応調ってきていたといえるだろう。その閑谷学問所もこの飢饉では施行場とされたのだ。

郡奉行の申し合わせ

同じ延宝三年二月、綱政は政言・輝録の家老に遣わしていた都志源右衛門と川村平太兵衛を召し返し、かつて代官頭として同僚であった西村源五郎と三人で手分けして、郡々を見廻るように命じた。地方巧者である彼らの力が是非とも必要だと綱政も感じたのだろう。三月朔日から三人は郡廻りを始め、郡々で銀四〇〇貫目余を借り出して、救済に努めた。承応三年（一六五四）の洪水のときに光政が熊沢蕃山に命じたのと同じやり方だ。一三日、郡廻りを終えた三人は、在地の様子を綱政に直に報告する。綱政は、秋までは郡奉行と相談して見廻りを続けるよう三人に命じている（留）。

これより先の二月二五日に郡奉行たちが緊急に惣寄合を行い、六か条の覚を提出した。内容は、郡の貯物などを使って飢人の救済を続ける、今年になって納められた春延《はるの》べ米《まい》（昨年未納であった年貢米）をなぐれ奉公人（出替わりの時期に次の奉公先が見付からなくて職のない奉公人）の扶持に宛てる、牛銀・種籾銀を貸し付けることを認めて欲しい、絶人《たえにん》の跡地を村で惣作している分は、今年は作付けできないので免下げを認めて欲しい、などであった〔留〕。

その箇条を聞いた綱政は、郡奉行の提案を認め、随分情《じょう》を出して（心をこめて）作廻するよう命じている。また、この覚では改めて報告することになっていた残りの春延べ米については、今後取り立てた分は飢扶持や日用米に当てて飢人を育むこと、さらに取り残しが出れば麦納めか他借させて取り立て、それでも不足する分はさらに秋まで先延ばしすることが郡奉行から追加提案され、綱政もそのとおりにするよう指示している〔留〕。

飢饉の状況報告

麦が取り入れられるようになる五月になると、飢饉も少し落ち着くようになる。

延宝三年の正月から五月までの家中（侍分）を除いた領内の状況が報告されている〔留〕。それによれば、飢扶持《うえふち》を下された飢人の数は八万五〇七八人で、町在の住民三一万六〇一九人の二六・九％に当たっている。この飢人に対する扶持米は合計一万八三九六俵三斗一升五合、内訳は、手習所米が一三一六俵三斗二合（七・二％）、郡々用米が五〇三八俵三升四合（二七・四％）、他借米《たしやくまい》が一万一五二六俵三斗（六二・七％）、町銀が五一五俵（二・八％）などであった。三分の二が民間からの借米でまかなわれている。この他に郡々貯麦から一万二四三五俵一斗七升が飢扶持に遣わされた。これが畝麦で、俵数で他借米にほぼ匹敵している。これがなければ他借米が倍になっている勘定だ。光政時代以来の救荒施策の成果の大きさが分かる。また、救済のための普請に動員された者への日用米や牛銀・種籾《たねもみ》代などの万入用《よろず》として銀二九〇貫八五匁四分が遣わされている。これを米一石銀七〇匁で換算すると一万三〇〇〇俵になる。これも他借米に匹敵する。この三つが救恤の柱と言えるが、先に触れた手習所米をはじめあらゆる施策を動員して救済が行われたことが分かる。なお、遣わされた手習所米の総額は米にして四二七石三斗四升七合、扶持を与えられた飢人の総数は延べ六〇万四三八六人、一人平均にして七勺七毛少余に当たると津田は報告している〔留〕。他に稗《ひえ》二九四二俵一斗六升も遣わされている。

それでも多くの餓死者が出るのは防げなかった。この五か月間の死人数は八六〇三人。それから飢人以外の死人三八五二人を引いた数は四七五一人。これが飢人のうちの死人数である。飢人総数の五・六％にあたる。死者の内訳は、常の病死が四三〇七人、疫病死が三二三五人、餓死とも病症が知れないものが一〇四四人である（合計が合わないが数値は資料のまま）。疫病死が三七・五％を占めるというのも飢饉時の特徴だ。飢人死者数は全人口の一・五％に当たっている。この飢饉の原因となった延宝元年・二年の洪水による直接の死者が合わせて八九人であったことを考えると、当時の人びとにとって飢饉がいかに恐るべきものであったかが分かるだろう。

五月に麦がとれるようになると飢人は減少するが、麦が底をつく七月になると再び城下に飢人が流れ込むようになった。綱政は、小屋掛《こやが》けをして飢人に施行を行い、在所を調べて送り返すように指示している。他国者については国境までの扶持方を遣わして送り届けた。このときの飢人は他国者を含めて四三六人と記録されている。内訳は、領内の者二八〇人、他国他領の者一一七人、幼少にて在所の知れない者三一人、などであった〔留〕。

3 「改革」への助走

話しは一年前の延宝二年（一六七四）に戻るが、洪水による飢饉が避けられなくなってきていた二月一二日、岡山藩は禁裏《きんり》および仙洞御所《せんとうごしょ》の御手伝普請《おてつだいぶしん》を命じられた。

禁裏造営御手伝普請

禁裏御所は万治四年（一六六一）正月一九日の京都大火ののちに再建されたが、寛文一三年（一六七三）五月九日の火事で再び焼失した。その再建を命じられたのだ。参勤による江戸在府を早めに切り上げた綱政は一〇月八日に江戸を出発、二四日には岡山に帰国する。総奉行は家老の池田大学、元締は上坂外記《げき》・水野三郎兵衛・神図書《じんずしょ》の三人で、彼らは一一月に京都に入った(13)。上坂と神は、それぞれ一五〇〇石と一〇〇〇石の番頭、水野は四〇〇石の判形（出納役）である〔職〕。

延宝三年正月一九日、「木作始《きづくりはじめ》」（手斧始《ちょうなはじめ》）の儀があり、これに合わせて綱政も上京した。そののち普請は順調に進み、一一月には完成の運びとなった。綱政は再び上京し、同月二七日に天皇が新内裏《だいり》に遷《せん》幸《こう》した。綱政にとって最初の公儀《こうぎ》御用であり、朝廷関係の御用でもあったため、二度も直接上京している。綱政が緊張感をもって臨んでいることが分かる。

「京都日帳」によれば、この一年間に禁裏造営のため京都に出張した諸役人は五三四人、足軽《あしがる》・小人《こびと》などは六六二人にのぼった。惣材木が二八万六九一八本余、鳶《とび》日用人延べ四六万四〇〇九人余、その賃銀が六九三貫八三八匁余とある。費用の総額は銀三九一五貫目という(14)。当時は飢饉の真最中で藩庫に余裕は全くなかったから、そのほとんどは借銀によったに違いない。しかし、度重なる借銀に京都・大坂での調達は困難を極めた。そのため、城下の町人からも借銀して普請の完成にこぎつけた。

ところが、年末には上方の商人から元銀や利子の返済を迫られ、滞った場合には今後の調達ができなくなるような事態となった。そのため、一一月一〇日に再び城下の町年寄五人を評定所に集めて、銀一〇〇〇貫目の調達を依頼した。町方だけでなく国内はもとより他所からでも調えるようにという指示であった〔評〕。藩財政はまさに綱渡りの状況であった。

学校縮小をめぐる動き

これより前、京都での御手伝普請が続いていた同年六月一五日に、綱政は光政に対して藩学校の一時中断を提案している[15]。綱政によれば、学校・在々手習所・井田は出費が多く、特に学校は家中困窮のために生徒が集まらなくなっているのに、支出だけがかさんでいる[16]。公儀への御奉公は格別であり、藩内でも行わなければならないことはその通りに行うが、さして御奉公にもならないことは、この際延期したい。具体的には、学校は当面止めて財政状態がよくなったらまた始めることにし、手習所は時節柄すべて廃止したい、というのである。御手伝普請が首尾よく済んだら、酒井忠清に「ひつそく」（後に述べる「簡略《かんりやく》」のこと）について内談しようと考えているが、その時には行き当たりばったりではなく、「思案」の筋（財政再建の方策）も示さなければならない。また、城に納められている武具は大破しているものも多く、仕直さなければ棒にも劣るようなものばかりだ。「国城」を預かっている者としては、武具を常々吟味して備えておくのが公儀への御奉公であり、只今は他の物入りは思案し、まずはそれを止めて、軍用が調うようになって初めて行うべきだ、とも述べている。

これに対して光政は七月一九日に次のように返答した。(17)学校は二〇〇〇石を五〇〇石に減らしても存続すべきだ。それもできないのなら、自分の隠居料から五〇〇石を出してでも存続して欲しい。手習所と井田は廃止してもやむをえないが、閑谷学校は学問所料の折紙《おりがみ》が別に出ており、(18)少しばかりのことでもあるので、今までどおりに申し付けること。軍用の資金は余裕があると思っていたが、現在の状況は自分には分からない。武具が損じているのであれば、それは自分（光政）の誤りだ。こうしたことも自分の学問好きのせいだと下では言うことだろう。学問など何の役にも立たず、費《つい》えばかりだと貴殿（綱政）に言う者は、結果を急ぎすぎるからだ。確かにこれまでの学校入用は今時にすれば少し多すぎるかもしれないから、出費を減らして絶えないようにはしたいと言えば、いかに学問嫌いの「うた殿」（酒井忠清）でも同心せざるをえないだろう。嫌いの目から見れば何事も学問のせいだと見えるのだろう。嘆かわしいことだ。学問は長い目でみれば貴殿のためになることだから、よくよく思案するように。

綱政は藩政の責任者として幕府の実力者である酒井に遠慮があるのに対して、光政は寺院淘汰や神職請について酒井とは意見の対立があった。綱政は岡山に居て飢饉が激化する状況を目の当たりにしており、禁裏御所の御手伝普請の失敗も許されなかった。それだけ切羽《せっぱ》詰まった状況にあったのに対して、光政は隠居の身で江戸にあった。こうした二人の立場の違いが、判断の差を生む元にあったことは間違いないだろう。しかし、光政とて藩財政の厳しい状況や綱政の苦渋を理解していなかったわけではない。自分の責任も感じていたし、最終的には自分の隠居料から埋め合わせるという提案までしている。学校への思い入れに深浅はあったとしても、綱政も近い将来の学校再開まで否定しているわけではない。厳しい藩政の状況を踏まえた上で、ギリギリの対論が二人の間で行われたのだ。(19)二人が「思案」という言葉を度々使っているのが印象深い。

この二人の遣り取りを経て、同年九月九日に一四か所の郡々手習所が廃止され、その典籍・器具などは閑谷に移されて、閑谷学校のみが存続されることになった。次いで九月晦日に学校料が二〇〇〇石から五〇〇石に減少され、校内職員・読書の師（読み書きを指導する助教）・小侍者《しょうじしゃ》などの給銀が一割カットとなった〔国学〕。小侍者は、給仕などの雑用を勤めながら、その合間に教育を受けるもので、村役人など民間の子弟から雇われた。延宝三年には小子（生徒）六八人に対して六三人も居た。こののちは、家中の窮乏もあいまって生徒数の減少が続く。(20)

「三ツ物成」の実施

一一月三日、禁裏普請が完成しそれを見届けるために上京するに先立って、綱政は家老をはじめ番頭や近習《きんじゅう》・物頭《ものがしら》などを書院に集めて直に、「先年家中簡略を行って間もないが、当年の家中物成《かちゅうものなり》や切米《きりまい》を上げ米するように命じるのは気の毒で申し訳ないことだ。しかし、禁裏普請や民間救恤のための費用もかさんでいる。そのため、当年の物成は三ツ（直高《なおしだか》の三割）を遣わし、切米は九割を遣わすことにする」、と申し聞かせた〔留〕。

「先年」というのは寛文一〇年（一六七〇）から三年間実施された「簡略仕法《かんりゃくしほう》」のことを指している。この時も家中への物成は三ツであった（【表1】）。簡略仕法では、家中への物成や切米が減額され、行事・礼儀の縮減、人馬の削減と倹約の励行が命じられる。減額された物成などは藩庫に入れられ、借銀の返済など藩財政の補塡に使われた。例えば、この延宝三年では平物成《ならし》（知行《ちぎょう》取りに対して一律の免で遣わされる物成）は三ッ五歩余であったから（【表2】）、そのうち三ッが家臣に遣わされ、五歩余が上げ米として藩庫に納められるということになる。百姓から取り立てる年貢の免を上げると反発を招く。年貢の免はありのままにして家中に配分する物成や切米を減額し、家中に耐乏を強いることで藩財政の不足をカバーしようというのが簡略仕法である。その「簡略」を三年も間を置かずに指示したのだ。それほど藩財政は深刻な状況であった。あわせてこの時の申し渡しでは軍用以外は随分軽くするように心掛け、武芸にだけは怠りなく努めるように命じていることも、先の綱政と光政の学校をめぐる遣り取りからみて、注目されることだろう。

包紙上書に「延宝三卯歳　御預書付《おあずかりかきつけ》　拾五通」と書かれた史料がある。(21) 延宝三年のいつのことかは分からないが、藩財政が逼迫《ひっぱく》し、借銀がかさんで家計が立ち行かない家臣が増えていることへの対策を、綱政が主立った家臣に申し出るように命じたことがあったようだ。そのとき提出された書付がまとめて誰かに預けられたと思われるが、各書付の差出人名は切り取られている。最も多い意見は知行物成を「三ッ成」か「三ッ五歩」に減らしてその余米を借銀の返済に充てるというものであった。学校縮小をめぐって光政と遣り取りをしている最中の七月朔日に、家中すべてが万事倹約に努めるようにとの綱政からの「御意」が申し渡されているから〈留〉、それ以降で、先に見た「三ッ成」の簡略が命じられる一一月三日までの間のことと思われる。綱政としては、重職にある者に意見具申させることで、彼らを政策決定に「主体的」に参加させようとしたのだろう。光政が行った「諫箱《いさめばこ》」では家中のだれもが目安《めやす》を入れることができたから、それとは発想が違う。同じように「下から」の意見を汲み上げるにしても、役職の秩序が前提にされている。綱政は、こうした重臣たちからの意見に「従う」という「形」をとって、知行物成「三ッ成」の簡略を実施した。家中の反発を予想してのことだろう。

なお、この時の意見具申において複数の者から提案されたものとしては、他国米流入禁止、米高直《こめこうじき》・諸色下直《しょしきげじき》の相場《そうば》（米を経済の基盤とする侍や百姓にとって優利な相場）実現、御山《おやま》（藩直轄の山林）の下枝おろしの許可、藩札《はんさつ》の発行、郡奉行二人が二郡を相役《あい》で務める、庄屋への諸遣米《つかいまい》（手当米）の停止、などがある。これらの政策は綱政によって採用される。その実施についてはおいおい触れるだろう。

郡肝煎の任命と小仕置の設置

飢人が再び増加する気配の見えた延宝三年七月九日、綱政は都志源右衛門・川村平太兵衛・西村源五郎を呼び出し、「下民が困窮しており不便（不憫《ふびん》）千万である。今こそ民を育み、細かな仕置をすべき時である」として、三人を郡肝煎《きもいり》・近習《きんじゅう》に任じた。そして内々に、「我等の趣意がどうしても広く下々にまで通りかねている。郡奉行や代官などに心得違いが多くあるようなので、三人は打ちはまって随分情を出すように。これまでは郡奉行の心がバラバラで、何事も直接に年寄どもに申し入れていたけれども、今後は、何事もまず三人に相談して、郡奉行が申し合わせた上で三人が吟味を遂げ、その後に年寄どもに申し達して諸事を処置するように」、と申し付けた〔留〕。あわせて、三人は評定所に出座して自由に発言すること、郡奉行の月番《つきばん》（月ごとに当番を置いて連絡調整役とする制度）はやめ、すべて三人を通じて郡奉行に申し触れることも命じた。

同日、郡奉行一一人も御前に召され、「只今の郡の様子は奉行の心のままにバラバラで、一等でない

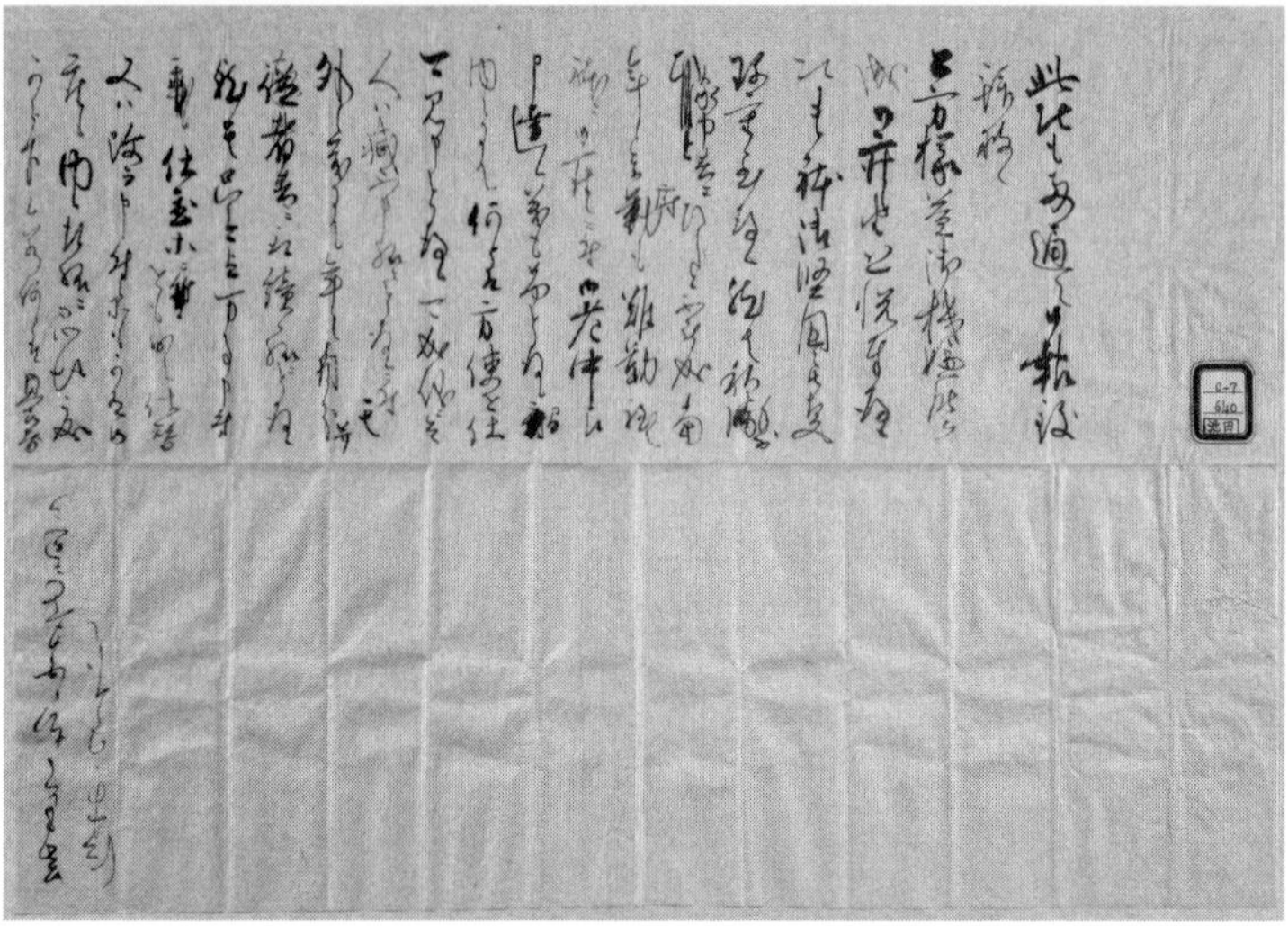

【図2】酒井忠清宛綱政書状控（岡山大学附属図書館所蔵）

ように見える」として、三人への申付と同じことを直々《じきじき》に仰せ付けている〔留〕。

郡肝煎の任命は、メンバーが同じであるために代官頭の復活のように見えるが、そうではない。代官頭が村代官を通じて直接に村に介入したのに対して、郡肝煎は郡奉行の間の調整が主な任務で、綱政の意を受けた統一的な農政を行うために仕置家老を補助するものであった。その意味では、郡奉行たちをまとめて家老との間をつなぐ「郡代《ぐんだい》」のような位置付けだと言えるだろう。

翌延宝四年二月四日に綱政は酒井忠清宛に書状を出した[22]（【図2】）。そのなかで綱政は、参府もままならない藩財政の状況を伝え、仕置の「仕替《しか》え」（改革）への意志を伝えるとともに、忠清からの助言を求めている。前年の学校縮小をめぐる光政との遣り取りや簡略の実施を踏まえて、「改革」に取り組むことを伝えたのだ。

一か月たらずのちの三月九日、村代官三四人が改めて任命されている〔留〕。光政時代に七三人であったのに比べればほぼ半分であり、全領が村代官となる以前の代官数二七人に近付いた。村代官の役割が変化し、神職請などの教化政策が後退していくことを反映しているだろう。

同日、各郡一名の郡々普請奉行が任命され、あわせて五〇人の肝煎庄屋も任命されている〔留〕。郡別では備中山北南が二人と少なく、邑久《おく》・赤坂《あかさか》郡が六人と多いが、他はほぼ三〜五人の規模となり、一人が十数か村を束ねる、後の「大庄屋」に近いものといえるだろう。

さらに同年一〇月二三日、綱政は岸織部と水野作右衛門を御前に召し出し、水野三郎兵衛とともに三人で「小仕置《こしおき》」を勤めるよう仰せ付けた。綱政直々の「御意」によれば、小仕置は諸役人と仕置家老との間を取り次ぎ、仕置家老の指示を諸役人に申し渡す役とされ、綱政に直接意見具申することや諫言《かんげん》することも認められていた。つまり、家老を補佐するだけでなく、綱政に直属するポストでもあった〔留〕。岸織部は六〇〇石の大小姓頭、水野作右衛門は六〇〇石の大目付、水野三郎兵衛は四〇〇石の判形。いずれも綱政の信頼する能吏である。こののち、仕置家老・小仕置が藩政を執行する体制が幕末まで続くことになる。

この間の機構改革によって、仕置家老―小仕置―郡肝煎―郡奉行―代官（村代官）―肝煎庄屋（十村肝煎）―村庄屋という系統が整備された。それぞれの役職に応じて系統的に支配する上意下達のシステムは、綱政が目標とした政治のあり方を示している。

なお、延宝四年は洪水・飢饉からの復興を目指して、領内各地で日用普請が行われた〔留〕。郡別では口上道郡・赤坂郡・備中山北南・同浅口郡あたりで多くの普請が行われ、費用の総計は米二一八七石余、麦三〇八三石余、銀一五二貫八八八匁であった。その成果もあったのだろうか、この年の実高に対する免の平均は四ツ七歩余、直高に対しては三ツ八歩余であった（【表2】）。

4 財政再建計画

延宝四年（一六七六）一一月一〇日岡山を出発した綱政は、同月二七日に江戸に着いた〔履〕。二年ぶりの参府であった。

「自分勝手作廻積目録」

「辰ノ極月」の日付のある「自《じ》分《ぶん》勝手《かって》作廻《さくまい》積《つもり》目録《もくろく》」という史料がある。(23) 端《はし》裏《うら》貼紙《はりがみ》に「御簡略ノ前辰ノ歳雅楽《うた》様・大和《やまと》様へ被掛御目《おめにかけられ》候写」とあるから、参府直後に酒井忠清と久世広之に披露したものだろう。近年の洪水・飢饉によって物成は減少し、他方、家中や領民の救済および禁裏御手伝普請のために支出がふくらみ、藩財政は危機的状況であった。その概況を幕閣に説明するために作られたのが、この「作廻積目録」であった。先に触れた二月四日付けの忠清宛書状（【図2】）で綱政が述べた「改革」の具体化という位置付けであったに違いない。以下、その内容をかいつまんでみておこう。

①直高は五一万四九〇石九斗。ここから隠居料・内所料《ないしょりょう》（奥向《おくむ》きの費用）、政言・輝録への分知分、寺社領、知行取の給知へ遣わす分、を差し引いた蔵入《くらいり》分（藩財政に充当される分）は一一万四四一〇石五斗である。

②平《なら》シ免《めん》を三ツ八歩とすると物成は四万三四七六石。これに夫《ぶ》口糠藁代《くちぬかわらだい》（夫米《ぶまい》・口米《くちまい》・糠藁代、村から取り立てる付加税）、岡山地子《ちし》（町中から取り立てる税）、家中役米（家中が負担する夫役米）、小物成（年貢以外の雑税）を加えて、収入合計は五万八一〇石となる。

③ここから切米取家臣の扶持方、台所方入用、役料・江戸足米《たしまい》・路銭《ろせん》などを引いた残高が四六一六石。これを米九斗六升が銀五〇匁の相場で換算した代銀が二四〇貫四一六匁七分。

④これに万《よろず》小物成銀（銀で徴収される雑税）一九貫目を加えて、残銀高が二五九貫四一六匁七分となる。

⑤以上に対して支出は、江戸および国許《くにもと》での諸遣いに近親への合力米《ごうりきまい》を合わせて合計三〇六五貫目。差引二八〇五貫五八三匁三分の不足銀（赤字）ということになる。何もしなければ、毎年これだけの赤字が出るというわけだ。

⑥そこで昨年から行っているように家中への平シ物成を三ツとして、平シ免三ツ八歩との差額を上げ米にする「簡略」を行うと、銀一八八九貫八四三匁七分が藩庫に繰り入れられることになるが、それでも最終的には九一五貫七三九匁六分が「辰ノ暮不足銀」になる。

⑦さらにこれまで京都・大坂・国許などで借銀した未返済分が、「辰ノ年之元利」で一万一九四貫八四〇匁もあり、結局借銀を加えた「辰ノ暮不足銀」は一万一一〇貫五八〇匁にのぼる。そのうえに家中の者の借銀が一万三九四貫五七八匁あり、「自分家中共」の借銀総額は二万一五〇五貫一五八匁になる。

これでは三ツ物成の「簡略」を行っても、借銀は減るどころか増えるばかりである。収入を少しでも増やし、支出を極力抑えるしか方法はない。そんな指導が酒井や久世からあったかもしれない。

「自分勝手簡略積目録」　改めて「自分勝手簡略積目録」が作られた(24)。この史料にも端裏に貼紙があり、「御簡略之御積目録　巳ノ歳雅楽様・大和様へ被掛御目候写」と書かれている。年が明けて延宝五年（一六七七）のあまり遅くない時期に綱政から酒井と久世に披露されたものだろう。その内容を【表3】に整理した。前年の「作廻積目録」と比較しながら内容を整理しておこう。

①直高から隠居料・内所料などを差し引いた蔵入分一一万四四一〇石五斗は「作廻積目録」と同じ。

②免三ツ八歩の物成高は同じだが、万小物成のうち高瀬上荷運上《たかせうわにうんじょう》（高瀬船・上荷船にかかる税）などを増額して、収入である米の合計は四〇〇石九斗増えて五万一二一〇石九斗となっている。

③ここから米による払方が差し引かれる。ただし、「簡略」のため切米取の扶持方と台所入用は三分の一程が減額され、役料・江戸足米・路銭なども七歩（七％）ほどが減らされて、支出は三万七八九二石六斗六升になり、残米は一万三三一八石二斗四升。これを同じ相場で換算した代銀は六九三貫六五八匁三分になる。

④他に銀による収入が加わるわけだが、そのうち万小物成銀一九貫目は変わらない。ここでは諸運上銀五〇〇貫目が「作廻積目録」より増えている。その結果、銀に換算した収入合計は一四五七貫八一九匁三分となり、一一九八貫四〇二匁六分の増加になる。なお麦大豆払代銀は上で計上された実際の払いと相殺されるから全体の積りには影響がない。

⑤以上に対する支出でも、江戸・国許での遣《つかい》方が三分の一削減、合力米も半分に減らされたりして、一六九六貫目減少の一三六九貫目にする。その結果、ここまでの収支は八八貫八一九匁三分の余銀が出る、つまりそれだけ黒字という計算になっている。

【表3】「自分勝手簡略積目録」

	510,490.9	石	直高
	60,000.0		隠居両親・内所へ遣ス分知
	40,000.0		信濃守丹波守へ遣ス分知
	1,414.8		寺社領
	294,665.6		給知へ遣ス分
①	114,410.5		蔵入之分
	43,476.0		物成，免三ツ八歩
	3,741.1		夫口糠藁代
	3,993.8		地子家中役米小物成
②	51,210.9		米合
	3,350.4		麦大豆払代
	34,542.26		無足切米扶持方・其外壱年分米ニ而入用之積
③	13,318.24		残而
	693,658.3	匁	③の代銀，9斗6升ニ付50匁ニ〆
	245,161.0		麦大豆払代銀
	19,000.0		万小物成銀
	500,000.0		諸運上銀
④	1,457,819.3		銀合
	552,000.0		備前万遣方三ヶ一減シ残分
	416,000.0		江戸万入用三ヶ一減シ残分
	151,000.0		身近キ方々へ遣ス合力米，例年ノ半分ニ〆
	250,000.0		江戸供入用・留守番入用減シ遣ス分
⑤	1,369,000.0		払合
	88,819.3		残而(④−⑤)，余銀

百姓からの年貢徴収高は変えず、それに基づく直高に対する物成の免も三ツ八歩に設定されていて変わらないが、諸運上で収入を増やし、他方支出をそれぞれに三分の一ほど節約することによって減少させ、結果的に単年度でも赤字の財政を黒字に転換する計画だ。

借銀返済計画

次に累積する借銀をどうするか。これについても延宝五年から七年間で返済する計画が立てられた。それを記した「覚」には端裏貼紙に「御借銀巳ノ年ゟ七年ニ相済申由積目録　巳ノ歳雅楽様大和様へ被掛御目候写」とあり、先の「簡略積目録」と一緒に酒井と久世に披露したことがわかる[25]。その内容をかいつまんで示してみると以下のようである。

⑥三ツ成の「簡略」によって残りの八歩を上げ米するが、これを知行取家臣だけでなく隠居料・内所分、政言・輝録分にも適用することで八〇〇〇石を増加する。加えてそれぞれに遣わされていた夫口糠藁代二七一六石八斗八升も上げさせる。これによって一年間に三万四二九〇石一斗三升が捻出される。これは銀に換算して一七八五貫九四四匁になる。

⑦借銀のすべてを一挙に返済することは困難なので、「御姫様方之御銀[26]」を除いた京都・大坂・国許での借銀だけを返すことにすると巳の年の元利合わせた額は九五八六貫二五三匁である。ここから黒字となる一七八五貫九四四匁を毎年の返済に充てると、七年目の亥の年には皆済《かいさい》し、そのうえで四九貫四三九匁の余銀が残るという計算になっている。

机上の計算とは言え、とにかく七年間の「簡略仕法」によって借銀を解消する計画が立てられた。酒井も久世も、綱政の決意のほどを了解しただろう。

岡山藩の財政規模

江戸時代の度量衡の単位は現代とはちがっているので、数字だけからは数量のイメージがつかみにくい。ここで簡単におさらいしておこう。

まず長さは、一尺が約三〇㎝、一間は六尺で約一・八ｍ。潮留堤《しおどめつつみ》破損一〇〇〇間とあれば、一・八㎞の堤が切れたことになる。

次に面積は、一歩（一坪）が一間四方で三・二四㎡、一反が三〇〇歩で約一〇ａ。一町が一〇反で約一haになる。土地柄にもよるが、一町歩もあれば拡大再生産が可能な農家と言えた。

また体積は、一合が一八〇cc、一石＝一〇斗＝一〇〇升＝一〇〇〇合であったから、一石はおよそ一八〇ℓになる。米一石が一人の一年間の食料にあたると言われていた。岡山藩では一俵が三斗二升入りで、三俵が一人の年間食料と考えられていたようで、「一人扶持」というのがこれに当たる。

江戸時代の金一両は、現在の貨幣価値ではどれくらいかと尋ねられることがある。これは難問で、当時と現在では経済構造が全く異なるから、もともと比較は不可能なのだ。また何を基準に比較するかでも結果は大きく違ってくる。日本銀行金融研究所貨幣博物館のホームページによれば、米の値段で比べると金一両は六万三〇〇〇円、大工の賃金では三四万五〇〇〇円となっている。これではどうしてよいか分からない。それでも無茶を承知で一両＝一〇万円とし、普通「石一両」と言われるから米一石＝金一両と仮定する。先に紹介した「積目録」では米九斗六升が銀五〇匁として計算されていたから、それに合わせて金一両＝米一石＝銀五〇匁として岡山藩の経済を大まかに考えてみよう。(27)

「作廻積目録」では、平シ免を三ツ八歩とした場合の蔵入分の収入合計は米五万八一〇石であった。

これは現在の貨幣価値にして五〇億八一〇〇万円になる。ちなみに二〇一九年度の岡山市の予算は約三三一一億円だから、その六五分の一しかない。人口七四万人余の岡山市の市民税収入は約一三一〇億円なので、それと比べても二五分の一にも満たない。財政規模はかなり小さいと言えるのではないか。これでは切米取《きりまいどり》家臣の給与や生活費に当てるだけで、公共事業など行う余裕は全くない。

さらにここからさまざまな支出が引かれて、最終的に二八〇五貫五八三匁三分の不足銀が出る。つまり五六億一一一六万円余の赤字が出る見積りになっていた。さらに借銀は一万一九四貫八四〇匁、二〇三億八九六八万円あり、他に家臣の借銀が一万三九四貫五七八匁、二〇七億八九一五万円余あった計算になる。

他方、家臣の収入についても概算してみよう。平シ物成を三ッ八歩でそのまま計算すると、知行一〇〇石の番頭で三八〇石、三八〇〇万円、二〇〇石の中級家臣で七六石、七六〇万円の収入になる。これが三ッ物成の「簡略仕法」では、一〇〇〇石の番頭で八〇石、八〇〇万円、二〇〇石の中級家臣で一六石、一六〇万円が上げ米として藩庫に召し上げられる勘定であった。この収入で役を務め、家族を養い、おまけに家臣や奉公人を雇うとなると、遣り繰《やりく》りはかなり大変であったに違いない。

以上のような極々仮の計算で、岡山藩の経済規模についてイメージを持っていただけただろうか。かえって誤ったイメージを与えてしまったではないかと恐れるが、閑話休題。

「七年簡略」の実施

延宝五年六月二三日に江戸を出発した綱政は七月九日に岡山に着く〔履〕。八月朔日、城内書院に番頭・近習・物頭・組頭などが集められ、幕府老中と内談した上で「七年簡略」を行うことになったとの「御意」が仰せ聞かされた。その内容は次のようであった〔留〕。

一家中の者には大身小身にかかわらず「簡略」中は「三ッ成」を遣わす。大身の者もこの期間中は人馬を減らすこと。一〇〇〇石以下の者は家計の事情に応じて人馬を召し放つこと。自分の借銀は自ら工夫して七年の間にすべて返済すること。

一七年で借銀を返済できない者は、何年で返済できるかを書き出し、「簡略奉行」の指図を受ける。何年掛かっても返済の見通しがない者は、すぐに知行を返上し、法のごとくの扶持を乞い請けて在郷すること。

同日、簡略奉行に若原監物《わかはらけんもつ》が任じられた〔留〕。若原監物は三〇〇〇石の番頭。女《むすめ》が分家した輝録の正室になっている。

八月二四日、諸事質素倹約について「簡略中定《さだめ》」が仰せ付けられた〔留〕。全文一七か条からなり、家作事、武具、馬具、衣類、振廻《ふるまい》、祝言道具、出生祝、葬祭などについて細かく倹約内容が指示された。合わせて「祝言道具并《ならびに》諸事入用御定」「祝言道具諸事入銀積覚」も触れられ、知行・給米に応じて一々詳しく規定された。

一〇月、日置《ひき》若狭《わかさ》（猪右衛門を改名、忠治《ただはる》）に代わって子の左門《さもん》（忠明《ただあき》、のちに猪右衛門）が仕置家老になる〔職〕〔奉〕。若狭は慶安五年（一六五二）以来二五年間光政・綱政を支えてきた。左門は当時三〇歳で綱政より一回り若い。以後三〇年近くにわたって綱政政治を支えることになる。

延宝五年の物成は二一万一四四二石四斗五升一合、直高に対する免は四ッ一歩四厘、延宝期としては最高を記録した(【表2】)。また、知行を返上して扶持方支給を願い出た「簡略在宅人」は、翌延宝六年(一六七八)の段階で、在郷居住の者が瀧《たき》小兵衛をはじめ六二人、岡山住居の者が榎並《えなみ》久大夫はじめ三一人、計九三人であった〔留〕。

諸郡「寸志」の申し出

延宝五年七月二〇日、備中山北南の十村肝煎五人と村々庄屋四六人の連名で郡奉行村田小右衛門宛に願書が提出された。その趣旨は次のようであった〔留〕。

一御入国以来御厚恩に預かり、とりわけ近年は丑の歳(延宝元年)より三度も堤が切れ、みな餓死しそうなときにも、常に結構にお救い頂き、堤も以前より強固に修復がなり、そのありがたさは申しようもありません。しかし、そのために御上《おかみ》の御勝手が不如意と伺い、恐れ入るばかりです。御簡略の手立てになるのであれば、相応に少々は免をお上げなされるほかは、あるまじきかと存じます。これを大儀と思う者はおりません。備中は洪水郡ではありますが、他郡並に免を仰せ付けて下さるようにお願いいたします。

正式に「簡略」が発表される以前に既にその噂が流れていたのだろうか。備中山北南でいち早く「寸《すん》志《し》」が組織されたのだ。百姓の側から年貢の増徴につながる「免上《めんあ》げ」を願い出るというのは、いささか奇異な感じもするが、いずれにしろそれ以前の飢饉時において藩による救恤や復旧のための破損修復の実績があるからだろう。多分郡奉行の指導のもとに、十村肝煎が中心となって、村々の庄屋の合意を取り付けたに違いない。あわせて村々より銀子一五貫目を「寸志」として差し上げると述べている。
ついで八月二三日には、奥上道郡の肝煎三人から郡奉行の横井次郎左衛門に「寸志」の申し出があった。内容は、やはり「惣郡並み」の免（領内各郡の平均的な年貢率）を差し上げるとともに、砂川筋の破損修復については出来る限り藩の世話にならず自力で行うというものであった。ただし、先年の大洪水の時のような百姓の手に余るものについては如何とも仕がたいとも述べている〔留〕。これ以降、各郡からの「寸志」の申し出が続く〔留〕。以下に列挙する。

口津高郡……新開《しんかい》一五〇石分について来年より鍬下《くわした》（年貢の減免措置）を返上する。御普請一万人分を百姓自分繕いで行う。御普請であれば藩から夫役銀が支給されるが、それを村々百姓が自分たちの責任で行うというのだ。

邑久郡……社倉米銀二七八貫目余の借用を引き請ける。郡として銀一九貫目を献納する。社倉米は郡会所が運用している貸付金。のちに詳しく触れる。

赤坂郡……菜種子九〇〇俵を献納する代わりに銀一五貫目を上納する。

磐梨《いわなし》郡……大豆二五〇石を献納する代わりに銀一〇貫目を上納する。夫役一万九二〇〇人分・代銀一九貫二〇〇目を請け合う。

児島郡……御普請夫役二万五〇〇〇人分を百姓自分勤めで行う。御普請御用の築石《つきいし》を運ぶ三端帆舟《さんたんほぶね》一〇〇〇艘分を積む御用勤めを行う。

和気郡……新開二〇〇石分につき五ツ免を差し上げる。新田の免は一ツとか二ツとか低いのが普通だが、他の田と同じくらいの五ツ〔実高に対して五割〕の年貢を納めるというのだ。加えて、御普請夫役を百姓自分繕いで請け負う。

こうした「寸志」が上から組織されたことは間違いないだろうが、その内容が郡ごとに異なっていることには、郡の特徴と村役人たちの「自主性」を読み取るべきだろう。

【表4】「寸志」による自普請延べ人数

郡名	「寸志」調	「寸志」実働
御野郡	—（人）	15,700　（人）
口上道郡	—	11,759.7
奥上道郡	25,780	15,280
邑久郡	30,503.9	55,146
和気郡	11,970	6,457
磐梨郡	30,000	—
赤坂郡	16,900	14,404
口津高郡	8,518	7,724
奥津高郡	935	7,193
児島郡	25,049.8	25,046
備中山北南	—	13,620
備中浅口郡	—	9,072
計	149,656.7	181,401.7

註）延宝6年・7年「留帳」より作成.

この他「留帳」には、指物屋《さしものや》次兵衛の御用細工手間代返上、足軽小頭の小作事役銀五匁返上が「寸志」として上げられている。また、岡山町中からは閏極月二五日に銀四三貫目の「寸志」が差し上げられた(28)。

村々の「寸志」で最も多いのは、破損修復を藩に頼らず百姓の自普請で行うというものであった。翌延宝六年の正月に普請奉行の中村治右衛門と藤岡内助が郡々を見分し、郡奉行と相談のうえ、当年必要な普請入用の見積を提出した〔留〕。それによれば、領内全体で銀六貫三五八匁八分、米九三七石四斗六升六合が必要であり、他に夫役一四万九六五六人七分が郡々からの「寸志」で賄われることになっている。当時の日用夫役は一日一人に付き米一升から五合の計算であったから、全領で最大米一五〇〇石ほど、米一石＝銀五〇匁で換算して銀七五貫目が節約されることになっていた。実際の「寸志」夫役はさらに広がり、全領で実施された。その内訳は【表4】のとおりである（磐梨郡は正月の段階で三万人の「寸志」が予定されていた。実際に行われたと思われるが、資料ではなぜか記載がない）。領民も一体となった復旧が行われた。

5　延宝末年の仕置

延宝六年（一六七八）五月二六日に綱政は岡山を出発し、江戸に参勤した。光政は前年延宝五年の一一月二八日に岡山に帰り、延宝六年は一年を通じて岡山に居住していた[29]〔履〕。

隠居光政の仕置への関与

出船にあたって綱政は、一つのことを光政に依頼した。それは、「家中簡略」について仕置家老の池田大学・日置左門それぞれの書付と水野三郎兵衛・泉八右衛門・津田重二郎の三人が相談して出した書付を見比べて、意見を寄せてくれるようにというものであった。その結果を光政が綱政に六月二八日付けの書状（【図3】）で知らせている[30]。それによれば、「大学の書付も左門の書付も尤だが、総じて見れば三人の書付がましだろう。ついては家老が申し付けるべき内容を書付にして送るから、それでよいと思われるならば、貴様（綱政）の自筆で調えて、急いでこちらに送ってほしい。それを自分から家老どもに渡すことにしよう。頼んで置かれたことだから、こちらで指し計って申し付けてもよいのだが、このことは重い仕置のことだから、貴方から申し付けるのがよいだろう」、という意見であった。

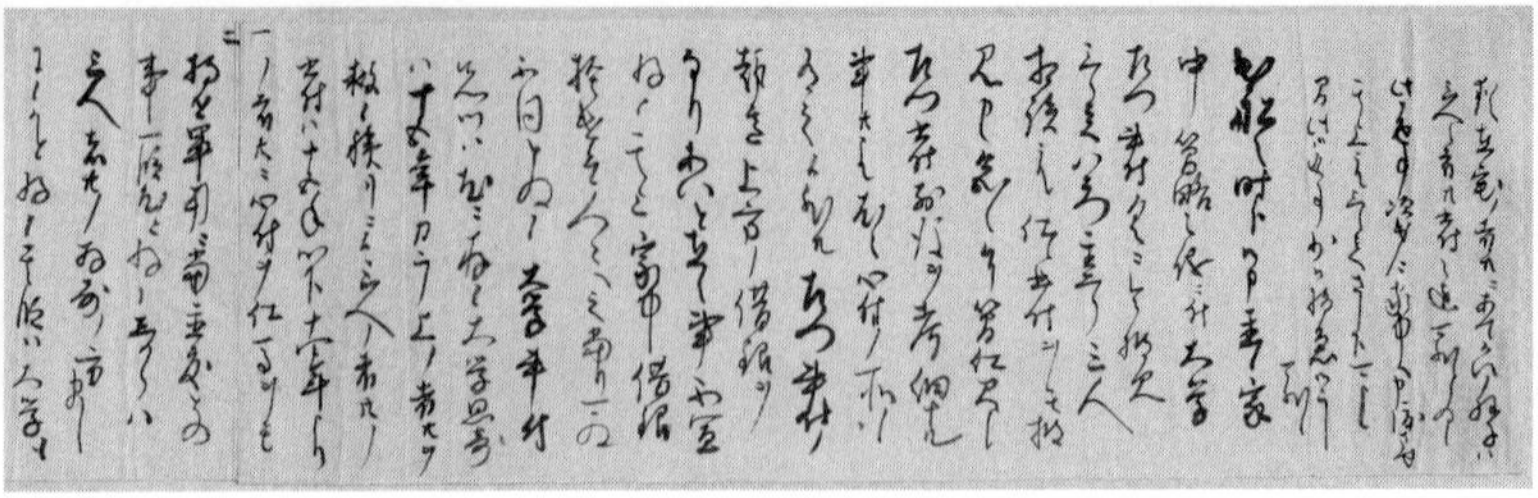

図書館所蔵）

この遣り取りに基づいて綱政からの書付が岡山に届けられ、それが七月二〇日に大学・左門によって家中に触れられた〔留〕。

さらに七月二八日には「在郷簡略」（知行地に在宅して簡略生活を行う）を願う者の宛行《あてがい》扶持についても、「借銀の返済について一五年以上と書き上げた者のうちに在郷もせず城下居住を願う者が多く居るのは不埒《ふらち》である。昨年度の借銀返済を計画通りに実行した者については認めるとしても、昨年の上げ銀を滞った者については断固として在郷逼塞とする。そのように心得るように」、と触れられた。これも綱政が光政に意見を求めた書付にあった事柄で、この時家中に触れられた「覚」には、「このことは江戸に申し上げていては遣り取りが遅れてしまうので、御隠居様（光政）へ申し上げたところ、内容は一々尤《もっと》もだと思われるので、早々に申し渡すようにと仰せ出されたものである」、と書かれている〔留〕。緊急を要することなので、やはり光政の判断を仰いだうえで、申し渡しがされたのだ。

綱政の依頼を受けて光政が判断を下しているのだが、光政としては綱政を立てることにも気を遣っている。

いずれにしても、これはかなり変則的な事態だ。他に次のような事例もある。

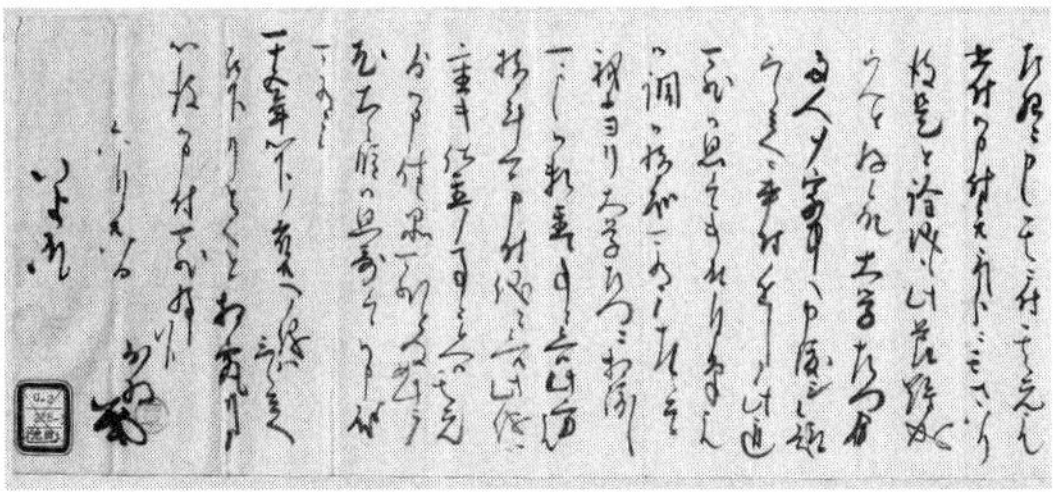

【図3】綱政宛光政書状（「御簡略御書付」，岡山大学附属

奥上道郡寺山村《てらやま》の庄屋喜兵衛が村に配られた加損米《かそんまい》や日用麦を村内に分配せずに私に取り込んでいるという目安《めやす》（訴え）が同村小百姓たちから郡奉行に出された。二月二四日のことだ。これが綱政の耳に入り、綱政は二人の横目に調査を命じた。この調査は綱政が在江戸中の七月朔日から一九日にかけて岡山で行われ、その内容が二〇日に年寄中へ報告されたうえで、二一日には評定の議題に掛けられた。目安のすべての項目について、小百姓側に理があるという結論であった。この内容が翌二二日に「御隠居様」（光政）に報告され、喜兵衛を斬罪に処すよう仰せ出がなされた。この結果、二八日に喜兵衛の斬罪が行われ、妻と三人の子どもは追放処分になっている〔留〕。綱政留守中の最終判断が、隠居の光政に伺ったうえでなされているのだ。

こうした光政の関与はその後も続く。九月八日に宮城《みやぎ》大蔵《だいぞう》が水野作右衛門に代わって小仕置に任命されるが、この決定は、江戸の綱政から「御隠居様」へ仰せ進められたところ、「御隠居様」が「尤も」と思し召されたので仰せ付けられたものであった〔留〕。また一一月晦日には都志源右衛門の跡目四〇〇石の内三〇〇石が世悴《よせがれ》の半大夫に仰せ付けられているが、継目の御礼は極月朔日に「御隠居様」に対して行われている〔留〕。さらに極月二八日には俣野《またの》善内《ぜんない》に「札遣《ふだづかい》上奉行」（藩札《はんさつ》の監督）が命じられているが、これも「御隠居様」の「御意」によるものであった。善内がその場で井上藤助を相役《あいやく》に願うと年寄中は「尤も」と同意し、「御隠居様に申し上げる」と返答している。この人事については後に取り上げるが、やはり光政の指示に従って進められていることが分かる〔留〕。

延宝六年は七年間という長期にわたる「簡略」が開始されたばかりの緊張した状況であった。家中を引き締め難局に当たらなければならない非常時であった。こうしたときに、在江戸中の藩主綱政に代わって在国中の隠居の光政が藩政の最終判断を行っているのである。こうした措置が誰の考えによるものかは定かでないが、綱政も光政も同意のうえで二人が一致協力して藩政の運営に当たっていることは間違いないだろう。こうしたことは後にも先にもこの一年限りのことである。

翌延宝七年二月一〇日に光政は岡山を発ち同二八日に江戸に着く。それと入れ替わりに綱政は五月二日に江戸を発ち同一九日に岡山に帰った〔履〕。

運上銀の賦課

財政再建計画では民間からの運上銀を増加させることが盛り込まれていたが、新規に運上を賦課する計画は延宝四年の正月晦日から検討されていた。この日仕置家老の池田大学は郡奉行を一同に呼び集め、江戸参勤の御用銀もままならない状況なので、在々から銀を出させる手立てはないかと問いただした。郡奉行たちは、塩浜運上・炭運上・伊部《いんべ》釜運上については消極的であった。伊部焼は今で言う備前焼のこと。その窯に税を課すというのだ。そうした協議の内容を綱政に報告したところ、綱政の返事は、塩運上、炭運上、伊部釜運上、猟浦《りょううら》運上〔漁村にかかる税〕、雉子《きじ》わな・坂鳥鉄砲札〔鳥類の猟を許可する鑑札税〕、唐網《とうあみ》札〔投網猟の鑑札税〕については申し付けるべきとの仰せであった〔評〕。ただし、これらの新規運上が取り立てられたのは翌延宝五年からのことであったよ

【表5】延宝5年～天和2年（1677～82）運上銀の内訳

年度	新規分	内訳①	②	③	④	有来分	合計
延宝5年　1677	33貫869匁	25貫752匁	258匁	2貫727匁	5貫132匁	30貫457匁	64貫326匁
延宝6年　1678	64貫696匁	52貫601匁	626匁	5貫600匁	5貫869匁	35貫061匁	99貫757匁
延宝7年　1679	65貫181匁	52貫898匁	733匁	5貫712匁	5貫838匁	35貫929匁	101貫110匁
延宝8年　1680	64貫571匁	52貫903匁	682匁	5貫712匁	5貫274匁	34貫012匁	98貫583匁
天和1年　1681	10貫442匁	—	—	5貫712匁	4貫730匁	33貫332匁	43貫774匁
天和2年　1682	6貫282匁	—	—	5貫712匁	570匁	32貫258匁	38貫540匁

註）「巳之暮ゟ戌之暮運上銀上納覚」より作成．内訳の内容は本文参照．

うだ。同年の「御留帳評定書」によれば、九月一〇日に郡肝煎三人が提出した「在方運上ノ存寄書付」が検討され、綱政の裁可を受けて実施されることになっている。また、これより先の六月晦日には、富田町《とんだ》の者に「木綿実之座《きわたざね》」（綿実を扱う商人の座）を申し付け一年に五貫目の運上を上納させること、また松屋市郎兵衛と同茂兵衛に「白粉之座《おしろいのざ》」（おしろいを扱う商人の座）を申し付け一〇貫目につき運上銀三三枚ずつを上納させることが決められている〔評〕。

この延宝五年から天和二年（一六八二）までの上納状況を書き上げた「巳之暮ゟ戌之暮運上銀上納覚」[31]が残されている。その内容を【表5】に示した。

新規に賦課されることになったのは、①「岡山町在々共廻船」、②「同川筋猟船」、③「白粉木わたさね座」、④「在々川請唐網坂網雉子わな鉄炮其外魚鳥請代并肴畳ノ表塩薪問屋運上共」、の四項目である。それに対して従来から徴収されてきた分は「在々藪請山役・魚鳥請代・塩釜運上品々并薪ふね運上とも」とある。最初の年は新規分が半分上納であったために少ないが、翌年からは年間分を取り立てるようになり増加する。それでも運上銀の総額は年間一〇〇貫目前後であり、五〇〇貫目の目標にはほど遠い額であった。なお、④の「肴畳ノ表塩薪問屋運上共」は白粉・木綿実を含む一六品目の「町方売物之座」の運上であり、毎年入札によって座元が決められていたが、なかなか入札が調わなかった。たとえば延宝六年（一六七八）の場合、白粉・木綿実・漆の実・へらさき箍いかき（へらさきは唐鋤《からすき》の先、いかきはざる）・石灰紺屋灰・竹の皮の六つの座は入札通りになったものの、藍・たばこ・塩・飴・漆・畳表上敷・煙硝・箕・鍋釜・鉄の一〇品目については入札が調わなかった。「簡略」中のため侍中はもとより町方も困窮著しく、商売が振るわないのが原因だという〔評〕。

しかも天和元年には「廻船猟船運上」（①②）が「御免」となり、翌天和二年には「鉄炮川請唐網其外問屋運上」（④の大部分）が「御免」になったため〔評〕、上納額は大幅に減少している。この両年はやはり飢饉の年であり、そのことはあとで改めて触れる。そうでなくても運上銀徴収策は思ったような成果をあげることができなかった。

藩札の発行

もう一つの対策は藩札の発行である。その最初の動きを藩の記録で確認できるのは延宝元年のことだ。片上村庄屋六郎左衛門が銀札発行の札元を一一月二日付けで願い出ている〔評〕。その願書によれば、六郎左衛門は「先年」から札元《ふだもと》を願い出ていたようだが、それがいつのことかは分からない。銀札は一匁・五分・四分・三分・二分と五種類発行し、銀一〇〇目に札一〇一匁遣わし、札一〇〇目を銀九八匁に換えるという計画であった。近隣では福山《ふくやま》・三次《みよし》・尼崎《あまがさき》・平野《ひらの》などで既に発行されているという。運上などのことは書かれていない。評定では、偽札対策や融通遅滞の対策などについて疑問が出されたようで、それへの六郎左衛門の返答が一一月二六日付けで出されている。

それが一一月晦日の評定で検討されているが、結論は出なかったようだ〔評〕。

そののち一年以上にわたって関連記事は見いだせない。延宝三年三月二一日の評定で、札遣の奉行（監督役）を裏判《うらはん》（藩財政の出納役）とすることの是非が議論されているが、これも結論は出ていない〔評〕。次いで四月晦日の評定には、姫路藩の札遣《ふだづかい》の様子について片上村庄屋六郎兵衛が伝手《つて》を通じて調べた書付が提出されている。

ところが、そののち片上村に代わって岡山町中が札元を打診されたようで、同年一二月二五日に岡山町の五人の年寄連判で口上書が提出されている[32]。そして、これを受けて翌延宝四年三月六日に岡山町五人年寄に札遣請け込みが命じられた。五人は早速京都から判彫師《はんほりし》四人を岡山に招いている[33]。しかし、これでも直ちに実行というわけにはいかなかったようで、二年近く動きが見えない。ようやく延宝六年極月二八日に俣野善内と井上藤助に「札遣上奉行」が仰せ付けられ、ここから藩札発行が本格化する〔留〕。

翌延宝七年正月二〇日、臼井孫左衛門他三名に銀札御用が、寺崎文右衛門に横目が命じられている。さらに同月晦日には、いずれも町年寄の淀屋《よどや》三郎右衛門と高知《こうち》屋《や》庄左衛門に札元が命じられ、二月二六日に評定所で誓紙を提出した。両人には骨折米《ほねおりまい》二〇〇俵宛が遣わされることになった〔留〕。二月二〇日には、京都から印判彫師五人が到着、二二日から城下の西川紙漉《かみすき》場で作業が始まる。その後彫師三人が増員され、細工は五月二八日に終了した[34]。

正式に札遣が始まったのは一〇月朔日からだ。それから一〇月九日までに五二四貫一一八匁二分の札が売り出されている。内訳は、岡山町中が三九四貫一一八匁二分、在々が一三〇貫目であった。この間の戻札は二二貫四二五匁とあるから、三六〇貫目以上の銀札が領内で流通したことになり、それにともなって確保された正銀を収納する銀蔵も用意されている〔評〕。なお、退札《のけふだ》（銀札の売り出し）は銀一〇〇目に一匁の歩を遣わし、戻札《もどりふだ》（正銀への引き換え）は二匁の歩相《ぶあい》を受け取る定めであったから、引換歩相銀は残して一匁になる。最初の一〇〇日間では二二四匁二分五厘が札元に入る計算になる。

以後記録にある限りの銀札の流通状況を【表6】に整理した。発行された銀札は最初の計画と同じ一匁・五分・四分・三分・二分の五種類。延宝八年閏八月の各札の発行状況は【表7】のとおり。総計七九三万三三六〇枚であった〔留〕。また延宝九年（一六八一）七月の時点では、差引して札場に残されている有銀は二七九六貫三四二匁七分、此内から「在方救・京都大坂其外借銀等当分用事」に少々取り替えたのちに、札銀蔵に入れ置いた。あわせて戻札の歩相銀が九五貫七九六匁五分計上され、ここから札場用人・下役人の諸入用が遣わされている〔留〕。

以上を見ると、藩札の運用はそこそこ順調で、少しは藩財政の補塡にもなったようだ。

綱政と光政の狩猟

最後に延宝年間の狩猟について触れておこう。その概要を【表8】に整理した。

光政が家中と領内引き締めのために、たびたび大規模な狩猟を行ったことは先にも触れた。とりわけ寛文九年（一六六九）二月二日の半田山《はんだやま》の鹿狩りは大規模で、その直後には家中人馬改めも行っている。(35) 嗣子《しし》時代の綱政も寛文二年と寛文一〇年に独自に狩猟を行っている。特に寛文一〇年の牟佐山《むさやま》での狩猟は、前年の光政の鹿狩りをなぞった大規模なもので、綱政への政権委譲を見据えたものと考えられる。

【表6】延宝7年～同9年（1679～81）藩札の流通状況

改めを行った年月日	退札	戻札
延宝7年10月10日	394貫118匁2分	22貫425匁
延宝7年12月10日	2,737貫808匁7分	654貫034匁9分
延宝7年12月21日	3,198貫733匁9分	1,073貫618匁
延宝7年12月晦日	3,938貫369匁9分	1,518貫198匁4分
延宝8年2月10日	4,335貫227匁2分	2,064貫512匁9分
延宝8年閏8月	6,379貫266匁4分	4,097貫560匁9分
延宝9年7月	12,375貫996匁5分	9,579貫653匁8分

註)「御留帳評定書」・「留帳」より作成.

【表7】延宝8年（1680）閏8月の藩札発行状況

銀札	枚数(枚)
1匁札	3,866,401
5分札	1,545,180
4分札	861,229
3分札	829,197
2分札	831,353

註）延宝8年「留帳」より作成.

【表8】延宝・天和期の狩猟

年		月	日	場所	責子大将など	総人数	備考
延宝2年	1674	2	18	半田山		10,088	**綱政**・光政・政言
4年	1676	1	21	半田山		14,265	**綱政**・光政・政言
5年	1677	3	7	半田山	日置左門・池田隼人・土倉四郎兵衛	12,092	光政・輝録
		⑫	10	半田山	池田隼人・日置左門	2,032	**綱政**・光政・政言
6年	1678	3	11～12	鹿久居島			**綱政**・光政・政言
7年	1679	2	10～11	鹿久居島		1,000	光政
8年	1780	1	27	牟佐山	池田隼人・池田三郎左衛門	18,774	**綱政**・光政・政言
		2	18	金川山		3,279	**綱政**・光政・政言
		2	29	鹿久居島	津田重二郎・服部与三右衛門	4,552	**綱政**・光政・政言
		3	1	和意谷山	池田三郎左衛門・津田重二郎	9,710	**綱政**・光政・政言
		11	14	半田山		7,037	光政
		12	4	熊山	池田三郎左衛門・津田重二郎		光政
		12	5	麻生那春日山	池田三郎左衛門・津田重二郎		光政
天和2年	1682	3	3	和気郡天神山	池田大学	2,540	**綱政**・光政・政言

註)「池田家履歴略記」および各年度の「留帳」より作成. 月の○印は閏月.

延宝二年二月一八日の半田山での狩は綱政の家督相続後最初の帰国に合わせて実施されたもので、光政・綱政・政言が参加、総勢一万八八人、池田伊賀・池田大学・日置猪右衛門・伊木《いぎ》平内《へいない》・能勢《のせ》庄左衛門が大将を務めている。鹿八八、兎二三、狐六、雉子三、犬一の獲物があった〔留〕。前年の洪水の影響で飢饉の様相が見え始めるなかでの狩猟であった。

次の延宝四年一月の狩猟は、前年の飢饉からの復旧途上で行われたもので、前年末には知行物成「三ツ成」の「簡略」が始まるなかで実施された。この「簡略」に際しては、倹約に努めるなかでも軍備には怠りが出ないように注意しており、それを実地に確認する意味もあったのだろう。

翌延宝五年からは「七年簡略」が始まるが、そのなかでも狩猟は繰り返されている。綱政が在江戸で国許を留守にしているときには光政が狩猟を行っている。光政は全ての狩猟に関わっており、隠居によって政務の繁忙から解放された光政が、以前から「好み」であった狩猟に打ち込めるようになったという側面もなくはないだろうが、それよりはむしろ留守の藩主に代わって家中の引き締めを図るという意味合いが強かったのではないか。

綱政相続直後の藩政は困難の連続であった。飢饉や財政難が続き、一時も気の抜けない状況が続いていた。家中と領内引き締めのために狩猟が繰り返された。この面でも綱政と光政は連携し合い、光政が綱政を補完するように行動していた様子を窺うことができるだろう。

第三章　光政の死と「改革」の継続

1　天和初年の飢饉

当初の見積では、「七年簡略《しちねんかんりやく》」によって藩の借銀は完済されるはずであった。しかし、実際は思い通りにはいかない。

延宝七年の洪水と延宝八年の飢饉

まず見積では直高《なおしだか》に対する免《めん》（年貢率）が三ツ八歩以上になることが大前提であった。ところが、実際の免と見積に対する過不足は【表9】のとおりであった（1）。最初の二年は目標を何とか上回ったものの、それからは目標を下回る状況が続いた。結果、物成《ものなり》は六年間で六万六四四石四斗の不足、これを見積通り米九斗六升銀五〇匁の相場で換算して、銀三一五八貫五六〇目の不足であった。加えて運上《うんじよう》収入も【表5】のように大幅な減収で、見積に比べて二六六七貫九一〇匁の不足。物成と運上の二口合わせた見積不足は、五八二六貫四七〇目にのぼった。

こうした見込み違いの原因は、岡山地方を再び襲った洪水・飢饉であった。

延宝七年（一六七九）七月一〇日と二一日の二度、備前《びぜん》・備中《びっちゅう》は大風雨高潮のため洪水となった（留）。岡山藩から幕府への届出によれば、岡山城廻り構えは本丸・二の丸・三の丸とも破損を受け、領内諸所の堤破損切れは一万七七九〇間余（約三二km）に及んだ。他にも、田方捨《すた》り（収穫不能）高八万石余、畠《はた》

【表9】物成積に対する過不足（延宝5年〜天和2年）

年度		直高に対する免	3ツ8分に過不足	物成過不足(石)
延宝5年	1677	0.396147	0.016147	8,944.6
延宝6年	1678	0.3868955	0.0068955	3,819.7
延宝7年	1679	0.3582088	−0.0217912	−12,071.2
延宝8年	1680	0.330436	−0.049564	−27,455.9
天和1年	1681	0.348836	−0.031164	−17,263.2
天和2年	1682	0.35	−0.03	−16,618.4
計				−60,644.4

註）「御積平シ免三ツ八分過不足指引并諸運上不足之覚」より作成．数値は資料のまま．

方夏毛《かたなつげ》（麦作）捨り高五万二六〇〇石余、潰家《つぶれや》二〇八六軒、浦々大小船破損一六八艘、死人二三人などの被害が書き上げられている。【表9】でも分かるようにこの年から直高に対する免は三ツ八歩を割り込むようになる。

翌延宝八年春になると、村々に飢人が増加する。郡では畝麦《せむぎ》を借し与えて救済に努めた。それでも手が廻り兼ねたため、三月九日の惣郡奉行寄合《そうこおりぶぎょうよりあい》で日用《ひよう》普請《ぶしん》のための扶持米《ふちまい》の支給を願うことになった。翌日の評定《ひょうじょう》でこの提案は認められ、一郡に一〇〇石宛《ずつ》の日用米が下されることになった〔評〕。四月二一日の評定では郡奉行の俣野《またの》助市が邑久《おく》郡での飢人改めの様子を報告している。それによれば、先日は二二〇七人であった飢人が一三五八人増えて三五六五人になっているという。俣野は麦が出来るまでの御救いとして日用米の支給を願い出て許されている。広内《こうない》権右衛門は、口津高《くちつだか》郡では五一六六人の飢人に対して畝麦の貯え物で対応し、去年は例年の倍も蕎麦《そば》を作らせたので、それで飢えを凌いでいると報告した。家老《かろう》から「一段之義」と褒められた〔評〕。

しかし、この年の夏は長雨のため稲の生育が不順で、「虫指《むしさし》」（虫害）も出た。上島《うえしま》彦次郎は赤坂《あかさか》郡では「虫枯」が五〇〇町歩もあると報告している〔評〕。加えて、邑久郡では秋の雨で大分水損が出ており、備中浅口《あさくち》郡でも年貢を納め兼ねるほどの飢人が増加しているという〔評〕。結局この年の物成は、「簡略」期間中最低の免三ツ三歩にとどまった。

不作による物成減少が必至の九月一五日、津田重二郎と服部与三右衛門が御前に呼び出され、綱政から直接に評定所出座を命じられた〔留〕〔奉〕。二人は光政の時代から御用に馴れているので、評定での僉儀《せんぎ》の様子を聞き、考えを述べるべきだ。あわせて、いつでもどこでも郡方を見分し、気が付いたことを郡奉行と相談して、郡方に益のあるように計らうべきと仰せ渡されている〔留〕。

「簡略」が始められた当時の郡方支配は、郡肝煎《ぐんきもいり》—郡奉行—村代官—肝煎庄屋というルートで行われていた。しかし延宝六年九月には郡肝煎三人の役が解かれ、都志《つし》源右衛門は隠居、川村平太兵衛は留帳《とめちょう》方、西村源五郎は寺社奉行に転じている〔留〕〔奉〕。もともと都志と川村を分家の家老から本家に引き戻したのは期限付きの「約束」で、このときそれが問題になっているが、光政の判断で川村はそのまま本藩に残ることになった〔奉〕。これより先の延宝六年三月に、津田と服部に郡廻りが命じられ、九月からは評定所への出座が両人に命じられている〔奉〕。三人の郡肝煎の替わりとして命じられたのだが、これは当面の措置であったようで、「郡肝煎」という呼称も使われていない。それが延宝八年九月になって改めて両人に郡廻りと評定所出座が命じられたのだ。両人は郡肝煎と同じく「郡代《ぐんだい》」のような位置に置かれたと思われる。なお、津田はそれまでの閑谷《しずたに》・和意谷《わいだに》御用《ごよう》はそのままで、それに加えて評定所出座と郡廻りが命じられたため、閑谷の屋敷はそのままにして、その上に岡山城下にも屋敷が与えられることになった。また服部には、郡廻りとともに「御借銀本〆《もとじめ》役」が命じられ、京都・大坂の借銀返済に努めるよう仰せ付けられている〔留〕。こうした措置を行った後、一〇月四日に綱政は岡山を発って江戸に向かっている。光政はやや遅れて一二月四日に岡山を発った〔履歴〕。

津田・服部の郡廻り

年が明けて延宝九年（九月二九日に天和と改元）正月六日、津田・服部両人は二手に分かれて郡廻りするよう命じられた〔留〕。村々では前年の極月二七日の内寄合（臨時の評議）で仕置《しおき》家老日置《ひき》左門の承認を得た「口上之覚書《こうじょうのおぼえがき》」を申し聞かせ、庄屋・年寄・五人組頭から請判《うけはん》（法令遵守の承諾印）を取っている。その趣旨は、「村役人は餓死人が出ないように村として育《はぐく》み、あとで取替えた物の員数を差し出して飢扶持《うえぶち》を申請するように」というものであった。「御殿様御勝手御不如意」の折柄、極力自力で救済し、飢扶持を減らすようにと釘を刺すことも忘れていない〔評〕。あわせて、育み不足で餓死しそうな者が居る場合は、「岡山へかゆ給《た》べニ出し候へ」と申し付けている〔留〕。両人は二〇日間ほど郡廻りして城下に帰った。同月二六日には津田が「御城下飢人救い申す奉行」に仰せ付けられている〔留〕。

二八日、惣郡奉行中寄合があり、各郡の飢人数が報告された。その総計は五万六五三八人。この飢人に一日一人一合宛を施すと二月朔日から四月一〇日まで七〇日分で三九五七石六斗六升の扶持米が必要だという計算になる〔評〕。二九日の評定で津田は、「御蔵には麦二〇〇〇石と米一〇〇〇石があるということだ。この麦を米一三〇〇石としてそれに六〇〇石余りを追加すれば三〇〇〇石になる。郡々には貯米もあるから、それと合わせれば何とか餓死者を出さずに育むことができる」と提案した。この案は家老たちにも承認されるが、それでも不足があれば「重次郎手前の御米」を使うと津田は述べている

〔評〕。のちに述べる社倉米《しゃそうまい》のことである。

二月二三日服部は借銀交渉のため上方に上った。津田は三月七日から再び郡廻りを始めている。在地では、十村《とむら》肝煎（肝煎庄屋）および庄屋・年寄に、麦作に情を出し、一人も餓死者が出ないように手当てすることなどを申し聞かせた〔留〕。村々を廻って村役人を直接に教諭し、百姓たちの能動性を引き出そうという手法は、光政以来のものだ。「口上」は津田らしい「上」から教え諭す口ぶりで、周到ではあるが、いささかくどい。

ところで、この「口上」の最初で津田が「只今までは餓死の報告もない」と言っているのは事実だろうか。餓死した者が病死として処理されることはなかっただろうか。餓死者が出れば郡奉行・代官だけでなく、庄屋・村役人も責任を問われるから、そのように報告されたということはないだろうか。延宝三年の時には、小林孫七郎がそれを指摘していた。津田としても、そうした村役人たちの返答を認めることで、さらなる村々の自己救済努力に頼むしかないというのが本音であったのではないだろうか。

幕府巡見使との遣り取り

同年九月三日から一六日まで、幕府巡見使《ばくふじゅんけんし》が岡山藩を訪れている。これは前年七月に徳川綱吉《とくがわつなよし》が将軍を襲職《しゅうしょく》したことにともなうものであった。それに先立つ六月一六日に綱政は岡山に帰っている〔履歴〕。綱政が頼りにしていた酒井忠清《さかいただきよ》は前年一二月に大老職《たいろうしょく》を解任されていた。綱政としては巡見使の対応に万全を期す必要があった。

巡見使の目的は藩政全般の監察にあったが、「七年簡略」の状況についても尋ねたようだ。藩は、「延宝六年ゟ同八年迄三ヶ年之内平免《ならし》覚」や「諸運上小物成并万《よろず》請代覚」を提出したが、先にも見たよう

【表10】天和元年（1681）の褒賞

郡名	褒美高（貫文）
御野郡	20
奥上道郡	98
邑久郡	184
和気郡	84
磐梨郡	20
赤坂郡	223
口津高郡	476
奥津高郡	20
児島郡	118
備中山北南	180
備中浅口郡	21
計	1,444

註）天和元年「留帳」より作成.

に十分な成果はあがっていなかった。「銀札遣《ぎんさつづかい》」（藩札《はんさつ》）についても現状を書き付けた覚書を提出している〔留〕。

巡見使は飢饉の状況についても尋ねている。岡山藩は「延宝九年春飢人救扶持惣牛馬并死牛馬覚」を提出した〔留〕。それによれば、町在の総人数三一万七一六九人に対して飢人は七万一五八二人、率にして二二・六％であった。正月の改めより一万五〇〇〇人ほど増加している。このうち一六二〇人は「百姓共自分育」で、残りの六万九九六二人は藩から飢扶持米を遣わして救った。この飢扶持は米五六五三石三斗六升六合と麦四二三六石四斗三升一合、麦のうち三〇八一石四升五合は郡貯穀《ぐんちょこく》（畝麦）であった。ほかに延宝九年二月朔日から五月二二日まで一〇九日間岡山城下で粥施行《かゆせぎょう》を行い、平《なら》して一日一九〇人、この米五七石とある。またこの間の死牛は一一九五疋、死馬一〇八疋であった。

津田・服部の両人も召し出され、巡見衆に飢饉の様子について説明している。そのとき餓死数について質問があったのだろう。両人は、本年の正月朔日から四月一五日までの病死者数は一七〇八人で昨年の同時期の病死者数一二八二人に見合っているので、「餓死者はない」と答えたようだ〔留〕。しかし、人数にして四二六人、率にして三三・二％も多い病死者数はやはり飢饉の影響によるものだろう。単純な餓死でないとしても、飢饉による疫病の流行もあったに違いない。別の「飢人育目録」によれば、同時期の病死者数は一五六六人、うち飢扶持を下されていた者が一〇二二人、下されていなかった者が五四四人とある〔留〕。この目録でも餓死の存在はつかめない。この年六月、賞罰厳明主義を掲げる綱吉によって越後《えちご》高田《たかだ》藩主松平光長《まつだいらみつなが》が家中取締の不行届《ふゆきとどき》を理由に改易《かいえき》されたばかりであった。(2) 餓死の存在は藩政の手落ちを認めることになるから、津田としても認めるわけにはいかなかったのだろう。

なお、郡々の飢人をその村の庄屋・百姓が自分で育んだ褒美として鳥目《ちょうもく》(銭)が遣わされている。このことは先の津田の「口上」でも触れられていたが、そのとおり実行された。郡別の内訳を【表10】に示した〔留〕。自助による努力を促すために褒賞を行う。これも光政以来の手法であった。

2 天和二年の「改革」

郡代の任命

「簡略」政策は十分な成果を上げていなかった。天和元年(一六八一)の直高に対する免(年貢率)も三ツ四歩余にとどまった。巡見使の来藩を機に、綱政としては改めて藩政の「改革」を迫られたに違いない。

天和二年正月二一日、津田重二郎と服部与三右衛門が御前に召し出され、綱政から直に「郡代」を命じられた。国主(大名)は公方様(将軍)から国を預けられている以上、民が有り付くようにしなければならない。しかし仕置家老は仕事が多くて在々の仕置に目が及ばない。だから両人の「器量」を見込んで、郡方のことは任せるから、全て裁判するようにというのだ。両人は一旦は断ったが、たっての御意《い》に引き請けざるをえなかった〔留〕〔奉〕。翌二二日には、郡奉行一一人が全員御役御免となり、二六日にそのうちの尾関《おぜき》弥五左衛門・横井次郎左衛門・村田小右衛門・広内権右衛門の四人が改めて郡奉行に任命される。担当は、尾関が御野《みの》郡・津高郡、横井が上道《じょうとう》郡・赤坂郡、村田が邑久郡・和気《わけ》郡・磐梨《いわなし》郡、広内が児島《こじま》郡・備中分と指示された〔留〕。他方、代官に対しては、これまで光政の趣意を取り違えて郡奉行の勤めをするようなことも間々あったが、今後は「幾里志丹宗門改《きりしたんしゅうもんあらため》・納方《おさめがた》」の他は一切差し出がましいことをしないようにと釘を差した。また、中村次左衛門・藤岡内助・大田又七の三人には、郡方普請のことについて津田・服部とよく相談して進めるように指示している〔留〕。

次いで二月二日に安田孫七・八田《はった》弥兵衛・小川孫七・行田《なめた》六郎兵衛の四人が「郡方加奉行」に任じられた。このたび郡奉行の人数を減らして三人分を一人で勤めることにしたので、郡奉行の手が廻りかねるときには手助けをするようにという指示であった。この「加奉行」は当初から「壱年切り」という定めであり、四人は一二月二九日に役を解かれている〔留〕。臨時に「加奉行」を付けるという手法も、光政が二度目の「改革」で行ったものだ。また同日には、吉田五右衛門・内田太郎左衛門・中村八郎右衛門・丹比《たんび》七太夫の四人が「郡方吟味人」(郡目付)に任じられている。郡方末々まで行き違いがないように見届けるのが役目であった〔留〕。もともと四人は「歩行横目《かちよこめ》」であった。なお、これまで郡奉行は任地に在郷するのが原則であったが、以後は城下に在宅するよう命じられ、新規に南方村に役屋敷が与えられることになった。郡方の寄合のために新たに郡会所《ぐんかいしょ》も設けられている〔留〕。

代官の交替と肝煎・下肝煎・作奉行

三月一四日、代官の入れ替えが発表された。人数も三二人から二六人に減らされた〔留〕。村代官制以前の人数が二七人だから、それに完全に戻ったと言える。郡奉行と同じように在郷居宅を引き払って城下に居住することも命じられている。

なお、天和二年には十村肝煎（肝煎庄屋）に替わって肝煎・下肝煎が置かれることになった。肝煎は一郡に二、三人、下肝煎は十数か村に一人置かれた。十村肝煎は大庄屋に替わって光政が設けたもので、郡奉行と村の庄屋の連絡を行う程度の役割しか与えられていなかった。それに対して、新しい肝煎はかつての大庄屋の役割を果たし、下肝煎がそれを補佐する位置に置かれた。[3] さらに同じ頃に作奉行《さくぶぎょう》が任命されている。この作奉行は農作巧者の百姓から選ばれ、一郡に数人ずつ置かれた。村々を巡回し、耕作の指導をしたり、村方の様子を郡会所に報告したりした。民間から選ばれた中間的な村方役人が、郡奉行・代官と村の庄屋との間を取り持つ度合いが高まった。

光政時代には村代官を通じて村々を直接指導する体制が取られていた。天和二年の「改革」では、代官の数が三分の一ほどに減らされ、職務も宗門改と年貢収納に限られることになった。しかも郡奉行も三分の一に減らされ、在出制もなくなった。光政が三度目の「改革」を進めた体制は、最終的に払拭された。郡代に大きな権限が与えられ、少数の役人による統一的な仕置が目指されることになった。民衆の生活に細かく介入するのではなく、その分、村方の役人たちに依存することが増え、民衆の「自主性」に任さざるをえなくなる。光政時代とは違う綱政らしい政治が本格的に始まることになったのだ。

光政の死

天和二年三月三日、光政と綱政は和気郡田土《たど》天神山《てんじんやま》で鹿狩を行った。責子《せこ》大将は池田大学、追責子《おいせこ》裁判は津田重二郎で、百姓責子二五四〇人が動員されている。獲物は鹿七八、猪九などであった〔留〕。これが光政最後の狩となった。三月一四日の代官の入れ替えで「改革」のための人事を終えた綱政は二九日に岡山を出船している。

ところが光政は四月二日に瘧《おこり》に罹り、寝込んでしまう(4)。参勤途中の綱政に急飛脚が送られる。知らせは一二日に上州倉加野《じょうしゅうくらがの》（現群馬県高崎市）で綱政に届く。驚いた綱政は直ぐに見舞いの使者を岡山に送った。一六日、再び容態を知らせる使者として安藤清九郎が江戸に送られる。この日には京都の医師岡玄《おかげん》昌《しょう》を呼び寄せる使者も送られているから、病状は予断を許さないものであったろう。二二日に江戸に着いた安藤は、綱政から見舞いの口上を託されるとともに、帰路病気快然の祈禱のため伊勢《いせ》に参宮するよう命じられた。二三日岡玄昌が岡山に着き、早速療治にあたる。

五月朔日申《さる》の刻（午後四時頃）、寝間に家老・小仕置・郡代が呼ばれ、光政は「家が立つのも立たないのも家老の心得次第だ。奢《おご》りを我慢し、威を争わず、私を構えず、常の身を省み、家のために命を懸けて勤めよ。役を務める用人が相和し、同じように心得るよう申し聞かせよ」と遺言した(5)。さらに池田左兵衛・山田権左衛門を召し出し、「ますます情を出して伊与《いよ》（綱政）へ奉公《ほうこう》仕るべし」と言葉を懸けた。光政は始終炬燵《こたつ》に寄りかかっていたが、容貌も言葉もしっかりしていたという（【図4】）。

五月六日の朝、やはりすこし気分がよかったのだろうか。仕置家老の池田大学と日置猪右衛門を召して、番頭《ばんがしら》・近習《きんじゅう》・物頭《ものがしら》・寄合組の者たちに「何《いず》れも久しく仕え由緒ある家の者どもであるから言うまでもないだろうが、銘々の役職を心から打はまって勤め、怠りなく伊与へ能く奉公せよ。然らば我ら満足たるべく候」と申し聞かせるよう命じた(6)。

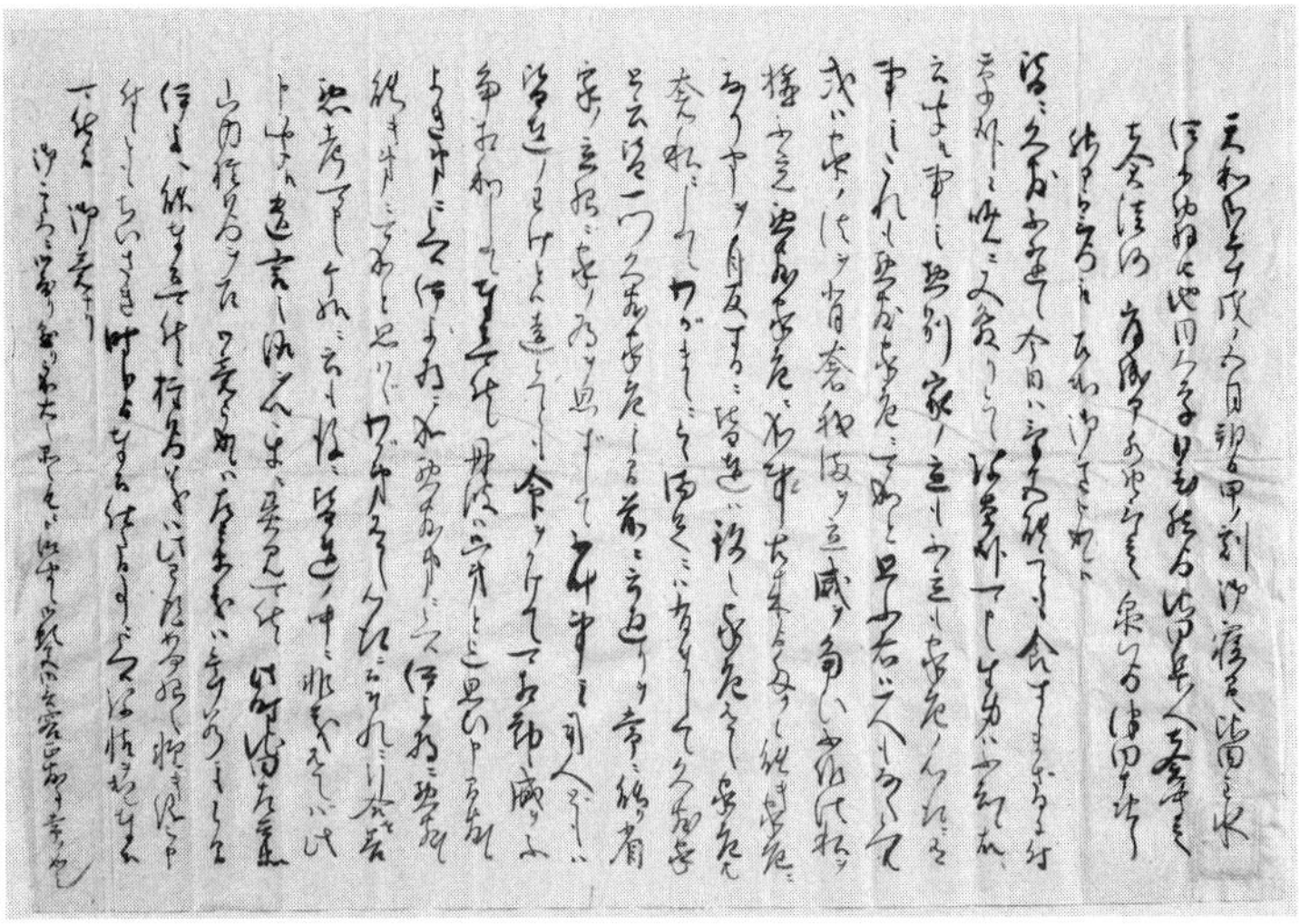

【図4】光政遺言（綱政筆「仰置ノ覚書」，岡山大学附属図書館所蔵）

さらに同日再び両人を召して、同様のことをこれまで自分に仕えてくれた家中の者に申し聞かせるよう頼んだ。

同じ六日には大坂から招かれた北山寿庵《じゅあん》が療治にあたり、一七日は京都から有馬涼及《ありまりょうきゅう》が呼ばれている。しかし薬石効なく二二日卯《う》の刻（朝六時頃）西丸《にしのまる》で息を引き取った。七四歳であった。六月一三日棺が和意谷「三の御山」に葬られ、神主（位牌）は翌日西丸に帰った。九月一五日光政が普段着ていた衣服や弓矢などの器物が閑谷学校の文庫に納められ、同一七日には自筆の「孝経《こうきょう》」一部が学校に、同じく自筆の「孝経」一部と「四書《ししょ》」一部が閑谷に納められた〔留〕。

翌天和三年五月一八日、綱政は参勤からの帰途、片上から和意谷に向かい父の墓に詣でた。その日に岡山城に帰った綱政は、西丸で神主を拝し、その神主を二一日には祖廟に納めている〔履〕。

3 「五年簡略」へ

「七年簡略」の結果

天和二年は、まだ前年の飢饉の影響が残っていた。しかし、幸いなことに作柄《さくがら》はよく、秋の免は三ツ八歩二厘六毛と久しぶりに三ツ八歩を超えた。しかし家中への物成は三ツ五歩に抑えられ、三歩余は「在々救米入用」に当てられた(7)。そのため、この年も三歩の見積不足となった(【表9】)。

天和三年は延宝五年(一六七七)に始まった「七年簡略」の最後の年に当たっていた。その三月、津田重二郎と服部与三右衛門が中心になって、「簡略」期間の財政状況を点検している。帰国を前にして綱政が指示したものだろう。

「簡略」の開始に当たって立てられた見積では、返済すべき借銀を八六八三貫二〇〇目とし、これを毎年一七三六貫五〇五匁ずつ返済して、七年で皆済することになっていた。しかし、先にも述べたように、六年目末で、収入は見積より五八二六貫四七〇目不足しており、さらにこの期間に新規の京・大坂での借銀が一六五〇貫四八四匁三分八厘増えていた。結局、七年目末に支払うべき借銀の元銀は六六九八貫五三六匁であった(8)。それでも旧来の借銀は元利合わせて三分の一ほどを返済し、元銀にして七七%程に縮減することができた。洪水・飢饉が続く中では、よく努力したと評価できるだろう。ただし、引き続き藩財政が深刻な状況にあることは変わりなかった。

五月に帰国した綱政は、津田や服部から財政をはじめとした藩政の実情について、詳しい説明を受け、光政亡きあとの自らの立場について決意を新たにするところがあったに違いない。七月一五日、家老・番頭・近習・物頭、その他の主立った家臣を集め、倹約についての一七か条の覚書を申し渡した〈留〉。次いで同月二九日には、家老の池田大学を通じて「家中風儀之事」（風俗の取締）および「遺跡之事」（相続の規則）を家中に触れている。そのなかでは、「惣じて風俗の直り候事、仕置の根元にて大切の儀、公への第一の忠義と思い候」と強調していることが注目される。さらに大学は、「諸事御法式を守るのは自分一人の奉公ではない。それによって国政が調《ととの》えば、それが殿様の江戸への御奉公になるのだ。そのことを理解してますます慎むようにという趣旨だ」と念を押している〈留〉。「国が治まることが公儀への奉公」というのは光政が常に強調していたところだが、綱政もそのことを強調した。

さらに一一月六日には、「百姓町人礼儀」の触《ふれ》を奉行に仰せ付けた。この触では、「近年百姓町人のうちに家中の士《さむらい》に対して不礼なる者が有ると聞こえている。今後はこうした者がないよう、きっと礼儀を改めるよう申し付けること」と述べている〈留〉。

この百姓礼儀の方針は、翌天和三年九月一三日に具体化されている。(9) その内容は次の三つであった。

一士衆を見掛けたときは、笠・頭巾《ずきん》・ほうかむりを取り、道の片側に寄り、半腰になって通ること。

一田畠で農作業をしているときに士衆が通られたならば、近所の者は笠・かむり物を取り、一度はつくばって、それから耕作をすること。

一岡山の山下《さんげ》（丸の内）は言うに及ばず、町中や町の端であっても、肥田子《こえたご》をおろして置いてはいけない。休むときは、町口を出離れてから行儀よく休むようにすべきだ。

さらに貞享三年(一六八六)には不行儀者を取り締まるために、肥田子に郡ごとの統一したマークを付けること、笠にも郡の上の字を目印に書き付けることが命じられている。[10] 百姓に「自主規制」を促すための外見的規制・監視システムと言ってよいだろう。なお、この法式は紛らわしいことが多いとして元禄三年(一六九〇)に廃止になっている。[11]

「簡略」期間が終わっても領内に緩みが出ないように、礼儀の励行による身分秩序の引き締めを計ったのだ。もちろん、こうした綱政の姿勢の背景に、礼儀や倹約を重視し身分制を強化しようとする綱吉政治[12]への順応があったことも見落としてはならないだろう。

天和三年は閏五月二五日と六月二六日の二度にわたって大雨による大水が出たが〈評〉、幸い大事にいたらず、作柄は前年よりよかった。直高に対する免は三ツ八歩を超えた(後掲【表12】)。幕府からは「今年は豊作なので、凶年の備えとして米穀を貯め置くように」という指示があり、一一月七日に年寄中が津田重二郎・川村平太兵衛に対して「五〇万石(直高)に一分(一%)通りの米(五〇〇〇石)を貯め置く」ことを命じている〈留〉。一一月二四日には借銀の返済交渉に出掛けていた服部与三右衛門が帰った。借銀差引の交渉が済み、銀一三〇〇貫目を借り受けることになったという〈留〉。

一二月朔日、御前に主立った家臣が集められ、来年の暮には「知行取《ちぎょうどり》には上げ米をせず免のままに物成を遣わす」「切米取《きりまいどり》の者には来春から引き米を行わない」と申し渡された〈留〉。借銀はまだ残っているが、取りあえず「七年簡略」を一旦終了することにしたのだ。綱政としても、家中が「簡略」に倦《う》むことを避けたいと思ったのだろう。

「簡略」は一年猶予

年が明けて天和四年（二月二一日に貞享と改元）正月一一日、「軍役之定《ぐんやくのさだめ》」と「旗本《はたもと》之定」を家中に触れた。二月朔日には学校での釈菜《せきさい》に参列、富田《とみた》元真《げんしん》の「孝経」の講釈を聴聞している。二月二一日、赤坂郡鍋谷《なべだに》で狩を行う。責子肝煎は津田重二郎。御野郡・上道郡・赤坂郡・津高郡から責子一五〇〇人が動員され、鹿八、猪八、兎二一、狸一、雉子《きじ》一の獲物があった。この狩が綱政の最後の狩になる。以後は綱吉の「生類憐《しょうるいあわ》れみ」政策のために狩は行われなくなる[13]。

二月晦日には、耕作出情の百姓など一一人を表彰した（留）。このうち津高郡細田《ほそだ》村平助の妻は、藩の御用で夫が留守にもかかわらず、村方の助けも借りずに男勝《まさ》りの働きをして年貢を滞りなく上納したことが、「女ノ身として寄特《きとく》」と褒められている。また、赤坂郡門前《もんぜん》村庄屋庄三郎は、村の下毛取《したけどり》（村による予備的な検見《けみ》）を甲乙なく正路《せいろ》に行うなど常々役儀に情を出し、昨年は自分の馬を売って村内貧者に年貢代銀を借し、期日通りに年貢を皆済《かいさい》したとして、米八俵を下されている。「簡略」期間を締めくくるにあたって、直接に年貢徴収につながる行為が褒賞されている。ただし褒賞の規模はそれほど大きくはない。

三月二八日、参勤のための出船を翌日にひかえて、番頭・近習・物頭を御前に集めて、公儀の法式および自分仰せ付けを守るべきことを諭した。あわせて、礼儀を正し礼節を改めること、軍用に勤めることを申し付けている。在国中に行った仕置の徹底を求めたものだ。

四月一四日、綱政は江戸に着く。それから間もない頃と思われるが、堀田正仲《ほったまさなか》（堀田正俊《まさとし》の嫡男、綱政の女の松子《まつこ》が嫁いでいる〈寛政譜《かんせいふ》〉〈系〉）が岡山藩の財政状況を聞いて、それを父の正俊に伝えた〈留〉。堀田正俊は、酒井忠清が綱吉によって大老を罷免《ひめん》された後、大老に任じられていた。綱政としては、綱吉への代替わり後も「簡略」のために何の奉公も勤められていないので、奉公を第一に勤めた後に再び「簡略」を行いたいという意向であった。しかし堀田正俊の意見は、「簡略」を遂行して少しでも早く勝手向きを良くしてから公儀に奉公すればよいというものであった。正仲が老中戸田忠真《とだただざね》にも内談したところ、「勝手次第に簡略すべし」という指図であった。そこで綱政は今年は「有免《ありめん》」（給地から取り立てたありのままの平シ免《ならめん》）とし「来年から五年簡略」としたいと堀田父子と戸田に伝え、了承を得た〈留〉。

七月五日、番頭が日置左門の宅に集められて、江戸からの綱政の「御意」が伝えられた。「今年の物成は有免を遣わすが、来年から五年間は三ツ物成（三割を支給）とし、余免（それ以上の物成）は召し上げる」という指示であった。その後、近習・物頭などにも同様の趣旨が伝えられた〈留〉。一年の猶予をはさんで再び「簡略」が実施されることになったのだ。

第四章 「改革」の光と影

1 新田開発と社倉米

江戸時代前期は日本列島の各地で新田開発が盛んに行われた時期だ。木村礎《もとい》によれば、岡山県は江戸時代を通じて新田開発の件数が全国で最も多い県だという(1)。特に児島湾《こじまわん》の北岸は、大小河川によって上流から運ばれた土砂が堆積し、干潟が広がっていた。この干潟での新田開発は池田忠雄《ただお》の時代に本格的に始められ、まず元和・寛永期に御野《みの》郡南部での開発が進んだ(2)。

綱政時代の新田開発

次いで光政も、寛永一五年（一六三八）以来たびたび新田開発の候補地の見立てを命じている（日記）。この時、上道《かみつみち》・上東《じょうとう》郡（寛文四年に合併されて上道《じょうとう》郡となる）および邑久《おく》郡での大規模な開発も計画されたが、技術や資金の面での問題から実現に至らず、結局開発は小規模なものに止まった。

【表11】は岡山藩での新田高の推移を示したものだ。おおまかに言うと、①寛永九年（一六三二）が忠雄時代、②慶安二年（一六四九）と寛文四年（一六六四）が光政時代、③貞享元年（一六八四）と正徳元年（一七一一）が綱政《つなまさ》時代で、それぞれの増加高は①二万一七五九石七斗二升、②一万二四九六石九斗五升、③七万三三一石九斗八升、それぞれの時期を全体に占める割合で示すと、①一八・九％、②一〇・八％、

③六一・〇％となる。綱政時代の新田開発が圧倒的に多いことが分かる。

綱政時代の新田高が多いのは、一つ一つの開発面積が広いからである。その代表的なものが倉田《くらた》新田《しんでん》、幸島《こうじま》新田、沖《おき》新田で、いずれも光政時代から計画されていたが、着工に至らなかったものだ。それが津田重二郎（永忠）のもとで実現したのである。[3]

倉田新田は上道郡湊《みなと》村・円山《まるやま》村・福泊《ふくどまり》村・海面《かいめん》村の沖に開かれたもので、延宝七年（一六七九）二月一〇日に鍬初《くわはじめ》、八月には完成、一二月一六日に倉田《くらた》・倉富《くらとみ》・倉益《くらます》の三か村に分けて田地の割渡し（分割して引渡すこと）が行われた。[4] 割渡しを受けたのは稲坪《いなつぼ》村清兵衛はじめ五一人、それぞれから田地夫役《ぶやく》代として一反につき銀三〇匁が二度に分けて集められた〔留〕。出銀したのは地主で、実際に入植して耕作した者はもっと多かっただろう。元禄一七年（一七〇四）の家数・人数は三か村合わせて九六軒、五三〇余人である。[5] また、元禄一六年の調査によれば、畝数《せかず》（面積）は二九五町六畝三歩半、残高《のこしだか》（免除となる引高を除いた石高）は五〇五〇石一斗四升七合、残物成《ものなり》（免除される年貢を除いた年貢高）は二二六九石二斗九升五合、実高に対する平シ免《ならしめん》（平均年貢率）は四ツ一分六厘余であった。[6]

この新田の造営と併せて、吉井《よしい》川《がわ》の吉井村から旭川《あさひかわ》の平井村まで上道郡を横切って新堀川《しんほりかわ》が開かれた。これが倉安川《くらやすがわ》で、延宝七年二月朔日に綱政から津田に命じられている。堀川の普請は一〇月初めまでには終わったようで、一〇月一九日に江戸から岡山に帰国する光政が和気《わけ》郡の坂根《さかね》村から船に乗り込んで、初めてこの新川を通行した〔留〕。堀川は物資の輸送の便を図るための運河

安政１年
8,689.993
43,254.190
3,192.560
1,435.960
1,491.400
3,908.690
17,688.370
16,689.000
19,029.440
115,379.603

ないのは資料

【表 11】岡山藩における新田増加状況

郡名	寛永 9 年	慶安 2 年	寛文 4 年	貞享 1 年	正徳 1 年	天保 6 年
御野郡	7,007.070	7,825.470	8,686.900	13,056.085	8,665.770	8,689.930
上道郡	3,645.840	4,601.271	8,790.640	17,874.705	33,684.750	43,254.190
津高郡	266.970	266.970	462.560	2,790.265	3,115.110	3,192.560
赤坂郡	—	—	286.930	1,345.576	1,434.530	1,435.960
磐梨郡	422.450	440.490	653.380	955.729	1,434.590	1,491.400
和気郡	561.500	674.730	1,828.770	3,422.194	3,740.780	3,908.690
児島郡	1,402.660	2,858.040	4,212.240	6,368.135	7,865.120	14,595.600
邑久郡	3,533.390	3,442.340	4,112.150	5,704.207	16,175.950	16,689.000
備中	4,899.920	4,899.920	5,242.100	12,262.265	14,912.332	19,029.540
計	21,759.720	25,009.600	34,265.670	61,777.360	104,597.650	112,286.870

註）『岡山県史・近世Ⅱ』表 37 より作成．単位は石．数値は原表のまま．合計が合わの不備によると注記されている．

であった。平井村の水門には番所が置かれ、通行する舟から運上《うんじよう》を徴収した。高瀬舟《たかせぶね》の通行は一〇月二一日に始まっている〔留〕。

なお、新田三か村および新川の名称は、仕置家老《しおきがろう》の指示によって津田が提案したもので、一二月朔日にそのとおりに定めるよう綱政から申し渡された〔留〕。

同じ頃に企画され着工されたのが、和気郡福浦村《ふくうら》（現兵庫県赤穂《あこう》市）の福浦新田である。鍬初は天和二年（一六八二）四月三日、同月二三日には潮留が完了している。沖堤の長さは二四〇間（四三二m）であった。元禄一六年の調査では、畝数二五町七反二畝二八歩半、高三八六石三斗五升二合、残物成六五石八斗一升四合、元禄一七年の家数・人数は、二一軒、一六〇人余であった[7]。この時期としては小規模な開発である。

次に取り組まれたのが幸島新田で、邑久郡の乙子《おとご》村・神崎《かんざき》村・邑久郷《おくごう》村・宿毛《すくも》村・片岡《かたおか》村の沖に開かれた。やはり津田が願い出たもので、天和三年一二月二〇日に来春から着工するよう綱政から許可されている〔留〕。翌天和四年（一月二一日に貞享と改元）二月朔日鍬初、六月二四日に潮留堤が完成した(8)。それより先の二月二九日には参勤前の綱政が現地を視察している〔留〕。

この新田の開発では、海上に長さ二三九五間（約六・一㎞）の堤が築かれ、用排水のために大水尾《おおみお》と樋門《ひもん》が造られた。また、吉井川の坂根村から長さ四里一四町余（約四・四㎞）の大用水（坂根用水）が整備された。こうした大工事のため、夫役は四九万八五八八人、工費は銀にして四一六貫六七八匁にのぼった。完成した田地は、幸崎新田村・幸田新田村・幸西新田村の三か村に分けられ、倉田新田なみの一反三〇匁の夫役銀で割り渡された。

元禄一六年の調査では、畝数五六一町七反九畝一一歩半、残高一万二三二石六斗九升二合、残物成二三三八石一斗八升七合、平シ免二ツ一分一厘余(9)、元禄一七年の三か村あわせた家数・人数は、二七二軒、一〇二〇人余であった(10)。倉田新田のほぼ二倍の規模の新田が児島湾東部に出現した。

百間川と沖新田開発

幸島新田の完成に自信を深めた津田は、先に完成した倉田新田の沖合を含む上道郡一帯の干潟の開発を目論んだ。この新田開発のためには幸島新田と同じように大規模な用排水路の整備が必要であった。このために築造されたのが百間川《ひゃっけんがわ》である(11)。

百間川につながる動きが始まるのは光政時代であった。よく知られているように、旭川の下流域ではしばしば洪水が発生し、岡山の城下町が被害を受けることもたびたびであった。そこで、旭川の水量が増加した際に城下辺に流下する水量を減らすため、城下町の北部で放水する計画が立てられた。具体的には、竹田《たけだ》村の堤筋に龍ノ口山《たつのくちやま》の下から大荒手《おおあらて》を設け、城下へ水が入りそうな時には堤を越えるようにする計画で、熊沢蕃山《くまざわばんざん》の発案を受けて津田が評定《ひょうじょう》に提案したものであった。これが光政の許可の上で実現されることになり、寛文九年五月一〇日の評定で、普請奉行《ふしんぶぎょう》両人と郡《こおり》奉行に現地見分が命じられている〔評〕。そして彼らが提出した絵図に基づいて評議した結果、九月晦日に工事の着工が普請奉行に命じられた〔留〕。ただし、この時には荒手は造られたものの、越流した川水を放水する水路は従来からの中川しかなく、十分な水路が整備されたとは言えなかった。その結果、延宝元年・二年の洪水では上道郡で大きな被害が出ている。もともと上道郡は湿田の多い地域で、排水と湿田解消は懸案になっていた。そのうえ新たに荒手が建設されたので、上道郡の治水問題は急務になった。延宝年間の評定ではそのことがたびたび議論されている。

津田は荒手の提案者であったから、そのことが常に脳裡にあったことだろう。貞享二年一二月二八日、津田は上道郡沖の新田開発を願い出て、翌春より取り懸かるようにとの許可を綱政から得る〔奉〕。それをうけて津田は、新田の用水問題と上道郡の排水問題を同時に解決するものとして百間川の築造に取り組み、貞享四年にはこれを完成させた(12)。ただし、新田開発自体は貞享三年に一旦延期するよう綱政から指示されている〔奉〕。理由は後園《こうえん》（後の後楽園《こうらくえん》）の築造を優先させたいという綱政の意向によるものであった。このことはまたのちに述べる。

後園の築造に一区切りが付いた元禄四年の九月六日、津田に沖新田取立が改めて命じられた〔奉〕。鍬初は翌元禄五年正月一一日、六月二三日には潮留が完了、七月一九日には新田の惣廻り堤が完成している。堤の長さは六五一八間（約一一・七㎞）、大水尾には五膳の石樋《いしひ》と一膳の大規模な唐樋《からひ》が設けられた。投入された夫役は一〇三万八八六七人、総工費は銀にして九六四貫八一七匁六分五厘、[13]人員も費用も幸島新田の二倍以上にのぼる大普請であった。新田は八か村に分けられ、田地はこれまでと同じように一反につき夫役銀三〇匁で割り渡された。元禄一六年の調査では、畝数一五三九町五反八畝一歩、高二万八〇三八石九斗六合、残物成六五九〇石一升九合、元禄一七年の家数・人数は、七九七軒、四〇六〇人余であった。[14]

社倉米の仕組み

『岡山藩郡代　津田永忠』の著者である柴田一《はじめ》によれば、津田がこうした大事業を行うことができたのは、彼が優れた人材、高い技術、豊富な資金を独自の才覚で組織できたからだという。[15]一つめの人材は、用排水の設計技法にたけた田坂与七郎・近藤七助を普請奉行に得たこと、二つめの技術は、優れた石材加工技術を持つ河内屋《かわちや》治兵衛を棟梁《とうりよう》とする大坂石工《いしく》集団を召し抱えたこと、三つめの資金は、厳しい藩財政にも拘わらず藩庫とは別の社倉米《しやそうまい》を運用することで必要な資金を用意できたことであった。このうち前の二つについては柴田の著書を見て頂くことにして、ここでは三つめの社倉米について述べておきたい。

社倉法というのは救荒《きゆうこう》のために民間の出資に基づき民間で管理・運用されるもので、宋の朱熹《しゆき》がとなえ、山崎闇斎《やまざきあんさい》によって日本に紹介された。本来は官の主導によって管理・運用される義倉《ぎそう》とは別のものであったが、実際には両者の区別は明確ではなく、日本では混用されることが多かった。社倉の最も早い例は闇斎の影響を受けた会津《あいづ》藩の保科正之《ほしなまさゆき》が行ったものだが、その備蓄米は藩が準備したものであった。岡山藩の社倉法は光政時代に津田の提案によって実施されたものである。

当時の民間での借銀は、米では三、四割、銀では二、三割という高利が一般的で、これが百姓を没落させる大きな原因になっていると藩では認識されていた。そのため年三歩程度の極低利の貸付をし、凶年には返還を免除したり、延期させるような制度を社倉法として整備することが構想された。しかし厳しい藩財政のもとではその元本を準備できない。そこで、本多《ほんだ》忠平《ただひら》のもとに嫁いでいた光政の女である奈《な》阿子《あこ》の湯沐料《ゆあみりょう》（化粧料）銀一〇〇〇貫を一旦借り受け、これを貸し付けた利銀で元本を作ることが計画された。計画ではこの一〇〇〇貫目を年二割の利子で貸し付け、四年目の暮れには五年間分の利子を含めた一二五〇貫目の返済銀を確保した上で、なお利子残額が米にして一万六一〇四石（米一石銀五〇匁換算）出る目論見であった。[16] この計画に基づいて寛文一一年（一六七一）の暮れに貸付が始められ、利銀の取立は翌寛文一二年の暮れから行われた。[17] しかしその趣旨は綱政や仕置家老などには十分に伝えられていなかったようだ。

五年目にあたる延宝四年（一六七六）の八月二三日に小仕置水野作右衛門と郡肝煎《きもいり》三人および津田重二郎が綱政の御前に呼び出されている。そこで綱政は、「下野《しもつけ》様（本多《ほんだ》忠平《ただひら》）奥様銀については家老たちも十分理解しておらず、利銀の一部を藩財政の不足分に充当してしまっていた。自分も知らなかったので、改めて趣旨を光政にうかがって、尤もだと納得した。ついては、利銀の残りで今年暮れには元利とも姫様（奈阿子）に返済すように」と申し渡した。それに対して津田は「それでも今年暮れには米二万七〇〇〇石余が残る」と答えた。のちの書付では「弐万五千石余」とあるから、そちらのほうが正確なのだろう。綱政は、「今後それはないものと考え（他に流用することなく）、重二郎が引き請けて光政の趣意通りに裁判せよ」と命じている〔留〕。

八月二七日、津田をはじめとした先の五人から社倉米の運用法についての覚書《おぼえがき》が仕置家老に提出された。翌二八日、綱政はその内容を家老から聞き、その通り行うことを許可した。覚書の主な内容は次のとおりである〔留〕。

一来年（延宝五年）春から貸し付け、利は年三歩、毎年二割ずつ返済させる（五年で完済）。世情のよい年は二割以上返済させて早めに完済させる。世情がよくない時には返済額を一割もしくは五歩・三歩と減らし、最悪の場合は翌年延べにする。

一確かな百姓の家の内に蔵を建てて蔵守《くらもり》とし、毎年暮れに米を納める。出納の管理は十村肝煎が行い、重二郎の方からも見届の者を出す。

一余程の凶年でない限りは米の貸付は行わない。

一米は虫が入らないよう注意し、毎年詰め替える。

一飢饉の救済はこの米の貸付で対処し、救米《すくいまい》の支給は行わないようにする。

一借米の状況は村ごとに帳面に付け、十村肝煎および代官・郡奉行が奥書して借すこと。

一この米の算用は郡方勘定場の枠外とし、重二郎が作廻《さくまい》すること。

一毎年暮れの差引勘定は十村肝煎が行い、勘定帳を重二郎と郡奉行との間で取りかわすこと。

一十村肝煎には一人一石宛《ずつ》の骨折料《ほねおりりょう》（世話料）を、蔵守には毎年五斗を遣わす。

覚書の内容は一一月晦日の評定で最終確認され、翌延宝五年三月二七日に管理を津田に任せるとの

「手形《てがた》」が仕置家老から津田宛に出されている。そこには指引残米《さしひきざんまい》は二万五五四九石九斗五升八合とある〔留〕。これが綱政時代の社倉米の出発点となった。畝麦が純粋な救荒備蓄制度であったのに対して、岡山藩の社倉米は利殖と資金運用を目的としたものであった。

社倉米の運用

延宝六年九月一〇日から津田は評定所出座を命じられ、翌一一日にはこの春に津田が申し出ていた領内の新田所を見立て、来春より取り立てるようにと綱政から命じられた。新田開発に必要な費用は、当座は「重二郎作廻之御米」つまり社倉米から借用し、新田完成後にそこからの物成をもって利を付けて弁済するようにとも申し渡されている。こうしたこともあって、岡山城下にも社倉米を納める蔵が必要となり、酒折宮《さかおれのみや》（現岡山神社）の前に蔵屋敷が与えられた〔留〕。

延宝八年、津田から「社倉米之利分之内ヲ以只今迄取立候覚」が提出されている(18)。それによれば、この時までに社倉米の利分をもって取り立てられた事業は次の五つであった。

一　閑谷学校《しずたにがっこう》で学問をする小子一四人を養う。

一　梔《くちなし》島・鴻島《こうじま》・鹿居《かくい》島の牧にいる馬四四疋と閑谷で飼っている馬一四疋、合わせて五八疋分の入用。

一　倉安川の築造。

一　倉田新田の開発

一　奥上道郡寺山村と内ヶ原《うちがはら》村の間の岩山を切り抜き用水溝を付ける。

このうち二条めは、和気郡日生《ひなせ》諸島の三島に設けられた藩営の牧の運営が社倉米によって行われたことを示している。この牧は、延宝六年正月に綱政から津田に命じられて鹿久居《かくい》島に設けられ、翌年鴻島・梔島にも設けられた〔履〕。当時、「簡略《かんりやく》」によって家臣の軍馬所持が困難になっており、軍備の劣化を危惧した綱政が、藩による軍馬の確保を図ったのだ。学校の存廃をめぐる光政との対論にもみられたように、幕府の手前、軍備の万全を期すことは綱政にとっての至上命題であった。また、三条めの倉安川と四条めの倉田新田が社倉米によって造営されたことは先に触れている。

　これらの費用は新田物成をもって弁済されたから、同年暮れの社倉米有高は二万七九〇八石五斗九升五合で二三五八石余の増加となっている。(19)

　その後、天和二年に津田が郡代に就任すると、郡方請込米《ぐんかたうけこみまい》七六〇〇石(20)と社倉米とが一体的に運用されるようになり、それが引き続き新田開発費用の当座立替《たてかえ》に使用されるほか、幕府役人の接待費用、福山検地《けんち》費用、御後園万入用《よろずにゅうよう》など臨時の出費に充てられたり、さらに表方《おもてかた》（藩政費）への繰入《くりいれ》など、多方面に活用された。その額は元禄一六年に津田が郡代を辞任する時点で「壱万五百三拾九貫百四拾匁三分」であった。加えて、御城御用の品々に払い出す分、銀奉行手前にある分、元方取替分・簡略人払方取替分・催合《もあい》（家中の頼母志《たのもし》）貸付分などが「弐千弐百七拾九貫六百七拾四匁壱分」あり、二口合わせて一万二七一九貫八三四匁四分が運用されている。取替《とりかえ》分は一時的に立て替えているもの。この内には返納された分もあり、いまだ未回収の分もあっただろうが、元禄一六年暮れの差引勘定の結果は、郡方の有銀が一七一四貫一七四匁一分、社倉方の有銀が七八六貫五四四匁七分であった。(21)これを従来通りの一石五〇匁で換算すると、郡方有銀は米三万四二八三石余、社倉方有銀は米一万五七三〇石余になる。社倉米は、津田の郡代時代に藩財政を多方面から支えたが、結果的には一万二〇〇〇石余減少した勘定になる。それでもまだ半分以上が残っていた。

2 貞享期の藩政

「五年簡略」の実施

話しを貞享期（一六八四〜八八）の岡山藩政に戻してみよう。「七年簡略」から一年間の猶予を置いたのち、貞享二年から「五年簡略」が始まる。この間、家中へは「三ッ物成」が遣わされる。先の「七年簡略」の最終年である天和三年（一六八三）の直高に対する免は、目標の三ッ八歩を久しぶりに超えた。一年の猶予を置くことになった貞享元年も免が四ッ一歩を超える豊作であった（【表12】）。この年は通常の物成が保証されたから、家中の者も一息ついたことだろう。

「五年簡略」の初年度となった貞享二年も豊作で、免は四ッ二歩近くになった。この年五月二三日に岡山に帰っていた綱政も、安心したに違いない（履）。

翌貞享三年正月六日、綱政は領民に対する大規模な褒賞を行っ

【表12】天和3年〜元禄2年（1683〜89）物成・直高に対する免

年度		物成(石)	直高に対する免
天和3年	1683	198,129.399	0.39112
貞享1年	1684	210,003.804	0.411725
貞享2年	1685	213,466.237	0.418497
貞享3年	1686	208,883.255	0.412354
貞享4年	1687	204,669.698	0.413812
元禄1年	1688	202,988.209	0.411012
元禄2年	1689	200,428.460	0.406368

註）各年度の「留帳」より作成．数値は資料のまま．免は小数第7位を四捨五入した．

た〔留〕。その内容を【表13】に整理した。この日の褒賞は一六件二二〇人。その多くが、肝煎《きもいり》・下肝煎・作奉行《さくぶぎょう》といった中間的な村方役人、および庄屋・年寄という村役人であった。肝煎・下肝煎・作奉行は天和二年の「改革」で新しく設置されたもので、彼らを表彰することで、さらに職務に精勤することを期待したのだろう。表彰の理由は、肝煎の場合は、「組合村々諸事作廻能く仕り候につき、百姓ども耕作に怠らず、情宜しく相聞え候、常々御用方情を出し、打ちはまり相勤め申す」、下肝煎は、「組合村々裁判能く、御用大事に情を出し相勤め候」、作奉行は、「組合村々打廻り能く申し付け、耕作に情を出させ、宜しく相勤め候」、となっている。この表彰理由からも彼らに何が期待されていたかがうかがえる。また御野郡では庄屋五九人・年寄一〇四人がまとめて表彰されていて注目される。その理由は、

理由
御用出情
御用出情
勤方宜し
村方耕作入念，惣方情宜し
村方小百姓耕作出情，情宜し
御用出情
御用出情
御用出情
御用出情
御用出情
御用出情
諸国船出入作廻出情
耕作出情，情宜し
御用出情
御用出情
鍋谷御狩の節猪捕
半田山御狩の節猪捕
孝行・家内和睦・耕作出情
孝行・家内和睦・耕作出情
孝行・家内和睦・耕作出情
孝行・家内和睦・耕作出情
孝行・家内和睦・耕作出情
孝行・家内和睦・耕作出情
孝行・家内和睦・耕作出情
孝行・家内和睦・耕作出情
孝行・家内和睦・耕作出情
孝行・家内和睦・耕作出情
病夫看病・老親孝行
老母兄に合力，他人に頼もしきことあり
常々実躰，他人に尽くし，貧者に恵み

【表 13】貞享 3 年（1686）の褒賞

月日	郡名	村名	役職	名前	褒美
1 月 6 日	御野郡	浜田村	肝煎	久大夫・久次郎	米60俵
	御野郡	南方村他	下肝煎	庄左衛門他 6 人	小判 7 両
	御野郡	浜村他	作奉行	仁左衛門他 4 人	銀札215匁
	御野郡	村々	庄屋	59人	金1歩59切
	御野郡	村々	年寄	104人	銀札832匁
	備中浅口郡	七島村	肝煎	弥左衛門	米30俵
	備中浅口郡	口林村	肝煎	九右衛門	銀札215匁
	備中浅口郡	板村・道越村	下肝煎	九兵衛・猪兵衛	小判 2 両
	備中浅口郡	占見村・鴨方村	作奉行	利兵衛・彦左衛門	銀札86匁
	磐梨郡	宗堂村他	下肝煎	次郎右衛門他 2 人	小判 3 両
	磐梨郡	原村	作奉行	七左衛門他 2 人	銀札129匁
	邑久郡	牛窓村	庄屋	弥右衛門	銀札129匁
	和気郡	大岩村		百姓14人	米14俵
	児島郡	郡村他	下肝煎	惣左衛門他 7 人	小判 8 両
	児島郡	藤戸村他	作奉行	助次郎他 5 人	銀札258匁
	和気郡	吉田村・吉永村		長兵衛・平次郎	銭 3 貫文
3 月22日	和気郡	大中山村・吉永村		源助・太郎右衛門	銭 2 貫文
閏3月17日	備中浅口郡	村々		百姓32人	銀札228匁
	赤坂郡	村々		百姓58人	銀札464匁
	邑久郡	村々		百姓 7 人	銀札84匁
	磐梨郡	村々		百姓11人	銀札124匁
	御野郡	村々		百姓10人	銀札160匁
	津高郡	村々		百姓15人	銀札172匁
	備中山北南	村々		百姓26人	銀札212匁
	和気郡	村々		百姓23人	銀札248匁
	児島郡	村々		百姓20人	銀札172匁
	上道郡	村々		百姓51人	銀札324匁
	和気郡	伊部村		伊兵衛後家	米10俵
	磐梨郡	市場村		庄左衛門	米10俵
	赤坂郡	土師方村		七郎右衛門	米10俵

註）貞享 3 年「留帳」より作成.

「御野郡前々は耕作も不情に候処、近年作方小百姓どもに重々念入申し渡し候故、惣方情も宜しく相聞え、寄特につき」とある。特に御野郡で村柄の改善が顕著であったのだろう。

さらに閏三月二七日には、全領にわたって、「主に忠成る者、親に孝行成る者、舅《しゅうと》に孝行成る者、家内和睦成る者、耕作に情出し候者、他人に頼もしき者」が「寄特《きとく》」として一斉に褒賞された。その数は、合わせて二五三人にのぼる。彼らには理由に応じて、五両・三両・二両・一両が下された。その他に米一〇俵を下された三人は、百姓の模範となるような顕著な行いが認められた者で、いわゆる「孝義録《こうぎろく》」に取り上げられるような人物だろう。(22) この頃仮名書きの「孝子伝《こうしでん》」や「続善人記《ぞくぜんにんき》」の作成が津田の指揮のもと留方《とめかた》(藩の記録係)で行われている〔奉〕。

他の模範となる領民の褒賞は、光政時代から盛んに行われていた。今回の綱政の褒賞は、それを受け継ぐとともに、中間的な村方役人へ多く褒賞が行われている点に特徴があった。「簡略」の成功のためには領民の「協力」、とりわけ作柄の改善による年貢収入の増加が不可欠であった。また幕府では、将軍綱吉が天和二年から孝子節婦《こうしせつぷ》の表彰を始めており、同年には「忠孝をはげまし、夫婦兄弟諸親類にむつまじく、召仕《めしつかい》の者に至るまで憐憫《れんびん》を加うべし」と始まる高札《こうさつ》(いわゆる忠孝札)も全国に立てられている。綱政の褒賞が、こうした幕府政治の動向を意識して行われたものであることも間違いないだろう。

この一連の褒賞を終えた閏三月二八日、綱政は岸藤右衛門を御前に呼び出し、在江戸中の「簡略」について取り計らいを命じた。江戸での出費は国許とは異なることも多く、その削減は重要な課題であった。綱政自身の考えであっても、不適切なことは申し上げるようにと述べている〔留〕。四月三日、綱政は岡山を出帆して江戸に向かった。

熊沢蕃山の藩政批判

「七年簡略」に続いて「五年簡略」が行われる頃、家中には綱政の仕置に対する批判や不満がくすぶっていたようだ。

貞享二年八月二二日付け池田綱政宛熊沢蕃山書状なるものがある。(23) 冒頭には「覚書并聞書」とあるが、末尾には日付・宛名（拾遺《しゅうい》、綱政）・差出人名（息游軒《そくゆうけん》、蕃山）が記されている。正宗敦夫によれば、「侯爵池田禎政《ただまさ》氏所蔵」とのことだから、実際に綱政の手元に届けられたのだろう。(24) 蕃山は延宝七年に明石から大和郡山《やまとこおりやま》に転封《てんぽう》になった松平信之《まつだいらのぶゆき》に随《したが》って生駒《いこま》郡矢田山《やだやま》に移った。天和三年には大老堀田正俊に招かれて江戸に下り、幕府への出仕を請われたが固辞している。信之は貞享二年六月に老中になり下総国《しもうさ》古河《こが》に移封《いふう》されるが、蕃山はしばらく矢田山にとどまっていた。八月にはかって居住していた和気郡蕃《しげ》山村《やま》を訪れていたようで、そこでしたためられたという。(25) 長文のものなので、主な内容をあげてみよう。

一小身者の所帯を切り詰めるような現在の「簡略」の仕方では、いつまでたっても御勝手（藩財政）が直ることはないだろうから、家中物成が戻ることもないだろう。

一郡代・小仕置をやめ、昔のように郡のことは郡奉行が家老に直接伺い、御前にも郡奉行を召し寄せて直接御聞きになるのがよいだろう。家中のことは諸役人が直接家老に聞くようにして、小仕置なしに家老が何事も聞くようにすべきだ。

一小仕置を急にやめるのが難しいなら、まず郡代をやめること。作奉行や在横目も農事の害になるだけなので、みな無用にしたい。

一奉公人（侍衆）を見掛けたら、笠をぬぎ、かしこまり、農作業をやめるよう百姓に命じているのは、農業の障りになっていて、無用だ。こんなことは日本中どこにもない。

一士民がともににくんでいる重二郎（津田永忠）を重用し、一国のことを預けるようにされているので、諸人が殿様に背くようになっている。役人の人事まで重二郎の言う通りになっている。

一重二郎は気根がつよく気がさ者（勝ち気な者）である。座敷で非を是と言い張るのも、実は知なき者だからだ。

一水野三郎兵衛は使いようによっては御国に三人とない優れ者だが、実は知はない者なので今の御用には向いていない。

一法を細かくし吟味を強くすれば、民は苦しむ。近年の仕置はこの二品が重なって、亡国の兆しだ。何より士民がくつろぐようにすべきだ。まず、新田・水抜きなどの諸普請をやめ、重二郎手前の借《か》し物《もの》（社倉米）やめ、作奉行・在横目やめ、田畠上中下の札（段免《たんめん》）やめ、耕作人笠脱ぎ・おじぎやめ、百姓の婚姻に願書を出させる事やめ、昔はなかった厳しい法度《はっと》やめ、倹約《けんやく》については江戸京他国を聞き合わせて中分（中ぐらい）にされるならば、諸人が息をつくことができるだろう。

一他国者が言うには、公方様（将軍）は御不仁で厳しいなされ方が多い。それを備前《びぜん》の太守《たいしゅ》（綱政）もまねて、公儀にへつらっておられる。よい事をまねるのはよいが、公方様の代に天下をも失うような悪事を似せられるのは、君の悪を広めるようなものだ。太守の公儀向きの様子が一度はよくても、本のないことだ、と。また、御国者が言うには、太守様はもともと厳しいことが御好きで、今公方様の厳しいのに時を得て、物咎めの厳しいところが出てきたのだ、と。こうした他国者や御国者の声を天の教えと思し召して慎まれるべきだ。

一少将様（光政）に取り立てられた身であるので、御国のためを思い、これまでも思った事を率直に申し上げてきたが、一度も御返事がない。これは重二郎が少将様の御遺言のように申して、了介（蕃山）を近付けないようにしているからだろう。御国の大凶を始めた者を取り立て、率直に諫言する者を遠ざけるのは、乱命（臨終の迷いごと）というものだ。

一キリシタン改は公儀から命じられていることだと言って、百姓が迷惑するのも潰れるのも構わないと、日本国にはないような厳しい改めを行っている。このキリシタン改で知られることは何もない。だから他国でも中分にしているのだ。

一重二郎から借し付けている米銀（社倉米）は残らず勘定所に引き渡し、御役を御免にして和意谷の御墓守にされるのがよい。そうすれば国中の者が大いに悦ぶことだろう。

蕃山はもともと歯に衣を着せぬ諫言《かんげん》で知られるが、ここでも当時綱政が進めていた政策のほとんどを否定している。厳しい法、煩瑣《はんさ》な行政を改めて、自分が関わっていた当時の光政の政治のように行うべきだという。とりわけ諸悪の根源として津田重二郎を繰り返し非難し、その排斥を訴えている。また、将軍綱吉の悪政に追従する綱政の姿勢も批判している。組織を整備して統一的な行政を行い、「簡略」や社倉米などによって財政を改善して新田開発などを行う綱政に対して、蕃山は行政を簡素にして藩主の意見が直接役人に伝わるようにし、法を緩めて士民がくつろげるようにすべきだという。要は、政治のあり方に対する二人の考えが、基本的に異なっているのだ。蕃山が「理想主義」であるのに対して、綱政や津田の考えが時代状況に沿った「現実主義」と言えるのではないか。

書状の中で蕃山は、「これまでも少しずつ申し上げてきたが、一度も返事をくださることはなかった」と述べている。蕃山としては、末尾に「少将様此《こ》のかたの御恩に報じ奉り、此の書付の内に終命仕るべしと存じ、うちおきうちおきかき申候」と記しているように、何度も熟考したうえでの最後の諫言のつもりであった。しかし、綱政が応答することはなかった。

池田主水の諫言

貞享三年二月一〇日、家老の池田主水《もんど》（由孝《よしたか》）も大目付の下濃《しもの》宇兵衛を通じて綱政に対して諫言を行った。(26) 主水は寛文八年七月に天城《あまき》池田家を継ぎ、元禄九年（一六九六）一一月まで家老を務めているが、仕置職に就くことはなかった。

諫言のなかで主水は、綱政が世間で評判の悪い江戸（綱吉）の仕置に追随していることを疑問とする。あわせて蕃山と同じように津田と水野を悪政の元凶として糾弾し、二人が進める勝手方（藩財政）の改革は実利がないという。とりわけ津田が社倉米を勝手に運用して新田開発などを行っていることを批判し、「簡略」中はそれを差止めるべきだという。津田は自らの成果を吹聴するが、そこには虚偽や不正があるに違いないと、御牧での馬の例（牧で育てたという馬は実は大山の馬市で買ったものだ）をあげながら告発する。もちろんそれが事実かどうかは分からない。

主水は「去年も御為を思って両度も書付を差し上げたが、一度もお取り上げにならなかった」しかし「御為と思うことは幾度も申し上げるのが忠臣の道だと思い、このように申したが、これ以上は不忠の至りなので、今後は御仕置のことについて申し上げることはない」と述べる。こうした批判や不満が家中にあることは綱政も重々承知していただろう。津田を排斥しようとする動きもあったようで、津田自身郡代を辞任しようと考えたこともあるとのちに述懐している。(27) 家中の不満が高まると綱政の心は揺らぐ。それでも綱政は現在の仕置のやり方しか、家のため、家中・領民のためになる方法はないと考えていただろう。その後も藩政の方向が大きく変わることはなかった。

キリシタン神職請の廃止

「簡略」二年目の貞享三年も豊作であったようで、免は四ツ一歩を越えた【表12】。郡代の服部与三右衛門は毎年秋には借銀の差引勘定のために京都・大坂に出張している。銀主との交渉も順調とは言えないまでも、それなりに乗り切っていたようで、貞享四年一二月一〇日には「骨折」に対して綱政から直接に羽織を賜っている〔留〕。

貞享四年幕府は、日蓮宗《にちれんしゅう》不受不施派《ふじゅふせは》に対する禁圧とキリシタン類族改の強化を命じている。綱吉の思想・風俗に対する統制強化策の一環であった。(28) こうした幕府の動向も影響があったのだろう。この年五月二五日に岡山に帰った綱政は、六月九日に国中の宗門改《しゅうもんあらため》を寺請《てらうけ》に一本化することを命じさせた〔留〕。

その時の申渡によれば、江戸で老中《ろうじゅう》の戸田《とだ》忠真《ただざね》に「宗門神主請《しゅうもんしんしゅうけ》」について尋ねたところ、「公方様神儒仏共に御用い成され候えども、宗門請は寺請一同に然るべし」と仰せ渡されたので、「国中侍共に寺請に仰せ付ける」ことになったという。神儒仏をともに尊崇する三教一致思想は徳川社会において支配的な立場であり、(29) 綱吉も綱政もそのことに自覚的であった。光政が始めたキリシタン神職請は、綱政が藩主となった直後の延宝二年一一月に宗旨請は「心次第」と命じられたことによって大きく後退してい

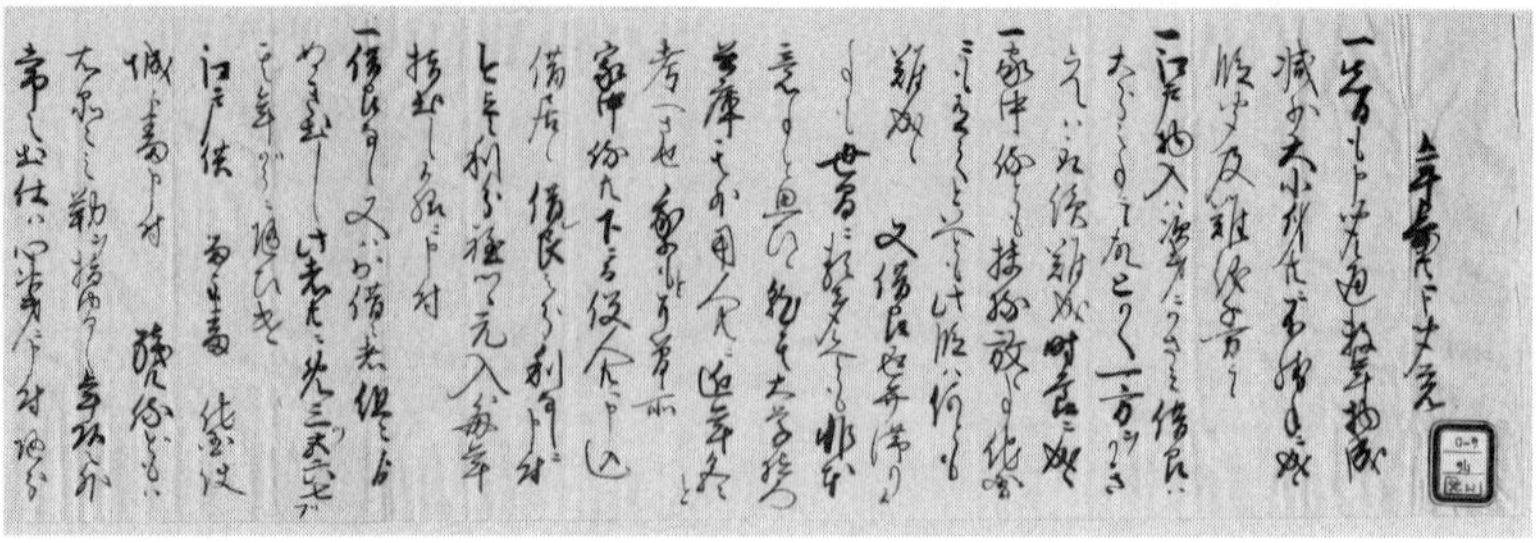

山大学附属図書館所蔵）

たが、ここに至って全面的に廃止されることになった。ただし神職家はそのまま神職請にとどまるものとされたが、奉公や他家に出る者は寺請とし、仏道を望む者もその限りではないとされた〔留〕。またのちに述べるように、この年以降、綱政の仏教尊崇の姿勢が顕著になっていく。

そのようななか、九月九日備前《びぜん》・備中《びっちゅう》は大風雨に襲われる。幕府に届け出た被害届によれば、潰家《つぶれや》一万二七四九軒、破損船三七四艘、死人三〇人などであった〔留〕。潰家の数は多過ぎてやや疑問だが、それに比べて堤の破損はさほどではない。強風による被害が大きかったのだろうか。この年の免は四ツ一歩を確保しているから、田畠への被害も最小限にとどまったと思われる（【表12】）。

「五年簡略」の終了

「五年簡略」の初年度に四ツ二歩近くを記録した免は、その後は漸減傾向であった。それでも最終年の元禄二年にも四ツ以上は確保していた。

元禄二年五月二三日、綱政は岡山に帰る。その後、仕置家老や郡代などと藩財政の状況を検討したことだろう。この年までの借銀の返済状況を総括した「御作廻書付《おさくまいかきつけ》」という史料がある。[30] 作成したのは、借銀担当であった郡代の服部与三右衛門と思われる。ただし、史料が断片的で状

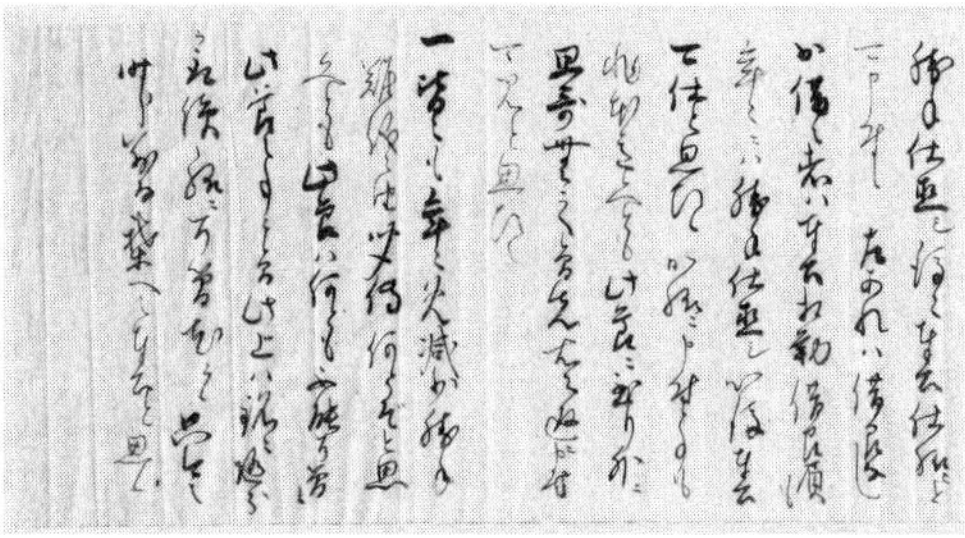

【図5】綱政書付（「年寄番頭惣中へ申聞す書付」，岡

況を正確に理解することは難しいが、概略は次のようであった。

「五年簡略」を始める際の目論見《もくろみ》では、免を三ツ八歩、大坂払米相場を四〇匁と見込んで、年に一五〇〇貫目ずつ借銀方に払い込み、五年で借銀を返済する積もりであった。実際には、この間免は三ツ八歩を超えたものの、米相場は四〇匁より安くなり、借銀方への払い込みは四九〇貫目余りにとどまった。(31) 他方支出の方は、知足院《ちそくいん》火消番役など通常の公儀勤め以外の不意の出費、奥向きの支出の増大、政言《まさこと》・輝録《てるとし》分の取替銀《とりかえぎん》（借銀の立て替え）などのために当初の積もりを大きく超過した。このうち分家二家の取替銀は、合わせて一一四九貫六六九匁七分六厘にのぼった。(32) 両家とも江戸での大名家並の格式を維持するための費用がかさんだのだ。結果、元禄二年暮の借銀は、古借銀の未払い分が三四二八貫一九七匁六分八厘、五年間の新規借銀が三一四〇貫目、計六五六八貫一九七匁六分八厘であった。(33)「簡略」以前の借銀高をほとんど減らすことができないまま、「簡略」期間を終わらざるをえなかったのだ。

しかし「簡略」政策は、「七年簡略」に先立つ延宝三年から数えると、一年間の猶予を挟んで一四年間に及んでいた。さすがに家中一律の「簡略」の継続は困難であった。元禄二年一〇月九日、綱政は年《とし》寄《より》・番頭惣中に対して、「借銀がないか少ない者には、年柄に応じて三ツ五歩から七歩を遣わし、この者たちに江戸供・留主番・他国使・城番などを勤めさせ、それ以外の者は諸役を免除し、借銀の利分のみを藩庫に納めさせる」と申し渡した(34)(【図5】)。役職を免除された者たちには「物成三ッ」という措置が引き続き取られたのだろう。この申付を綱政は、「皆々も年々免減少、勝手難儀候由、聞き伝え、何とぞと思い候えども、此の節は何とも了簡あたわず候。此の節の事に候間、此の上は銘々随分取り続かれ候様に了簡尤に候。只今の時分別して我等への奉公と思い候」と締めくくっている。藩としてはどうしようもないから、あとは自己責任で取り続くようにしろというだ。綱政の苦衷の心情がうかがえる。

なお、元禄元年から綱政は参勤中に江戸で知足院（後に護持院《ごじいん》）の火消し番役を命じられている[35]〔留〕。知足院は、将軍秀忠《ひでただ》が筑波《つくば》山別当《さんべっとう》知足院の江戸別院として建立したもので、代々将軍家の祈禱にあたっていた。綱吉の実母である桂昌院《けいしょういん》が帰依《きえ》した隆光《りゅうこう》が住持になると特別に厚遇され、この年から綱政が火消し番役を務めることになったのだ。大名は将軍への「奉公」としてさまざまな勤役《きんやく》を務めたが、江戸での火消し番役もその一つであった。池田氏のこの役は、宝永三年（一七〇六）からは場所が上野《うえの》寛永《かんえい》寺《じ》に替えられて続けられた〔留〕。

第五章　元禄時代

1　後楽園の造営

造園の準備

岡山後楽園《こうらくえん》は代表的な江戸時代の大名庭園だ。国の特別名勝に指定され、日本三名園の一つに数えられている。この庭園を造営したのが池田綱政であることはよく知られている。また後楽園の造営については『岡山後楽園史』がまとめられ、詳細な検討が行われている(1)。ここではそれによりながら概略を示すことにする。

岡山城下では、池田忠雄《ただお》の時代に旭川《あさひかわ》のなかの人工的な中洲に「花畠」が設けられ、そこに得月台という御茶屋と庭園が設けられていた〔履〕。しかし、この施設は光政時代に廃絶し、その後は城下町に「憩いの空間」が設けられることはなかった。

綱政が岡山城下町に庭園を造ろうと考えたのはいつのことだろうか。大名庭園の早い事例は、水戸《みと》藩の小石川《こいしかわ》後楽園だろう。この庭園は寛永六年（一六二九）に水戸藩初代藩主徳川頼房《とくがわよりふさ》が二代将軍秀忠《ひでただ》から小石川の地七万六〇〇〇坪を与えられ、そこに山荘を営んだことに始まる。しかし、この庭園は明暦三年（一六五七）の江戸大火によって家屋が焼失してしまう。その後寛文年間（一六六一～七三）に二代藩主徳川光圀《みつくに》によって再建されていた(2)。他方、国許城下での庭園としては金沢の兼六園《けんろくえん》が早い事例だろう。兼六園は五代金沢藩主前田綱紀《まえだつなのり》が延宝四年（一六七六）に蓮池を掘り、数寄屋《すきや》を設けたことに始まるとされるが、現在から比べればかなり小規模なものであった。(3) また、後に衆楽園《しゅうらくえん》として知られる美作《みまさか》国津山城下の庭園は、明暦年間（一六五五〜五八）に森氏が築いたものと言われるが、当時はやはり御茶屋に付随する小さなものであったようだ。(4) こうした状況からすれば、綱政が藩主となる寛文・延宝期は大名庭園を営むという趣好が徐々に広がりつつあった時期と言えそうだ。

綱政も藩主となるころには庭園を営みたいという考えを持つようになっていただろうが、当時の藩政の事情からすれば、その実行は困難であったに違いない。実現のためには財政面と技術面とで大きな障害があったからだ。それを克服するためには津田重二郎（永忠）の行った事業が有効であった。そのことは柴田一が指摘するとおりだ。(5)

一つめの財政面は、津田が管理する社倉米《しゃそうまい》の制度が軌道に乗り始めたこと。特に天和二年（一六八二）に津田が郡代《ぐんだい》に就任すると、社倉米と郡方取込米とが一体的に運用されるようになり、大規模な新田開発への資金提供も可能になっていた。

二つの目の技術面は、庭園を造営する場所に関わっている。一般に都城などの庭園は、首長の居館に近く、城外の田舎（自然豊かな農村部）に接する場所に営まれた。岡山城で言えば、旭川を挟んだ本丸の北側が最も適した場所であった。しかし、この地は従来からの低湿地で、土地の安定化のためには上道《じょうとう》郡全体の排水問題の解決が不可欠であった。この問題は貞享四年（一六八七）の百間川《ひゃっけんがわ》の開削によって基本的に解消される。

こうして二つの障害を克服することで後楽園の造営が可能になった。ただし、津田の貢献は造園の条件作りに関わるもので、築庭は全体から細部まで綱政が主導したものであった。先にも述べたように綱政は、沖新田《おきしんでん》の築造を一旦延期して、念願の庭園建設に取り組むことになる。なお、岡山後楽園は江戸時代には「後園《こうえん》」と呼ばれていたので、以下、そのように呼ぶことにする。

造園の開始

後園の造営工事は低湿地を埋め立ててかさ上げする造成作業から始められた。具体的には、貞享四年の七月頃に土地の見積りが始められ、一二月一六日に鍬初《くわはじめ》が行われている〔奉〕。綱政は同年五月二五日に江戸より岡山に帰国しており、その直接の指示によって開始されたに違いない。翌貞享五年（九月三〇日より元禄と改元）三月二九日に綱政は参勤のため岡山を出船して江戸に向かうが、その留守中に「藪囲《やぶがこ》いをし、地形平《なら》しの普請《ふしん》」を行うよう津田に指示している〔奉〕。

そののち工事は順調に進捗し、藪囲いや地形平しも成就して、御茶屋の建設にまで進んだようだ。元禄二年（一六八九）五月二三日に綱政は岡山に帰国するが〔履〕、六月九日には御茶屋へ御成《おなり》をしている。このとき津田は、御前で御召の帷子《かたびら》を拝領した〔留〕。次いで七月八日には御茶屋で田植えの子どもに鳥目《ちょうもく》（銭）が下されている。園内の田畑も完成し、開設当初から田植えが行われていたことも確認できる〔留〕。この時の後園は、田園を藪囲いしたなかに御茶屋の建物がぽつんと建っているという景観であったようだ。また同年には後園の管理に当たる後園奉行《こうえんぶぎょう》に石原茂兵衛が任じられ〔奉〕、日常の管理に支障のない体制が整えられている。

翌元禄三年三月二三日、御茶屋の添地《そえち》として五二五三坪が後園の囲いの内に加えられることになった。

これは、御茶屋の北方が狭いので囲いの藪を北に出すようにという綱政の指示によるものであった。この結果、後園の敷地は二万二九八三坪〔約七・五ha〕になる。

次いで三月二九日に綱政は江戸に向けて出船するが、その前に津田に対して、このたびの留守中に御茶屋の作事《さくじ》を行うよう指示した。最初の御茶屋は取りあえずの仮普請《かりぶしん》で、改めて本格的な増改築が指示されたのだ。正式の釿大工初《ちょうなだいくはじめ》は九月朔日に行われている〔留〕。

次の綱政の帰国は元禄四年五月二三日である。翌五月二四日に綱政は早速「新御茶屋」に入っており、同二九日には御茶屋で膳を食べ、供の近習や児小姓、中奥の中小姓などにも食事を振る舞っている〔留〕。そして閏八月一二日には御茶屋で初めての能興行が行われた〔日次〕。とりあえず後園の造営は、一段落と言えそうだ。

それより先の六月二八日津田は御前に召し出され、五〇〇〇石の加増《かぞう》を下された。その時綱政は、「何事にも骨身を惜しまず勤めるのは、一段と好ましい」と声を掛けている〔留〕。津田もそれを「有り難き冥加《みょうが》に叶う仕合《しあわせ》」と承った。そして九月六日、津田に沖新田の取立が改めて命じられた〔奉〕。

後園の整備

そののち綱政の好みに従って庭園の整備が行われる。

まず、御茶屋のほかに庭内に廉池軒《れんちけん》・花葉軒《かようけん》・流店《りゅうてん》といった小さな建物が建てられ、庭内を廻るときの休息や飲食の場とされた。競馬を観る観騎亭《かんきてい》や射的を観る観射亭《かんしゃてい》も作られているから、馬場《ばば》や射場《しゃば》も整備されたと思われる。

また庭内には信仰の対象となる建物も綱政によって建てられた。その中心となるのは綱政の持仏《じぶつ》であった如意《にょい》輪観音像《りんかんのんぞう》を祀る慈眼堂《じげんどう》で、元禄一〇年九月に建てられている。綱政は後園を訪れるたびに慈眼堂に参拝している。ほかに弁財天堂が元禄一一年に、地蔵堂が元禄一五年に建てられた。

敷地の拡大も徐々に進み、元禄一三年（一七〇〇）に八五九坪が添地され、ほぼ現在の後楽園の広さが確保された。敷地の拡大はここで終了する。そのため、現在ではこの年を「後楽園の完成」と位置付けている。(6)

ところで、綱政が後園を造った目的は何だったのだろうか。そのことを記した史料はない。ただ、そのことをうかがうことできる史料として儒者で祐筆《ゆうひつ》の山田藤四郎定経《さだつね》が元禄一七年に著した「延養亭瑞鶴《えんようていずいかく》賦《のふ》」(7)があげられることが多い。ここでもそれを掲げておこう。もとは漢文だが、読み下し文と現代文にして主な内容を示してみる。

大君園を其の境に修め	綱政公は城と旭川《あさひかわ》の境あたりに庭園を設け、
政暇日に渉《わた》り恬《てん》を養いたまう	政務の暇な時に渉られて、静かな心を養われた。
園は旧《ふる》きに依りて稲畛《とうしん》を置き	庭にはもとのままに稲田の畛《あぜ》を設け、
亭は在《あ》るに随《まか》せて以て茅簷《ぼうえん》を須《もち》う	亭舎はあるがままにこしらえ茅葺《かやぶ》きにした。
苟《いやしく》も田舎野店の状を摸し	かりそめにも田舎の建物のままに作り、
華軒藻井の観《みもの》を屑《いさぎよ》しとせず	華やかな建物や池水の眺めにこだわることはなかった。
親賢士衆を賑給《しんごう》し	親しい者や賢い人、武士や庶民を賑《にぎ》わし施し、
周《あまね》く遠慮を洪繊《こうせん》に運《めぐ》らす	ことの大小にかかわらず深い慮《おもんばか》りを広くめぐらされた。

鰥寡《かんか》孤《こ》独《どく》を恵鮮《けいせん》して
弘く遐想《かそう》を閭閻《えんりょ》に注《そそ》ぐ
数《しばしば》労役を慰して衆と与《とも》に楽しみ
時に遊観を縦《ゆる》して民共に瞻《み》る
仁風を堂上に煽揚《せんよう》して
徳化を国中に流布す

男やもめ、後家、孤児、独身者へ恵みを尽くし、
広く遠大な思いやりを村々に注がれた。
しばしばその労苦を慰めて庶民とともに楽しみ、
ときには遊覧を許して民もともに仰ぎ見た。
仁の気風を政治を行う者の間に盛んにして、
人徳による感化を国中に広げられた。

決して華美や贅沢にはしることはなく、自然のままに田舎の建物や景観を模して庭を造る。その庭でくつろぐことで政務の疲れを癒やし、いつも家中の武士や領民が安楽に暮らせるようにと思いをめぐらせた。ときには領民にも庭の遊覧を許し日々の労苦を慰め、ともに楽しむことを望んだ。後園を造るにあたって、綱政の主観のうちに、こうした思いがいささかなりともあっただろうことは、間違いないように思われる。

2　閑谷学校と曹源寺

閑谷学校の整備

光政の晩年に建設が始められた閑谷学校《しずたにがっこう》が現在の姿にほぼ完成したのも、綱政の時代であった。これに一貫して携わったのは、光政の命を受けた津田重二郎である。

寛文一二年（一六七二）に津田が光政から閑谷建設に専念するように命じられてから、最終的に完成す

るまでほぼ三〇年を要している。

先にも述べたように、延宝初年の飢饉のときには閑谷学校の建物も施行場《せぎようば》として使われ、教育活動も一時は停止したものと思われる。しかし、その後は津田のもとで整備が続けられ、延宝五年（一六七七）には茅葺き屋根が瓦葺きに改修された(8)。同年には文庫も建造され、延宝七年には藩学校に納められていた光政自筆の『十三経註疏《じゆうさんきようちゆうそ》』の一部が閑谷に移されている。

延宝八年二月二九日に綱政は光政・政言《まさこと》とともに鹿久居島《かくいじま》で狩を行い、翌晦日に閑谷を訪れ、聖堂に参拝した〔留〕。これが綱政が閑谷を訪れた最初だろう。同年六月二七日に津田は御前に呼び出され、「閑谷学問所の諸事仕り様が尤だ」と綱政から「御意」があり、御召の帷子を拝領した〔奉〕。九月二二日、津田は岡山での御用も多くなっているため、綱政から城下にも屋敷を与えられた〔留〕。このとき津田は和意谷《わいだに》と閑谷についての自分の考えを綱政に伝えたが、そのなかで閑谷については「これまでは百姓の子どもだけに自分の手前より養ってきたが、今後は士の子どもについても自分手前より賄いたい」と願い出ている。これは二四日に綱政から許可される〔留〕。「自分手前」というのは社倉米《しやそうまい》のことだ。このことは先にも触れた。

光政が亡くなった天和二年（一六八二）の九月一七日、光政自筆の「孝経《こうきよう》」一部と「四書《ししよ》」一部を閑谷に納め置くようにとの綱政の御意があり、それらが津田に渡された〔留〕。これも先に触れている。

貞享元年（一六八四）二月朔日、藩学校で釈菜《せきさい》（孔子祭《こうしさい》）が行われ、その後綱政と政言が学校へ参り、中室で香を上げ俯伏再拝《ふふくさいはい》し、のちに講堂での富田元真《とみたげんしん》の「孝経」講釈を聴聞した〔留〕。これが綱政が釈菜日の講堂講釈を聴聞した最初と思われる。これ以降岡山に帰国しているときには、毎回釈菜日の講釈に参加するようになる。この年閑谷では新聖堂（孔子廟）が完成し、同三年には光政を祀る芳烈祠《ほうれつし》（現閑谷神社）も完成する。同四年には閑谷の聖堂の上葺瓦を焼いた跡の竈で閑谷村の土を使って焼いた焼物（閑谷焼と呼ばれる）が御城に献上されている〔留〕。

また、元禄一〇年（一六九七）には石門、同一四年には新講堂、翌一五年には御納所《ごなっしょ》が出来上がっている。御納所は椿山と呼ばれ、光政の髭髪爪歯などが納められた。こうしてこの頃までに、現在の姿の閑谷学校がほぼ完成したと言えるだろう。現在、この時建てられた講堂が国宝に指定されており、聖堂を初めとした建物や石屏は国の重要文化財に指定されている。

先にみたように、延宝三年には光政と綱政の間で藩学校や閑谷学校の存廃について対論が行われたが、それ以降は、津田の進める閑谷学校の整備や運営について、綱政は協力的であったと見てよいだろう。

寺社の造営

光政の三度目の「改革」期には、キリシタン神職請《しんしょくうけ》と合わせて神社寺院の淘汰が行われた(9)。神社については、寛文六年（一六六六）に村々の「わけもなき小社」（由緒不明のいかがわしい小社）を破壊し、大社や産土社《うぶすな》（その土地の鎮守社）だけを残すように命じられている。その結果、領内一万一一二八社のうち六〇一社が残され、他の社は七一社の寄宮《よせみや》に統合された〔日記〕。ただし、正徳五年（一七一五）の調査(10)では領内の神社は一五七〇社になっているから、その後かなりの数のいわゆる村の鎮守が復活している。例えば、邑久《おく》郡牛窓《うしまど》村紺浦《こんのうら》の疫神社《やくじんじゃ》も光政の淫祠淘汰によって同村八幡社（現牛窓神社）に合祀されていたが、そののち村では疫病が絶えなかったため、住民の願いに

よってこの年にもとの地で再び祀られることになったという。(11)

他方寺院の方は、延宝三年（一六七五）の調査(12)では、有寺《ありでら》四三八か寺に対して絶寺《たえでら》は五九八か寺で、江戸時代前期に存在した寺院の五八％が光政時代に淘汰されたことになっている。寺院数は約四〇年後の正徳五年でも四六二か寺で、(13)貞享四年（一六八七）に檀那《だんな》寺《でら》による宗旨請《しゅうしうけ》に完全復帰した後にもほとんど増加していない。この動向には、元禄五年（一六九二）以来幕府が新しい寺院の建立を禁止する政策をとっていた（ただし廃寺の再建は認められた）こと(14)も影響しているだろう。

綱政は神仏への信仰心の篤い人であった。幼い頃から祖母の福照院《ふくしょういん》や天樹院《てんじゅいん》に可愛がられて育ったが、この二人の影響が大きかったのではないだろうか。綱政の思想的立場は、神道・儒教・仏教を一体ととらえる三教一致思想であったと思われる。こうした思想的な立場は当時一般的なものであった(15)が、なかでも綱政が仏教を尊崇したのは確かだ。

延宝二年二月朔日、綱政は代替わりにあたって領内の有力寺社に対して一斉に領知判物《りょうちはんもつ》を遣わした。(16)内訳は、寺院方が四三か寺分一七九六石七斗六升五合、神社方が一四社分八二六石二斗四升四合、合計二六二三石九合であった。

綱政も光政と同じように先祖祭祀を大切にしたが、そのやり方は大いに違っていた。光政は、承応四年（一六五五）に城内で「祖《そ》考祭《こうさい》」を始めて以来、儒教式の先祖祭祀に傾倒していく。万治二年（一六五九）には石山に祖廟を設け、祭式を調えた。さらに寛文七年には京都妙心寺《みょうしんじ》から祖父輝政《てるまさ》・父利隆《としたか》の遺骸を和意谷に移して、儒教式で祀っている。その後は光政をはじめ母（福照院《ふくしょういん》）・妻（円盛院《えんじょういん》）・弟恒元《つねもと》などの墓所が和意谷に営まれた。しかし、それ以降は和意谷に新に墓所が設けられることはなく、綱政は先祖祭祀を仏教式で行うようになる。ただし、代参などによる和意谷参詣は明治期まで途絶えることはなかった。

祖廟での祭祀も、綱政の代になっても光政時代と同様に行われていたが、貞享三年からは祭日が半分に減らされる[17]。そして宗旨請の寺請《てらうけ》が全面復活した貞享四年からは、母円盛院の祭祀が浄土宗養林寺《ようりんじ》で行われるようになる。そのため土蔵造りの御霊屋《おたまや》が新築された〔履〕。養林寺は、福照院が父親の榊原《さかきばら》康政《やすまさ》の菩提を弔うために鳥取に建てた寺院で、光政の岡山転封にともない、岡山城下塩見《しおみ》町に光政によって建立された。寺名は康政の院号である養林院にちなんでいる。のちに綱政は、福照院・円盛院・天樹院の位牌とともに、自分の妻である真証院《しんしょういん》（丹羽《にわ》光重《みつしげ》女）の位牌を御霊屋に納めている。寺領二〇〇石は備中《びっちゅう》にあった福照院の化粧料《けしょうりょう》のうちから与えられた。元禄二年、綱政は光政が福照院のために筆写した細字三部経を養林寺に寄進し、あわせて自筆の三部経一部を奉納している[18]。養林寺は、いわば池田家の妻たちの功績に報いる寺であった。

岡山城下における池田家の菩提寺《ぼだいじ》は国清寺《こくせいじ》であった。国清寺は利隆が父輝政を弔うために姫路に建立した寺で、利隆の子の光政が鳥取へ転封《てんぽう》されるにあたって鳥取に移されていた。寺号は輝政の戒名によっている。その後、光政の岡山転封にともなって京橋東詰《きょうばしひがしづめ》の地に移る。光政は儒教式の「祖考祭」を始めるようになっても、それと併せて国清寺への参拝を続けた。やはり元禄二年に綱政は光政が筆写した法華経八巻を国清寺に寄進している[19]。貞享四年の寺請復活のころから、綱政の仏教信仰が昂進している。

曹源寺の創建

綱政の寺社造営として最も重要なのは護国山曹源寺《ごこくさんそうげんじ》の創建である。この新しい菩提寺の創建を綱政はいつごろ思い付いたのだろうか。彼自身がのちに述べたところによれば、それは二〇年ほど前のことだという(20)。そのころは、ちょうど宗旨請は「心次第」と命じた時期にあたっている。とすれば、寺請を全面復活させた貞享四年以降に、その気持ちはさらに固まったと思われるが、直接の契機を神原邦男は、元禄一〇年に六〇歳の還暦を迎え、左近衛権少将《さこのえごんのしょうしょう》に任官したことだとみている(21)。この年に綱政は、後園に祈願所として慈眼堂を、邑久郡千手山弘法寺《せんじゅさんこうぼうじ》には山王社《さんのうしゃ》と地《じ》主権《しゅごん》現社《げんしゃ》をそれぞれ建立している。そして翌元禄一一年には父光政の一七回忌を迎えることになっていた。これを機に父親を仏教式に祀りたいと考えたようだ。なお、山号は高祖父恒興《つねおき》の院号である護国院に、寺名は綱政の戒名である曹源寺殿にちなんでいる。

元禄一〇年一二月二二日、曹源寺造営の惣請負に小仕置の上坂外記《うえさかげき》が、普請奉行に小姓組の沢原弥三右衛門が任じられ、早速同月二五日には、予定地円山《まるやま》村の地形見分に日置《ひき》猪右衛門・上坂外記・津田左源太(永忠)・浅野瀬兵衛・薄田《すすきだ》兵右衛門・森川藤七郎・丹比《たんぴ》七大夫・沢原弥三右衛門が出掛けている(留)。翌元禄一一年正月五日の釿初《ちょうなはじめ》から工事が始まり、光政の命日である五月二二日には一七回忌の法要が営まれた(22)。このとき光政に仏教式の戒名「通源院天室義晃《つうげんいんてんしつぎこう》」が贈られている。また同日には、国清寺の絶外和尚が住持に任じられ、寺領二六〇石も寄《き》進《しん》された(留)。

曹源寺の整備はそののちも続けられ、元禄一五年には三重塔が完成し、元禄一六年からは本堂裏の正《しょう》覚谷《かくだに》に墓所の造営を始めている。そして翌宝永元年(一七〇四)三月に綱政の寿陵《じゆりょう》(生前に造られる墓所)

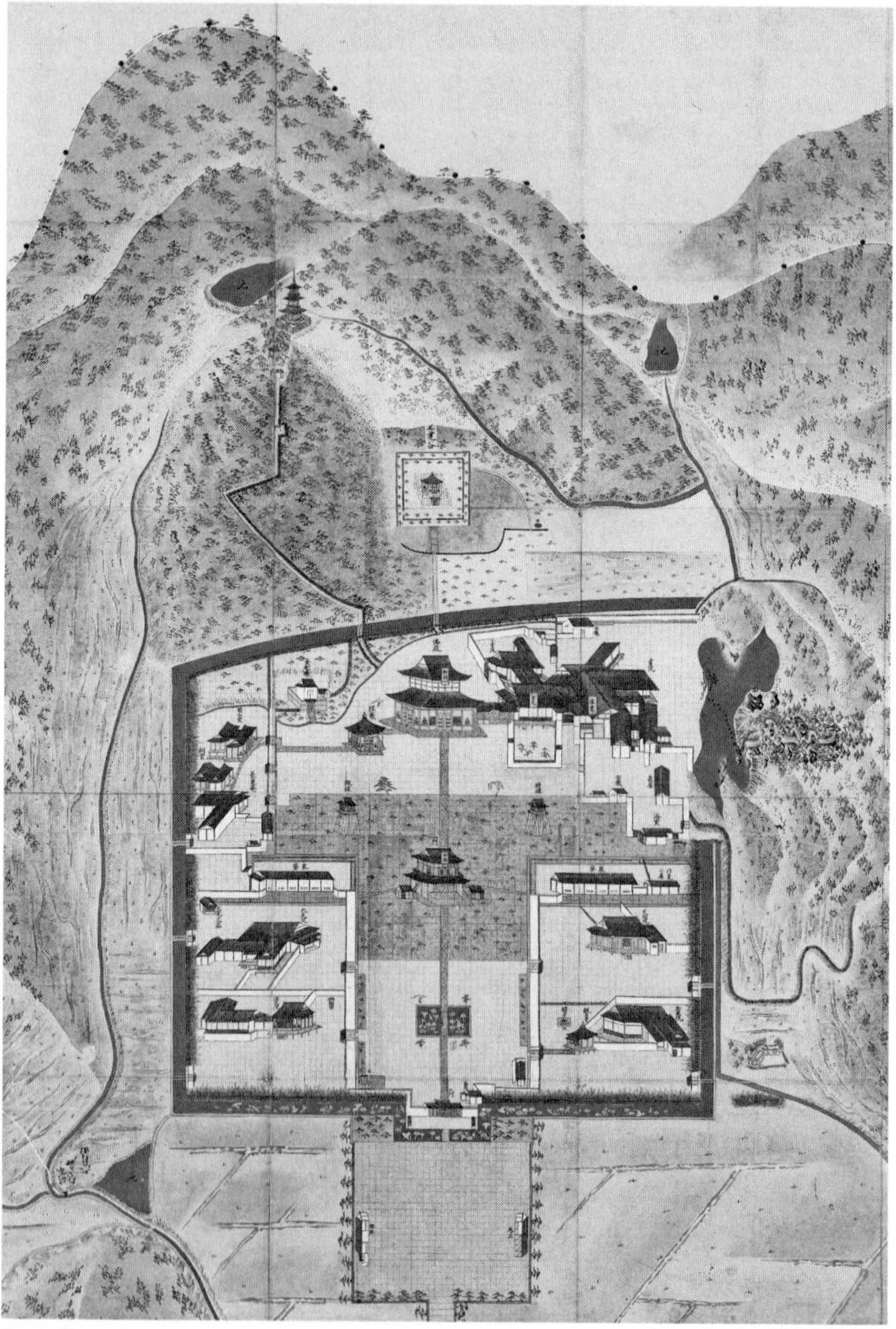

【図 6】円山全図（部分，宝永 5 年正月，岡山大学附属図書館所蔵）

が完成しており、[23]以後同地に歴代藩主の墓所が営まれることになる。

3　元禄期の藩政

先にも述べたことだが、元禄四年（一六九一）後園の「新御茶屋」が完成した。この年五月二三日に岡山に帰った綱政は、翌二四日に早速御茶屋に入っている。この後は、岡山在国中は後園で過ごすことが多くなる。

服部与三右衛門の転職

六月二八日、津田重二郎は御前に召し出され、五〇〇石を加増された〔留〕。あわせて同日には、これまで一緒に郡代《ぐんだい》を務めてきた服部与三右衛門が病気を理由に役儀の御免を申し出ていたものが認められている。服部は小姓頭を仰せ付けられ、二〇〇石加増となった〔留〕。以後、津田は一人で郡代を務めることになる。九月六日、これまで延期されていた上道《じょうとう》郡沖新田《おきしんでん》の取立が津田に改めて命じられた〔奉〕。そして元禄五年七月一九日、沖新田の惣廻り堤が完成している〔留〕。

元禄六年七月一〇日、御前に呼び出された津田は綱政から直に番頭《ばんがしら》に取り立てると仰せ付けられた。あわせて津田の惣領家《そうりようけ》の名である左源太を名乗るよう命じられている〔留〕。さらに七月二〇日には「簡略奉行《かんりやくぶぎよう》」にも任じられた〔留〕。

この時期の直高《なおしだか》に対する免は、おおむね四ツ前後で推移している（【表14】）。家中一律の「簡略」政策は取られなかったが、家計逼迫の家臣に対する「在郷簡略」は引き続き行われていた。「在郷簡略」で

【表14】元禄3年～元禄16年（1690～1703）物成・直高に対する免

年度		物成（石）	直高に対する免
元禄3年	1690	207,277.089	0.416609
元禄4年	1691	197,208.523	0.403019
元禄5年	1692	205,118.082	0.413184
元禄6年	1693	202,913.939	0.405945
元禄7年	1694	194,878.040	0.396173
元禄8年	1695	172,037.641	0.336894
元禄9年	1696	175,852.489	0.358019
元禄10年	1697	199,162.398	0.3901
元禄11年	1698	190,252.483	0.3727
元禄12年	1699	191,058.363	0.3743
元禄13年	1700	200,422.224	0.3920
元禄14年	1701	196,089.873	0.3841
元禄15年	1702	181,648.192	0.3558
元禄16年	1703	202,396.932	0.3965

註）各年度の「留帳」より作成．数値は資料のまま，元禄10年以降は郡別の数値から計算した．

は、給地《きゅうち》に逼塞して、知行物成《ものなり》は藩庫に収公され、替わりに知行高に応じた擬作《あてがい》米（扶持米《ふちまい》）が支給される。家格に応じた職務や礼儀は免除されるが、奉公人や馬の数を減らして倹約に努めることが義務づけられた。特に願い出て、城下屋敷に住居したまま「簡略」が許される場合もあった。「簡略」を願い出る者には、中下級の家臣が多かったが、なかには番頭クラスの上級家臣で「簡略」を願い出る者も跡を絶たなかった。例えば元禄七年五月一九日には、番頭の伊木将監《いぎしょうげん》が知行五〇〇〇石の内二〇〇〇石を「上ケ知簡略」することを願い出て許されており、同じく番頭の山崎大蔵《だいぞう》も知行一二〇〇石の内五〇〇石の「上ケ知簡略」を許されている〔留〕。この「簡略」人の認定をしたり、「簡略」中の借銀返済状況などを監督するのが「簡略奉行」の役目であった。

元禄八年九月二一日、服部与三右衛門が病気も癒えたとして江戸小仕置に任じられ、三〇〇石を加増されて一〇〇〇石となった〔留〕。服部は一四、五歳の頃から綱政の近くに仕えており、気心も知れているから使いやすいとの「御意」であった。これまでも津田と相役で郡代を務め、借銀の返済交渉にも実績があったから、「江戸向き物事難しき」折柄、その手腕に期待するところがあったのだろう。江戸屋敷での出費増は藩財政悪化の主要な要因の一つであった。

津田永忠への「専横」批判

元禄八年五月朔日付けの日置猪右衛門（忠明）宛津田佐源太（永忠）書状が残っている。(24) それによれば、津田の番頭登用や「簡略奉行」兼帯については家中に批判があった。とくに服部が郡代を退いてからはさまざまなことが津田一人で進められているように見えるから、それを「専横」とする批判があったようだ。批判の中心は池田内膳《ないぜん》（武憲《たけのり》）だと津田は述べている。内膳は光政の叔父にあたる池田輝澄《てるずみ》（元播磨《はりま》山崎藩主）の子で、父の没後に光政が幕府に請うて家臣とし、元禄二年からは知行四〇〇〇石、家老に列していた。内膳の室は熊沢蕃山《くまざわばんざん》の次女の厚子《あつこ》であったから〔系〕、かねてより津田に対する批判を蕃山から吹き込まれていたかもしれない。

内膳によれば、津田は名誉欲が強く「心根に毒がある」。私意・私欲をもって「公」を掠め取っているという。家中や領民が疲弊しているのも津田の責任だ、とも批判していたようだ。この時期、津田は綱政から疎まれているのではないかと感じていたようで、その原因がこうした批判に綱政が惑わされたことにあると考えていた。

これに対して津田は反論する。「在方」のことも「簡略人作廻《さくまい》」のことも首尾良く進んでおり、家中在々ともに「私才判」（津田の仕置《しおき》）を悦んでいる。御用も「私心一ッにて才判仕る」ことはなく、全て「下にて僉儀《せんぎ》を行い」、そのうえで「評定所《ひょうじょうしょ》ニて御僉儀」を受け、上々様へも窺ったのちに申し付けていることだ。つまり、藩の機構に則って事を進めているのであって、決して専横ではないというのだ。しかも、沖新田のことも「家中簡略」のこともようやく緒に就いたばかりであり、ここで放り出すわけにはいかない。津田としては、あと五、六年は現在のまま勤めたいと考えていた。

津田によれば、家老・重臣をはじめ近習《きんじゅう》の者は、「とかく万《よろずお》御上《かみ》次第」（藩主の言いなり）という者ばかりだ。頼りになるのは日置猪右衛門（忠明）以外にない。そこでやむなく日置に上書したのだ、と述べている。

綱政の仕置は、人よりもシステムを基本とするものであり、役人がそれぞれの役割を尽くすことを重視した。津田もそのシステムに従って勤めてきたのだと述べている。しかし、時に綱政の強い意向によって、特定の人物に政策の執行が委ねられることも少なくなかった。特に元禄期には、その傾向が強まったように見受けられる。そうした時に家老などの重臣から批判が起きると、綱政の判断に揺れや迷いが生じる。人とシステムの間で揺らぐのだ。元禄八年もそうした状況であったに違いない。

しかし、同年七月二二日に池田内膳が亡くなる〔系〕。日置の取りなしもあって、綱政と津田の関係が破綻《はたん》することはなかったようだ。津田はこののちも引き続き郡代および簡略奉行の職にとどまり、藩の中枢での活躍を続ける。(25)

伸び悩む「物成」

元禄八年は全国的に凶作であった。特に東北地方は冷夏の影響で飢饉になった。(26)

岡山藩でもこの年の物成は近年にない落ち込みで、その影響は翌元禄九年にも及んだ（【表14】）。綱政としては、近年家中に難儀を掛ける状況が続いているので、当初はこの両年については家中への「物成免《ものなりめん》」を少しでも上げて遣わしたいと考えていたようだ。ところが予想外に作柄が良くなく、頼みにしていた諸運上もわずかで年貢不足の足しにもならなかった。それでも何とか物成を「一歩増し」（一％増）遣わしたいと元禄九年一二月一五日に申し渡している〔留〕。「各《おのおの》御待ち有るべし」とあるが、なかなか実施の触《ふれ》は出なかった。

また、一二月二八日には来年正月より町役を廃止すると触れている〔留〕。これによって、これまで町役が遣わされていた場所の入用人足賃は藩から支給されることになるが、その替わり飢饉時における飢人の養育は町方の自力で行うよう命じられた。非常時の救済を民間の自力に任せるという方向が次第に強まっていく。

一二月五日、かねてから願い出ていた綱政の少将への任官が幕府から仰せ付けられた(27)。少将は池田家の極官《きょうかん》であり、光政も少将になっている。翌元禄一〇年正月、岡山から水野三郎兵衛が使者として京都に遣わされ、二月四日口宣《くぜん》と宣旨《せんじ》を朝廷から受け取り、馬場半平がそれを持参して江戸に着いた。綱政はこの前後にたびたび祝儀の能を興行している〔日次〕。

同年正月二五日、今年の冬の物成は「二ツ成」（二割渡し）、扶持米取は二割削減にしなければ財政が成り行かない状況なので、家中でも抱えの人馬を減らし、給銀も下げ、召使いの女は数も減らし給銀も用捨なく下げるようにと触れられた〔留〕。これは家中奉公人出替わりの時期を前に特に触れられたもので、これによる混乱に備えて郡会所《ぐんかいしょ》に役人が遣わされることになった。倹約を実行させるために、厳しい警告として「二ツ成」をちらつかせたのだろうか。

七月朔日には、昨年末に触れられた家中「物成一歩増し」について、何とか「浮銀《うきぎん》」（余剰銀）を取り集めて下されることになったと申し渡されている〔留〕。麦成《むぎなり》（夏に徴収される麦年貢）を含めて作柄の改善が見込まれたのだろう。一年近く遅れたボーナスのようなものだ。次いで八月朔日には、今年の暮れには家中物成は一ッ召し上げ、切米《きりまい》取は二割召し上げと正月には触れていたが、収納の回復が見込まれるのと、大坂商人の鴻池《こうのいけ》善右衛門から借銀を得て、財政が持ちこたえられる見通しなので、当暮れは以前にも行われていた通り、知行取は「三ッ物成」、切米取は「一割減」と仰せ付けられることになった〔留〕。「二ッ成」よりはましだが、近年の「三ッ五歩」程度からすれば、家中には打撃である。

鴻池から借銀が得られたのは、津田左源太が郡方貯銀から五〇〇貫目を差し出し、鴻池への利息返済に充てたからであった。郡方貯銀というのは、郡方請込米と社倉米を郡代の手元で一体的に運用している資金のことである。それがここでも一般財政に投入されたのだ。この借銀と引き換えに鴻池は岡山藩の「御払米代銀掛屋御用」を仰せ付けられることになった〔留〕。

流罪と「赦」

元禄一一年曹源寺が造営される。六月二二日の本尊入仏供養にあわせて大赦《たいしゃ》が行われ、罪人六三人が鹿久居島に流罪《るざい》になった。これが岡山藩で流罪が行われた最初であった〔履〕。定兼学が指摘するように、それまで斬罪《ざんざい》などの身体刑に処されていたものが以後流罪や追放などの拘束刑（行動の自由を規制する刑罰）となる傾向にあることから、流罪の実施を綱政の寛刑主義・徳治主義の顕れとみることは可能だろう。[28]「仁政《じんせい》」とともに「慈悲」を強調する幕府の綱吉政治の影響もあるだろう。これ以降、綱政治世後期には、「赦《しゃ》」の事例が頻出する。こうした「赦」は池田家先祖の法事を機にするものがほとんどで、例えば元禄一三年には【表15】にまとめたように六例が知られ、一三五人に特赦が与えられている〔留〕。なお、この年は大猷院《だいゆういん》（家光《いえみつ》）と厳有院《げんゆういん》（家綱《いえつな》）の法事にあわせて特赦が行われていることにも注目しておきたい。

元禄一二年正月、岡山藩は幕府から備後《びんご》国福山御領検地《ふくやまごりょうけんち》を命じられた[29]。これは、前年に福山藩の水野氏が無嗣《むし》断絶《だんぜつ》となり、その跡地が幕府領とされていたため、その検地が課役として岡山藩に命じられた

【表15】元禄13年（1700）の「赦」

日付	理由	人数	内訳	
1月21日	上々様方御機嫌能 上様御悦	70人	出籠被仰付 籠舎御免鹿久居島へ被遣 鹿久居島より本在へ御戻	11人 30人 29人
4月20日	大猷院様 御50回忌御法事	31人	籠舎御免 鹿久居島へ被遣 籠舎人の内御追放 御国御赦免の者	9人 10人 4人 8人
5月2日	養林寺にて 真証院様 御法事	5人	流罪御免本在へ御戻 流罪御免御追放 村払御免本在へ御戻	1人 2人 2人
5月8日	厳有院様 御21回忌御法事	17人	流罪御免本在へ御戻 籠舎御免鹿久居島へ被遣 流罪御免御追放 町預御免在所へ入置 町預御免 追放・欠落の者御免 村払御免本在へ御戻	2人 1人 4人 1人 1人 6人 2人
7月2日	養林寺にて 真証院様 百日御法事	4人	追込御免 籠舎御免鹿久居島へ被遣 籠舎御免御追放	1人 2人 1人
10月7日	円盛院様 御23回忌御法事	8人	町方追込御免 追込御免島へ被遣	6人 2人

註）元禄13年「留帳」より作成.

ものであった。(30) 二月九日綱政は検地役人を任命する。以後ほぼ一年間をかけて福山検地が行われる。五月一七日綱政は岡山に帰国する。

元禄一三年正月一五日、綱政は家中に対して物成「三歩増し」（三％増）を遣わすことを申し渡した。「去年より御在国中御機嫌能く、江戸御当地共に御快事」というのが理由であった。元禄九年に久しぶりに生まれた男子の政千代《まさちよ》が五歳で上下初着《かみしもはつぎ》の祝儀を無事済ませたことも〔留〕、「快事」であったろう。「三歩増し」が可能になったのは、昨年は江戸屋敷の作事《さくじ》や福山検地御用などで出費がかさんだのに対して、船運上《うんじょう》その他の運上銀がよく集まったこと、鴻池の借銀が返弁され新田普請方の出費が減少したこと、諸所の新田物成が順調に納入されるようになったこと、米相場が高直で大坂払米は七〇匁余もあったこと、江戸遣銀《えどづかいぎん》も不足が出なかったこと、など好条件が重なったためだという。ただし、この時期の直高に対する免は三ツ八歩前後で推移しており【表14】、年貢収納自体がとりわけて順調であるわけではなかった。なおこの年八月一九日に弟の政言が亡くなった〔系〕。五六歳。綱政は政言と親しく、頼りにしていただけに、落胆は大きかっただろう。

元禄一五年正月二三日、政千代の紐落《ひもおとし》の祝儀があり、以後政須《まさもち》と名乗ることになった〔日次〕〔履〕。この祝儀にあわせて綱政は、家中物成の「一歩半増し」（一・五％増）を仰せ渡した〔留〕。三月二二日、綱政は大目付《おおめつけ》を呼び、郡方の様子について話しを聞いている。この場には、三月四日に津田左源太の御用を見習うよう仰せ付けられた藤岡勘右衛門と水野作右衛門も同席した〔留〕〔日次〕。そののち二六日に岡山を出船、参勤のため江戸に向かう。江戸では女の菊子と松平土佐守豊房《まつだいらとさのかみとよふさ》との縁約・結婚の儀式が続き、綱政も多忙であった〔日次〕。

ところが岡山地域は七月二八日と八月二九日と二度にわたって台風に襲われ、洪水となる。幕府への報告によれば、七月の場合は潰家二五八六軒、川筋堤破損一万一八〇〇間余（約二一・二km）、潮堤破損一万二六七〇間余（約二三・八km）、池堤破損四二〇間余（約七五六m）、当荒水入潮入五二一七町余、死人五人、八月は流家・潰家一九六九軒、川堤破損一万三三九八間（約二三・一km）、潮堤破損二万二二六六間（約四〇・一km）、池堤破損五三九間（約九七〇m）、当荒水入潮入八四二七町余、死人一人、であった。八月の場合、大雨は二九日と晦日の二日間にわたり、大川の水位は常水より一丈七尺余（約五・一m）高く、七月の洪水よりも二尺程（約六〇cm）高かった。このため城内にも水が入り、士屋敷・町屋にも床上まで浸水するものが多く出た〔留〕〔日次〕。

九月二三日、物成不足から年末の財政不如意《ふにょい》が見込まれるため、草加《くさか》次郎左衛門が京大坂での借銀才覚御用に遣わされている〔留〕。この時には諸国も被害が大きく米価が高騰した。藩では困窮者を救済するために、城郭破損修復のための赤土を採取・輸送する事業を起こし、一七日間で九六一九人に日用米を銀にして七貫五四五匁二分支給した〔留〕。この年の年貢収納は前後の年と比べて落ち込んでおり、三ツ五分余にとどまった【表14】。一〇月二一日、在方での毛見《けみ》の結果を受けて、綱政の判断を仰ぐために大組組頭《おおくみくみがしら》の尾関《おぜき》弥五左衛門が江戸に遣わされた〔留〕。

一一月七日、「当暮れの家中物成は免の通り遣わす」との綱政の「御意」が頭分《かしら》の者に伝えられた〔日次〕。実際に年貢収納が減っているにもかかわらず、家中の困窮を考えると、上方で借銀をしてでも家中物成の免をそのまま遣わすというのだ。

これを受けて尾関は九日に江戸を立ち、二八日に岡山に着く〔留〕。その内容が家老たちに伝えられ、家中に触れられた。家中物成のような重要問題の最終判断は、在江戸中でも綱政が行っていることを確認しておきたい。それにしてもこの時期の家中への物成渡しは毎年のように高下している。藩の財政と家中の顔色を窺いながら、綱政はぎりぎりの選択を迫られていた。

4　津田永忠の隠退

郡代の交替

元禄一六年（一七〇三）一二月一一日、津田佐源太（永忠）は御前において、郡方その他諸御用御免、知行五〇〇石加増都合一五〇〇石として、閑谷で休息するようにと仰せ付けられた。ただし、和意谷・閑谷・社倉米については今まで通り務めるようにとのことであった〔留〕。同月一五日、津田に対して先の三品に加えて井田《せいでん》のこともこれまで通り勤めるよう仰せ付けられた。この四品は寛文一二年（一六七二）に光政によって津田が専念するよう命じられた事案であった。

先の一一日には、上坂蔵人《くろうど》が当分の間郡方に加わるよう命じられている。上坂は外記から改名、知行一五〇〇石で元禄二年から小仕置を務めている。同日、大横目《おおよこめ》の藤岡勘右衛門と船奉行の水野作右衛門に郡方御用が命じられ、先年津田・服部が勤めた通りにするよう仰せ付けられた。いわゆる郡代役の後任である。この両人は前年の三月四日に、津田が勤めている郡方御用を見習うよう命じられていたから、既にこの時には津田が隠退することは決まっていたのだろう〔留〕。同日、丹羽次大夫は番頭を仰せ付けられ、津田が請け負ってきた諸用のうち、用銀・借銀・催合《もあい》銀のこと、勘定方役人・家中簡略人請込役人の支配、売買物現銀座、新田方、など七つの業務を引き継ぐよう命じられている〔留〕。つまり、津田の職務のうち郡方は藤岡・水野に、勘定方は丹羽に分担して引き継がれることになったのだ。あわせて尾関弥次右衛門が普請奉行に任じられ、下奉行五人も付けられている。「後園用諸式上〆《しま》り」は判《はん》形《ぎょう》の浅野瀬兵衛に仰せ付けられた〔留〕。これより先に郡奉行の任命と郡割りの変更が一斉に行われており、のちに郡奉行経験者のうちから安田孫七郎と岩田十大夫が郡方組頭として丹羽の下に付けられた〔留〕。

こうしてみると、津田が一人でいかに多くの御用を請け負っていたかが分かる。それは、権限の集中や職務責任の曖昧化をもたらしていたに違いない。津田の隠退を機に、大幅な人事異動が行われ、職務の分散・明確化が計られた。綱政が本来目指していたシステムに基づく仕置の姿への復帰と言える。津田の隠退は間違いなく一つの時代の終わりを意味していた。

津田永忠の実績

引き継ぎにあたって津田は一冊の帳面を提出している。(31) そこには津田がこれまで行ってきた事業の実績がまとめられているのだが、その概要を整理しておこう。

①年々社倉米をもって取り立てた新田高物成
…惣畝数二四二二町一反六畝一四歩半、高四万三七一九石七升
物成一万五五三四石三斗九升六合

②郡方請込米七六〇〇石・郡方請込家中役米による郡々開《ひらき》畝高物成
…惣畝数九一二町六反三畝二七歩、高七二三九石五斗一合
物成二九七〇石八斗一升四合
③郡方請込米・社倉米より出る分…惣銀合一万五三九貫一四〇匁三分(32)
…三九〇八貫二四一匁　新田物成の内に年々貯め置く分
五二八五貫一三一匁　後園・福山検地など御城御用品々に出る分
一三四五貫七六八匁三分　年々表方御銀奉行へ渡る分
④元禄一六年末　郡方有銀　一七一四貫一七四匁一分
社倉方有銀　七八六貫五四四匁七分
⑤開方物成の内をもって飼い置く御馬数、家中へ渡す馬扶持
…御郡方御馬　六〇疋
御郡方より渡す家中馬大豆　一三六疋分
⑥郡方請込米の内をもって造る御郡方御船数　一七艘
⑦承応三年〜寛文一二年まで一九か年の平シ免　三ツ六分八厘一毛七四
延宝元年〜天和元年まで九か年の平シ免　三ツ六分一厘八毛〇七
天和二年〜元禄一六年まで二二か年の平シ免　三ツ八分七厘三毛五四一
…津田が郡代を務めた二二か年は光政後半期の一九か年に比べて

四万八二七八石九斗三升八合、銀ニ〆二三二四貫九三二匁五分の増収

綱政前期の九か年に比べて

一一万九八〇八石七斗、銀ニ〆五七六九貫五三七匁七分の増収

⑧延宝二年〜天和元年まで八か年の内村々絶人《たえにん》数が、家数一〇五三軒・人数五〇三一人

…津田が郡代を務めた天和二年以降は絶人は一人も出ていない

⑨元禄六年〜同一六年まで一〇か年の内に借銀を返済した家中士　一四二人

…返済した借銀高合一一三九貫六〇〇目余

津田が郡代に就任して以降の平均作柄が、それ以前よりもよかったことは確かである。平均した平シ免は、かつて「七年簡略」を実施したときに目安とされた「三ツ八分」を超えているし(⑦)、村々から絶人《たえにん》(没落して跡の絶えた者)は一人も出なかったという(⑧)。津田が簡略奉行を務めていた間には、一四二人の家中士《さむらい》が借銀を完済した(⑨)。加えて、津田が手元で運用した郡方請込米・社倉米の利息などが表方をはじめとした藩財政の諸用に投入された。その結果、新田開発、後園の造営、曹源寺の創建などさまざまな新規事業が可能となり、藩財政全体の安定化にも寄与した(①②③)。知足院火消し番役や福山検地などの勤役もなんとか勤めることができた。ほかに、郡方の御馬六〇疋・御船一七艘も常備されるようになった(⑤⑥)。郡方請込米も社倉米も当初からすれば減少したが、それでも現在の有銀は合わせて二五〇〇貫目余もある(④)。こうした実績を津田は隠退にあたってまとめておいた。誇らしげな気持ちであったろう。

元禄一七年三月四日、津田は学校・御廟奉行《ごびょうぶぎょう》である市浦清七郎を通じて一通の願書を評定に提出した(33)〔奉〕。昨年隠退にあたって下された一五〇〇石の知行と家屋敷を返上し、替わりに閑谷学問所に付け置かれている閑谷新田村地高二七〇石余を拝領し、閑谷に居住して閑谷学校の御用を勤めたいというのだ。閑谷新田村の領主になって閑谷学校を守りたいというのである。この願いが綱政によって認められたことが、同月二一日に津田に伝えられた。その際、「閑谷については美麗にしないこと。新規の事業は伺った上で申し付けること。作事・普請・石土手など現在仕懸かりのものはそのまま行うこと」が仰せ付けられている〔奉〕。なお、翌宝永元年(一七〇四)三月二一日に津田佐源太の嗣子重助に知行七〇〇石が、三男の小源太に知行三〇〇石が宛行《あてが》われた〔留〕。

荻原重秀による評価

この帳面の末尾に津田が興味深いエピソードを記しているので紹介しておこう。

元禄一六年四月六日の朝、津田は岡山城下中ノ町の柳屋に宿泊していた幕府勘定奉行荻原重秀《おぎわらしげひで》を見舞に出掛けている。荻原は若年寄の稲垣重富《いながきしげとみ》とともに長崎巡察に出掛ける途中であった。この時荻原は津田に対して、「御国は郡方の諸事が手厚くなされていると皆が褒めている。稲垣もこれはすべて津田の手柄だと聞いていると申されていた」と述べた。この日、津田は荻原からは在方《ざいかた》仕置《しおき》の方法について尋ねられ、それに対して、「何とぞ国に五穀が多く出来るようにと伊予守《いよのかみ》(綱政)から毎度申し付けられているので、日損の所は水懸りがよくなるように普請をし、水損所には水抜きの溝を掘り、また新田を年々に申し付け、古地の百姓を新田に出すようにして、その跡の百姓の家内の口数が減って渡世しやすいようにし、とにかく百姓共には耕作に情を出し、朝も早くから耕し、晩も遅くに仕廻《しま》うように申し付けている。また小百姓どもまで家内の始末、倹約に心掛け、食べ物も何とか喰い延ばすようにと常々申し付けている」と答えた。それを聞いて荻原は、「御尤も至極なこと。幕府の代官衆でもなかなかそのように手が廻ることではない」と感心したという。

同年五月十四日、長崎からの帰途にも荻原から呼び出しがあり、牛窓《うしまど》で再び対面した。荻原は、「今度中国西国の各地でさまざまに馳走を受けたが、備前のような結構な馳走ぶりはどこにもなかった。備前の馳走は、家中の者がだれも不自由することなく、しかも上を重んじるなされようで、まさに実躰《じってい》なる馳走だと感服した。これは急に仰せ付けたことではなくて、常々の仰せ付けられようを末々までがよく合点して呑み込んで心服しているからだと、稲垣とも話し合ったことだ」と褒めたという。「今後とも伊予守とも懇意に存じ奉る」という言葉を掛けられ、津田も満足している。

荻原重秀と言えば、綱吉《つなよし》政治を支えた敏腕の勘定奉行だ(34)。彼から直々に言葉を掛けられて褒められたのは、津田にとっては誇らしい出来事であったに違いない。だからそれを退任にあたっての覚書にわざわざ書き付けたのだ。ただし毀誉褒貶がはげしい点でも二人は似ている。

第六章　残された日々

1　災害と藩財政

安定しない在方支配

元禄一六年（一七〇三）一一月一〇日、当年は豊作という理由で、家中物成《かちゅうものなり》「三歩増し」（三％増）が仰せ付けられた〔留〕。同月二三日、関東地方で大地震が起きる。元禄関東大地震だ。江戸では地震直後に大火事が発生、多くの武家屋敷や町屋《まちや》が焼けた(1)。このとき綱政は岡山に帰国していた。翌宝永元年（一七〇四）三月晦日、綱政は岡山を出船し、四月一八日に江戸に着く〔履〕。上屋敷・向屋敷が焼け、大崎の下屋敷も被災したため、その再建に追われた〔留〕。綱政が在江戸中であった宝永元年一〇月二一日、西村孫三郎ら五人が仮代官に、安田市左衛門ら三人が加代官に任命されている〔留〕。

翌宝永二年も郡方の人事異動が続く。まず正月一六日に普請奉行《ふしんぶぎょう》二〇人が、ついで同月二三日には三二人の代官がそれぞれ任命され、郡割りが申し付けられた〔留〕。同年四月一五日、綱政は岡山に帰国する〔履歴〕。七月三日、郡奉行《こおりぶぎょう》の郡割りの変更が仰せ付けられる〔留〕。このとき任命された一二人の郡奉行は、新任三人、留任九人であったが、留任のうち担当郡が変わらなかったのは二人だけ。つまり、一二郡のうち一〇郡で担当する郡奉行が替えられた。こうした郡方人事の手直しは、津田佐源太（永忠）の隠退以降、郡方支配が落ち着かなかった状況を反映しているのではないだろうか。

七月二一日、評定《ひょうじょう》の式日《しきび》が、五日、一〇日、一四日、一九日、二三日、二八日の六日に決められる。それまでの評定式日は月に三日で、合間に内々で内寄合《うちよりあい》が行われることもあったが、これからは内寄合の日程も正式の式日に組み込まれることになった。さらに、六日の式日以外に公事《くじ》（裁判）や緊急の御用があるときには、仕置家老《しおきがろう》や用人たちが郡会所《ぐんかいしょ》に寄り合い、対談することも命じられている。また郡会所に郡代・郡奉行・その他郡方役人が寄り合うときには、大横目《おおよこめ》も立ち合うこととなった〔留〕。こうしたことも津田隠退の影響と思われ、重役たちの集団評議による慎重かつ臨機応変の藩運営が目指されることになったのだ。もちろん評定での結論は翌日綱政に報告され、綱政が最終的に決定した。

九月一二日、家中知行取《ちぎょうどり》についてはこの秋の物成のうち二歩（二％）を御蔵納めとすることが申し渡された〔留〕。ただし、暮には銀子で銘々へ遣わすとあるから、家中物成の免《めん》を下げたわけではなかった。大坂蔵元《くらもと》との良好な関係を維持するために、大坂廻米《かいまい》を確保しようとしたのかもしれない。

一一月一五日、近年は家中の者どもの勝手向きがことのほか差し詰まり、抱え置く人馬も次第に減って、難儀のように窺えるとして、諸事倹約に努めるよう、番頭から組頭中に命じさせた〔留〕。

翌一六日には、郡代・郡奉行・郡目付を御前に集めて、いずれも役儀が「間遠《まどお》」になって下々にまで行き届いていないと批判し、「主意」を心得て万事申し付けるようにと、綱政が直々に命じた。とりわけ「仁愛ヲ元ニして直道ヲ専ニ心懸」るよう指示している〔留〕。改めて民への「仁政《じんせい》」の心構えを諭したのだ。

次いで一八日には、郡代の水野作右衛門が番頭に仰せ付けられ、替わりに小姓弓頭《ゆみがしら》の小堀彦左衛門が郡代に任じられた。嗣子時代の綱政に仕えていた小堀半弥である。同じく郡代の藤岡勘右衛門は二〇〇石加増されて都合五〇〇石となり、小堀と申し合わせて務めるよう仰せ付けられている〔留〕。一六日の教諭を踏まえた人事であった。

年が明けて宝永三年正月六日、代官四人を交替させ、改めて郡割りを行った。同月二六日、仕置家老の日置《ひき》猪右衛門（忠明《ただあき》）が隠居し、翌二七日に子の左門（忠昌《ただまさ》）が仕置職となる。忠明は延宝五年（一六七七）以来三〇年近くにわたって仕置職として綱政政治を支えてきた。元禄八年（一六九五）に綱政と津田との間を取り持ったのも忠明であった。忠昌は元禄一六年（一七〇三）から仕置職見習いを勤めていた〔奉〕。同じ日に池田刑部《ぎょうぶ》が仕置家老となっている〔留〕。これによって元禄一〇年から仕置職を務める池田主殿《とのも》を含めて、仕置職三人体制になった。三人は二九日に改めて「誓紙《せいし》」を提出する〔日次〕。また、正月二六日には郡奉行四人について担当郡割りの変更も行われており〔留〕、前年末以来全体として人事を刷新・強化して難局に臨もうとする様子がうかがえる。

二月八日、藩学校で恒例の釈菜《せきさい》が執行され、綱政が臨席する。その後、窪田《くぼた》道和《どうわ》による「論語」の講釈を聴聞した〔国〕。三月二八日、綱政は参勤のため岡山を出発、四月一六日に江戸に着いた〔留〕。

江戸では嗣子の三左衛門（政須《まさもち》）が順調に育っていた。国許でも六月に長千代《ながちよ》（政純《まさずみ》）が生まれ、峯《みね》千代《ちよ》（継政《つぐまさ》）と合わせて三人の男子が揃った。ところが、綱政自身は夏にかけて「足痛」や「疝気《せんき》」（腰や下腹の内臓が痛む病気）のため体調を崩し、定例の登城や寺社参詣を取りやめることが続く。長寿院《ちょうじゅいん》

（妹の左阿子《さあこ》、中川久恒《ひさつね》室）が亡くなったときには「朦気《もうき》」になっている。落胆のあまり意識朦朧《もうろう》となったのだろう。しかし、一〇月からは綱吉《つなよし》らの柳沢《やなぎさわ》邸への御成《おなり》に能を演ずることが三回あり、綱吉から褒められたこともあって元気を取り戻す。

年が明けて宝永四年二月一六日、綱政七〇の賀が祝われた〔日次〕。

津田永忠死す

それより先の宝永四年二月五日、津田佐源太（永忠）が病死した。行年六八歳。綱政政治を多方面にわたって支えてきた津田も寄る年波には勝てず、四年前の元禄一六年一二月に郡代職を解かれ、閑谷《しずたに》・和意谷《わいだに》・社倉米《しゃそうまい》・井田《せいでん》についてはそのまま勤め、閑谷に住居して休息するよう仰せ付けられていた〔奉〕。津田の死によって、彼が最後まで持っていた職務を誰がどのように引き継ぐか。いずれも最初から津田が任されてきたものだけに、難しい問題であった。

三月九日、御廟《ごびょう》学校奉行の市浦清七郎が和意谷墓祭を執行し、そのついでに学校領の見分を行っている。九日は働《かせぎ》村名主宅、一〇日は友延《とものぶ》村名主宅にそれぞれ一宿し、一一日に岡山に帰った〔国〕。一〇日には、江戸の綱政の指示として、閑谷・社倉米銀の管理が小仕置服部図書《ずしょ》・大目付南条八郎に命じられ、閑谷学校の諸事は郡代の藤岡勘右衛門・小堀彦左衛門に命じられた〔留〕。服部図書は、与三右衛門が改名したもの。

四月二八日に江戸を出発した綱政が、五月一五日に岡山に帰る〔履歴〕。

六月六日「閑谷学問所并和意谷御山支配」および「和意谷御用之儀」が市浦清七郎に命じられ、同日、「閑谷地方山林支配」は郡代の藤岡と小堀に、「閑谷納米金銀支配」は小仕置の服部と大目付南条にそれぞれ仰せ付けられた。このときには閑谷の教学と和意谷の墓祭だけが切り離されて市浦に付属させられたが、同月一五日には郡代や小仕置らに任された権限も市浦の管轄となり〔留〕、閑谷・和意谷にかかわる諸事が彼のもとに集約されることになった。つまり津田が最初から持っていた学校関係の権限のすべてが御廟学校奉行である市浦によって受け継がれることになったのだが、その過程では綱政の判断に「揺れ」のあったことがうかがえる。これは綱政自身の「揺れ」というよりは、家中の意見に配慮した結果なのかもしれない。

六月二五日、市浦清七郎は改めて和意谷・閑谷の見分に出掛け、二八日岡山に帰った〔国〕。七月一六日、藩主や仕置家老に伺うに及ばないような問題で「一心に決めがたい」場合に「目付」などに相談したいと市浦が願い出た。綱政は、服部図書か南条八郎に「内談《ないだん》」するよう指示している〔留〕。二人は近習衆のなかでも綱政の信任が篤い側近である。市浦も家中の動向に配慮しているのかもしれない。九月二五日、市浦は御前に召し出され、御懇《ねんご》ろの「御意」の上、知行五〇石を加増され都合二五〇石を宛行《あてが》われた〔留〕。

相継ぐ災害と御手伝普請

このしばらく前、八月一九日と九月一二日の二度にわたって備前《びぜん》・備中《びっちゅう》地域は台風の直撃を受ける。幕府に報告した八月一九日の被害状況は、川筋堤・池堤破損二万六三六〇間余（約四七・四㎞）、潮堤・塩浜堤破損二万六二九〇間（約四七・三㎞）、田畑当荒《とうあれ》水潮砂入四一三六町六反余、潰家《つぶれや》・流家《ながれや》二九四三軒、死人七人、などであった。また、天守北の方の鯱《しゃちほこ》が少し折れ損じ、二重目の南の方の鯱も折れた〔留〕。次いで九月一二日の場合は、川筋堤破損一万二五五間余（約一八・五㎞）、潮堤・塩浜堤破損二四〇五間余（約四・三㎞）、田畑水砂潮入当荒一二九六町九反余、潰家・流家七三軒、などであった〔留〕。

さらに一〇月四日には南海トラフを震源とする宝永地震が発生し、藩領域でも津波に襲われた沿岸部を中心に「在々損毛《そんもう》所々破損」が多く出た(2)。この年の普請方入用夫役は三三万四九二人二歩で、そのうちの一四万二六一九人一歩は大風洪水地震による破損の修復入用であった〔留〕。例年のほぼ二倍の夫役が投入されたわけだ。

あいつぐ災害により年貢収納の減少が見込まれるなか、一〇月二三日には「札遣停止《ふだづかいちょうじ》」の触《ふれ》が江戸より届く。幕府による「藩札《はんさつ》禁止令」である。岡山藩では延宝七年（一六七九）二月以来藩札の運用が行われていた。藩ではその運用停止を領内に触れるとともに、家中を含めて領内に出回っている藩札の量を調査し、両替のための正銀の準備に追われる。経済が混乱するなか、一二月一二日には藩札の使用と両替の停止が触れられた〔留〕。

それより先の一二月朔日、綱政は重職たちを集めて、「打ち続く災害や銀札停止のため、本来ならば家中への物成・切米《きりまい》ともに削減すべきところ、格別の趣意によって通常どおりに支給し、その分は上方からの借銀などによってまかなうから、いよいよ奉公に励むように」と申し渡した〔留〕。藩財政の厳しい折柄、家中に配慮した選択であった。

一二月二四日、郡奉行が一郡一人の体制から、二郡を二人が相役で勤める体制に変更される。同日には「町方頭名主」（町年寄）六人が解任されている。さらに二九日には代官九人が解任となり、後任の指

【表16】宝永1年〜正徳5年（1704〜15）物成・直高に対する免

年度		物成(石)	直高に対する免
宝永1年	1704	203,741.664	0.4065
宝永2年	1705	197,744.248	0.3976
宝永3年	1706	205,053.206	0.4092
宝永4年	1707	192,956.341	0.3889
宝永5年	1708	206,032.144	0.4111
宝永6年	1709	201,132.337	0.4074
宝永7年	1710	189,215.263	0.3849
正徳1年	1711	171,459.711	0.3546
正徳2年	1712	184,346.522	0.3733
正徳3年	1713	193,512.739	0.3918
正徳4年	1714	184,058.827	0.3720
正徳5年	1715	180,772.096	0.3660

註）各年度「留帳」の郡別の数値から計算して作成.

名記事は見られないから計二三人、再びほぼ通常の人数に復した〔留〕。

なお【表16】に宝永・正徳年間の年貢収納高を示しておいた。宝永元年から三年までの直高に対する免はほぼ四ツであったが、宝永四年は前年に比べて六%ほどの減収であったことがみえる。ただし三ツ八歩は何とか維持している。

翌宝永五年閏正月七日、前年の富士山宝永噴火による被害復旧のため、諸国に「国役金」賦課が命じられた。二日後の九日には、岡山藩などに「相州《そうしゅう》川筋砂除川浚《すなよけかわさら》え」の御手伝《おてつだい》普請が命じられる。(3) 普請は町人請負《うけおい》の形で行われたが、岡山藩では惣奉行に家老の日置隼人《はやと》（忠昌、左門を改名）を任じ、監督の諸役人を派遣して六月中には工事を終了している。

相州川浚えの諸役人が岡山を出発したのちの二月一九日、「御手伝御用」のため大分「御物入」であるので、「御家中御役米《やくまい》」を「表方《おもてかた》」納めにしてはどうかという提案が郡代からなされた〔留〕。「家中役米」というのは、家中へ支給する物成のうちから所々普請のための「役米」（普請役に動員される百姓への給米）をあらかじめ郡方に取り置くもの。それを「表方」（藩運営のための基本財政）に振り替えようという提案だ。必要な「役米」のための支出は「郡方」財政のうちで賄うことにして、藩の急用の支出に協力したいという提案であった。綱政はこれを承認する。同日、昨年の災害からの復旧のため普請所が多いということで、当面四人の普請奉行の増員が行われた。その後、三月二七日に綱政は岡山を出発し、四月一五日に江戸に参勤した〔留〕。

六月一九日、諸役人が評定所に集められ、ますます諸事倹約に努めるよう家老の池田主殿より申し渡された〔留〕。その三日後の六月二二日、備前・備中地域は前年に続いて台風による被害を受ける。岡山町方の被害は、潰家一二軒・死人一人、在方の被害は、大川堤切口四三か所・長さ一四六六間（約二・六km）、小川堤切口四一三一か所・長さ一万八七〇三間（約三三・七km）、潮堤切口四か所・長さ一九間（約三四m）、潰家・流家九九軒、寺社方潰家二軒、死人二人、であった〔留〕。昨年に比べて被害は大きくないが、普請所はさらに増加した。結局この年の普請入用夫役は四九万三四九六人五歩、その入用は米一七二三石七斗三升七合、麦七一五九石三斗七升、銀三二貫四七一匁八分にのぼった〔留〕。平年の三倍を超える量になった。

「二ツ成」の実施

七月二一日、綱政は江戸留守居《るすい》吉崎甚兵衛を通じて口上書《こうじょうしょ》を老中秋元喬知《あきもとたかとも》に提出した〔留〕。「去年八、九月の大風雨の節、同十月地震高潮、さらには札遣停止によって勝手が廻らなくなっている。借銀もかさむ一方なので、家中から免を借りて簡略を実施したい」、と願い出たのだ。この届け出は八月二八日に「勝手《かって》次第《しだい》」と許可される〔留〕。

九月一〇日、番方・役方の重職諸役人が評定所に集められ、仕置家老・小仕置が同席するなか、綱政の下知《げち》として、当年は「二ツ成」の簡略を行うことが申し渡された〔留〕。近年は「三ツ成」（直高の三割が給与される）が常態化していたが、それをさらに一ツ減らして「二ツ成」にするというのだ。別に、切米取は一五俵以下の一割二分から一〇〇俵以上の三割三分まで七段階に分けて上げ米を行うことを命じ、一〇〇俵以上が知行取と同じく従来の三分の一の減額になるとされた〔留〕。この簡略は幕府の許可を受けて行うものであることも念押しされている。「二ツ成」は一〇年ほど前にも噂されたが見送られていた。それを遂に実施することにしたのだ。「二ツ成」であれば、実際の「平《なら》シ物成」が三ツ八歩あったとしても、その半分近くが召し上げられるということだ。まさに藩財政はどん詰まりであった。

九月二一日、改めて番方・役方の重職諸役人が評定所に集められ、簡略にともない倹約に努めるべき「条々」が申し渡された。読み上げたのは市浦清七郎である〔留〕。

藩の苦境に追い打ちを掛けるように、一一月二二日に士屋敷から出火して城下の一〇七五軒が焼失する。内訳は、士屋敷一一五軒、寺社五軒、町家三七二軒、借家五七四軒、百姓家九軒であった〔留〕。

2　学校をめぐる第二の「危機」

「簡略仕法」のなかの学校運営

綱政藩主時代に藩学校・閑谷学校の存続をめぐる「危機」が二度あった。一回目は延宝三年（一六七五）のことで、この時は二〇〇〇石あった学校料を五〇〇石に減少させて存続させることになった。そして第二の「危機」が宝永六年（一七〇九）に起きる。以下それについて検討しておこう(4)。

宝永五年九月に「二ツ成」が命じられると、学校でもそれに合わせた対応が行われる。当時の学校領は五〇〇石。扱いは知行取と同じだから、大幅な減収となる。

九月二〇日、市浦清七郎は校内の面々を集め、今回の「簡略」はいつもの「簡略」とは異なるとして、諸事倹約に努めるように申し渡した〔国学〕。翌二一日に市浦自身が読み上げた倹約のための「条々」を学校内にも触れる。さらに一〇月朔日には、学校独自の「簡略条々」を市浦が申し渡している〔国学〕。この二日前の一九日には、「諸生読書」が梅舎《ばいしゃ》一舎に限られることが触れられていたが〔国学〕、それに合わせて「読書の師」が解雇された。あわせてこの「条々」では、暖房・照明の費用や儀式・寄合の振舞を細かく省略することで経費削減が目指された。

一二月一五日、学校・閑谷ともに「簡略」によって「下役人」が減少しているので、毎月の参校日を六日ほどにするのがよいという綱政の指示が伝えられる〔国学〕。この年の参校諸生は八六人。増加傾向にあった生徒数は、この年、翌年と減少する(5)。

翌宝永六年正月一七日、諸生の参校が始まり、今後参校日を二・七・一二・一七・二二・二七日の六日間にすることが市浦から触れられた。合わせて手習い「清書」も学校では二の日だけ行い、七の日は宿から持参することになった〔国学〕。「簡略」に合わせた措置である。

それより先、正月一〇日に将軍綱吉が他界した。それにともなって一八日に「家中堅ク穏便」が仰せ付けられ、参校もしばらく停止となる。定例の春の釈菜も「仲秋《ちゅうしゅう》」(八月)まで延期となった〔国学〕。

三月二五日、「学校御用銀不足」のため二年前より城下の郡屋《こおりや》十左衛門から借用していた銀三貫一一六匁を利子も含めて返済した。「簡略」の目的の一つが倹約によって家中借銀を返済することであったから、市浦としてはそれをいち早く実行したわけである。この費用には「閑谷御金」三五両と「学校領御林藪代《やぶだい》」のうち銀一貫五八四匁五分が当てられた〔国学〕。閑谷領は一般の給地より優遇されている面もあったから、(6)津田永忠の管理下で備蓄金が生まれていたのだろう。学校・閑谷・和意谷はそれぞれ別個の領地を持っていたが、実際には御廟学校奉行の管理の下で一体的に運用されていた。(7)

学校縮小の「危機」　江戸では、将軍職を継いだ徳川家宣《いえのぶ》によって綱吉政治の修正が始まっていた。正月一七日には宝永大銭の通用が停止され、翌一八日には「生類憐れみ」政策の一環であった馬の「首毛《くびけ》ふり」〔馬のたてがみを飾ること〕を禁止する触が撤回された。綱吉の葬送は正月二七日に行われ、綱政は二月二日に他の大名とともに法事に参拝している〔日次〕。そののちたびたびあった登城の機会にも綱政は「不快」を理由に出仕せず、漸く登城して新将軍に御目見得《おめみえ》したのは、三月一九日のことであった〔日次〕。

四月一二日、嗣子政須《まさもち》の「鎧召初《よろいめしぞめ》」の儀式が賑々《にぎにぎ》しく行われ、一八日にはこの年初めての能を興行。次いで二三日には帰国のため江戸を出立する。綱政が岡山に帰り着いたのは五月六日のことであった〔留〕〔日次〕。

七月七日、先月亡くなった池田左兵衛に代わって水野作右衛門が小仕置に任じられる。同じ小仕置の服部図書は三〇〇石加増された〔日次〕。

八月朔日、市浦清七郎が仲秋まで延期となっていた学校釈菜を執行すべきかどうかを仕置家老に問い合わせた。もはや執行には及ばないという返答であった。孔子《こうし》を祀る釈菜は、春は学校で、秋は閑谷で行うのが慣例であった。八月七日、市浦は岡山を発って閑谷に向かい、九日に定例の閑谷での釈菜を執行、一一日に岡山に帰った〔留〕。

ところが八月一九日、郡代の藤岡勘右衛門・小堀彦左衛門と学校奉行の市浦清七郎・八田弥惣右衛門が評定所へ呼び出され、仕置家老の池田刑部から、和意谷・閑谷は郡方の支配とし、墓祭と釈菜については市浦清七郎が執り行うように、と申し渡された〔留〕。そのほか、閑谷に納められていた光政の道具や書物は岡山の学校に移し、講堂・大成殿《たいせいでん》・芳烈祠《ほうれつし》はそのまま、それ以外の建物は取り崩すよう命じられた。また閑谷役人は番人一人を残して、あとは郡方の職務を割り当てるよう指示されている。このままに行われたならば、閑谷の教育機能はなくなってしまうだろう。二六日には、学校に預けられていた閑谷の騎馬一疋が郡方に引き渡された〔留〕。

さらにこれに追い打ちを掛けるように、同月二八日には、学校の桃舎《とうしゃ》・梧舎《ごしゃ》・橘舎《きつしゃ》・杉舎《さんしゃ》・槐舎《かいしゃ》を取り崩すよう命じる綱政の「御意」が池田刑部から市浦・八田に申し渡された〔国学〕。当時学校には一〇棟の学舎があったが、それが半分に減ることになる。このままでは閑谷に続いて学校の教育機能も大きく失われるだろう。九月三日には柳舎《りゅうしゃ》を学房に取り繕い、学房の面々を当分は松舎《しょうしゃ》に移すことになる。まさに「危機」であった。

翌四日、市浦は閑谷を郡代に引き渡すために現地に赴き、六日に岡山に帰った〔留〕。

ところが九月八日になって、閑谷の建物を取り崩せという「御意」が撤回され、元のままに差し置くよう仰せ付けられた。あわせて学校の柳舎を学房に取り繕う件も当面中止するよう指示された。さらに一四日になると、先日取り崩しが命じられた学校五舎についても、以前のとおりそのまま置くようにという「御意」が仰せ付けられる。一〇月二三日、杉舎の学房も以前のままに存続されることになったため、この日かつての面々が元の学房に移った。そして同月晦日に閑谷・和意谷の支配が以前のとおり市浦清七郎に仰せ付けられた〔留〕。こうして学校・閑谷の縮小案は全面撤回となった。

　学校・閑谷縮小案を綱政に思いとどまらせたのは、御廟学校奉行市浦清七郎の力であったと言われている(8)。

市浦清七郎「芳烈祠堂記」

市浦清七郎、諱《いみな》は惟直《これなお》、字《あざな》は季清、毅斎《きさい》と号した。明暦二年（一六五六）、江戸で光政に召し抱えられ、京都の三宅道乙《みやけどういつ》・可三《かさん》父子について学問するよう命じられる。三宅道乙は京都で活動する著名な朱子《しゅし》学《がく》者《しゃ》であった。市浦は一時暇《いとま》を遣わされたこともあったが、のちに再び召し出される。延宝元年（一六七三）御廟御用を命じられ、あい間には閑谷に出張して教育に当たるようになった。元禄元年（一六八八）学校御用、元禄一〇年からは留帳御用《とめちょうごよう》・評定所同席を命じられている。さらに元禄一三年には御廟学校奉行を仰せ付けられる(9)。宝永四年に津田佐源太が亡くなった後の活躍は、先に述べたとおりだ。以上の経歴からみても、光政・綱政父子の信任厚い家臣であったことがうかがえる。宝永六年当時は六八歳であった。

市浦清七郎が綱政に学校縮小を思いとどまらせたと記すのは篠岡謙道《ささおかけんどう》の「毅斎先生之行状」である(10)。そこに「愁訴一巻を書き、竊《ひそか》に君公に奉る。その言理明らかなること切にして、君心を感動す。終に前議を破りて、万事旧に依るなり」とある。

篠岡謙道は岡山藩士の笹岡次郎七郎のこと[11]。和意谷・閑谷が郡方支配となった宝永六年八月一九日に学校御用を仰せ付けられて市浦の下に着き、正徳二年（一七一二）に市浦が職を辞すと、岡助右衛門とともに御廟学校奉行となっている〔奉〕。つまり笹岡は第二の「危機」の最中から市浦の近くにあり、その跡を襲う人物である。その記すところはそれなりの信憑性を持っているだろう。しかし、そのことを藩の記録で確認することはできないし[12]、市浦が書いたという「愁訴一巻」の内容も伝わらない。

ところで先の笹岡が著した「行状」には、「嘗《かつ》て時の異論に丁《あた》りて、国学の舎を毀《こぼ》ち、閑校の外館を堕《やぶ》らんと欲する者あり。この議終《つい》に決し、君命已《すで》に下る」とある。ここから一連の経過は次のように理解できるだろう。まず、「時の異論」というのは綱政の施策に対する批判ということだ。当時家臣の収入を大幅に減額する「二ッ成」の厳しい「簡略」が実施されていたから、それに対する不満が家中にあったのだろう。それを理由に学校の縮小を提案する者があった。それが評定所で決定されたというのだから、かなり有力な家臣の意見だったのだろう。その決定に綱政も従うことにしたのだ。その直後に市浦の「愁訴」が行われ、それに「感動」した綱政は直ちに縮小の指示を撤回した。事態をこのように理解すれば、綱政の意志は撤回の場合に、より強く示されたといえる。綱政の考えは揺れていたが、少なくとも自分から学校縮小を望んで推進したとは言えないだろう。

市浦が書いた「芳烈祠堂記」[13]の追記部分に、この間の経緯について述べているところがある。それによれば、この年の五月二九日に閑谷学校にある鶴鳴門《かくめいもん》の屋根の西方の陶の鯱《しゃちほこ》が自然に落ちて砕け、八月二二日には東方の鯱も落ちて砕けた。災厄の予兆というべきか、警鐘というべきか。いずれにしても

「怪異」であった。縮小が決まった後の九月朔日の神事に献果しようとすると、光政を祀る櫃《ひつ》の戸が開かなかったという。光政の強い拒絶を示すのだろうか。さらに九月五日、郡代の藤岡勘右衛門・小堀彦左衛門と市浦が事務引き継ぎのために閑谷を訪れ、三人が大成殿と芳烈祠に参詣しようとすると、藤岡は急に痢病《りびょう》に罹り、小堀は服忌《ぶっき》があって堂内に入ることが出来なかった。市浦だけが入ることが出来て、香を焚き、いとまごいをした。郡奉行の村上藤介も烈しい痢病で来られなかったという。光政の「祟《たた》り」とでもいうのだろうか。

この後二、三日して閑谷・学校の縮小案は撤回になる。「愁訴」のことは書かれていない。市浦の書きぶりは、天の光政の怒りが綱政を翻意させたとでも言うようだ。

綱政「朦気」

一〇月一二日の事として「留帳」に次のような記事がある。この日御前に仕置家老・小仕置をはじめとした重臣たちを集めて、綱政が直接仰せ聞かせたのだ。

それによれば、このところ綱政の体調が思わしくなくて家臣たちが心配していた。「朦気《もうき》」とあるから、意識が朦朧《もうろう》として茫然自失《ぼうぜんじしつ》の状態だったのだろう。その原因は「此のたびの不仕合《ふしあわせ》」であった。具体的には、九月二九日に嫡男の政須《まさもち》が江戸で亡くなったこと。これが一〇月六日に岡山の綱政のもとに伝えられ、「朦気」になったのだ〔日次〕。

政須は元禄九年（一六九六）の生まれ、母は水原氏（後の栄光院《えいこういん》）(14)。時に綱政五九歳。やっと得られた嫡男《ちゃくなん》であった。それが一四歳で亡くなってしまったのだ。綱政はすでに七二歳になっていた。ただし、栄光院が生んだ男子には政須以外にも、八歳の主税助《ちからのすけ》（峯千代、継政）と四歳の長千代（政純）がいた。

続けて綱政は言う。「この不幸よりももっと重要な事がある。自分が大切に思っているのは、仕置の基本は末々《すえずえ》が困窮に陥らないようにするということだ。下の者が痛み難儀するのは自分の本意ではない。自分が身を詰めることはあっても、下方がくつろげるようにするのが本意なのだ。だから家老をはじめ重臣たちは、自分の志に違わないように努めて欲しい。たとえ自分がこれまでに申し付けたことであっても、この趣意に違うものがあれば、すぐに改めるように申し付けるべきだ」。こう諭したのだ。

ここで言われる「末」や「下」には、広く取れば領民も含まれるだろうが、当面綱政の念頭にあったのは家中の士のことだろう。「簡略」によって家中に難儀を強いているという気持ちが綱政の頭から離れることはなかったのだ。また、自分がかつて命じたことであっても、本来の自分の趣意に違うことは改めるべきだという言葉には、この二か月くらいの間に起きた学校縮小をめぐる「迷走」も意識されていたかもしれない。

一一月二三日、長千代の上下着初《かみしもきぞめ》が行われ、名を豊次郎と改めた。日柄も良いということで、兄の主税助も茂十郎と名を替えている。茂十郎の名を付けたのは天城屋敷《あまぎ》の槙村茂兵衛《まきむら》という百余歳になる者、豊次郎と付けたのは御台所御食焼《おだいどころめしたき》の与四郎という孫を多く持つ七〇余歳になる者であった。いずれも「目出度《めでた》き者」という理由で名付けを仰せ付けられたという〔日次〕。残された二人の男子の成長を祈ることで、綱政の「朦気」も次第に回復していったのだろう。

確かに藩学校・閑谷学校に対する綱政の態度には揺れや迷いが認められるが、厳しい「簡略」を実施せざるをえないような藩政の状況を考えれば、綱政の真意が学校縮小そのものにあったとは言えないのではないか。他方、宝永六年正月には五代将軍綱吉が没し、徳川家宣《いえのぶ》が新しい将軍となった。六月には綱吉の下で側用人《そばようにん》・大老格であった柳沢吉保《よしやす》が隠居する。幕府政治の流れが変わる。綱吉や柳沢と親しかった綱政としては、こうした状況に緊張を覚えたに違いない。綱政の揺れに、こうした幕府政治の動向が影響していたのかもしれない。

綱政の治世は、正徳四年（一七一四）一〇月のその死まで、あと数年は続く。その間に学校や閑谷学校をめぐって特別な動きはない。それより前の正徳二年二月、市浦は病気のため御廟学校奉行および和意谷・閑谷・留帳御用を辞し、同年九月に亡くなった〔奉〕。

3　綱政の最期

正徳期の藩政　宝永五年（一七〇八）・六年は物成《ものなり》も平年をやや上回る程度であったが、宝永七年以降は平年を下回る年が続く（【表16】）。それでも家中への物成渡しは「三ツ成」（三割給与）に戻されている。「二ツ成」は特別に例外的な措置であった。

宝永七年四月、将軍家宣は武家諸法度《ぶけしょはっと》を改定発布する。新井白石《あらいはくせき》が起草したもので、白石はこの頃しきりに綱吉政治や荻原重秀《おぎわらしげひで》の経済政策を批判する意見書を提出している。(15) この白石の意見に基づいて、いわゆる「正徳の治」が始まる。代替わりにともなう幕府巡見使《じゅんけんし》が諸国に派遣され、岡山藩では八月一五日・一六日と巡視が行われた〔履歴〕。これより前の八月九日に綱政は江戸に向けて岡山を出立している。江戸では家宣将軍宣下《しょうぐんせんげ》の祝儀が続くが、綱政は「痛所」があって欠席することも少なくなかった。ただし、一一月一八日と二三日の琉球《りゅうきゅう》国王使節の登城には正装して参加している〔日次〕。

翌宝永八年（四月二五日に正徳と改元）になると朝鮮通信使来聘《ちょうせんつうしんしらいへい》の準備が本格化する。今回は新井白石の提案に基づいて儀礼や接待の仕方が変更された。三月二九日、老中より使節一行は七、八月ころ来朝の予定であること、牛窓《うしまど》での饗応は帰帆時に行うこと、などを指示されている〔日次〕。

四月二五日江戸を出立した綱政は、五月一四日に岡山に着く。朝鮮通信使一行は予定より遅れ、九月一一日に牛窓に到着した。帰帆時に牛窓に着船したのは一二月二七日で、例年のように岡山藩による饗応が行われた。綱政は当初その饗応の場に臨席するつもりであったが、「足痛」のため牛窓行きを取りやめている(16)。

正徳二年（一七一二）三月一五日、今度の参勤に継政が同行し以後江戸居住となるため、改めて家臣の御目見得が行われ、番頭以下六七四人が参加した〔日次〕。綱政と継政が岡山を出立したのは四月六日。途中京都に立ち寄り、二人して一条家に挨拶している。綱政が頼りにしていた姉の輝子《てるこ》（一条大政所《いちじょうおおまんどころ》）に継政を引き合わせた。四月二四日、綱政が江戸に到着、継政は遅れて五月四日に到着し直に嗣子の住居である向屋敷に入った〔日次〕。

綱政が在江戸中の六月一二日と七月二日の二度にわたって、備前・備中は大雨風に襲われる〔留〕。六月一二日の被害は、大川堤破損一〇か所・一二五間（約二二五m）、潮堤破損一一か所・一七二間（約三一〇m）、用水悪水小川堤破損三七三か所・六七〇一間（約一二km）、池堤破損八四か所・四五七間（約八二三m)、田畑砂入一四町二反七畝・水入六七九町四反六畝、などであった。死人は女一人で、山崩れによると注記されている。(17) また七月二日の被害は、大川小川堤石垣破損一二二か所・三万二五四〇間(約五八・六km)、潮堤破損一〇〇か所・一三二四間(約二・四km)、用水悪水砂留堤破損一八二か所・四八三四間(約八・七km)、池堤破損九五一か所・六三〇〇間(約一一・三km)、田畑砂入一一六町四反七畝・潮入五町四反五畝二二歩・水入二五四五町一反二畝八歩、であった。町在の潰家は二一二五軒で、全体として六月よりも被害は大きかったが、幸いにも死人は一人もなかった。(18)

御手伝普請と「物成三歩減」

一〇月一四日、将軍家宣が亡くなった。一六日に綱政は増上寺《ぞうじょうじ》御霊屋《おたまや》の御手伝普請《おてつだいふしん》を命じられている。早速家老の伊木将監《いぎしょうげん》(忠義《ただよし》)を惣奉行に任命し、準備に取り掛かる。家宣の子の家継《いえつぐ》が将軍職を襲うことになり、一〇月二九日に綱政は誓紙《せいし》を提出した〔日次〕。

明けて正徳三年二月一五日、継政の将軍家継への御目見得が行われた。次いで八月一八日には継政と松平陸奥守吉村《まつだいらむつのかみよしむら》(仙台藩)の女和子《むすめかずこ》との婚約が幕府に認められる〔日次〕。

通信使接待や御手伝普請により支出が増加し、加えて江戸での祝儀・不祝儀が重なったことで勝手不《ふ》如意《によい》の状況が一段と進んだ。何らかの対応が必要であった。そのため再び家中へ「上げ米」が命じられることになり、九月二八日「御意」として、「多額の借銀を返済する目途が立たない。本来なら一ツか七歩、五歩も免を下げて物成渡ししたいところだが、家中の苦労を考えて、三歩減を四、五年続けることにしたい」と仰せ渡された〔留〕。

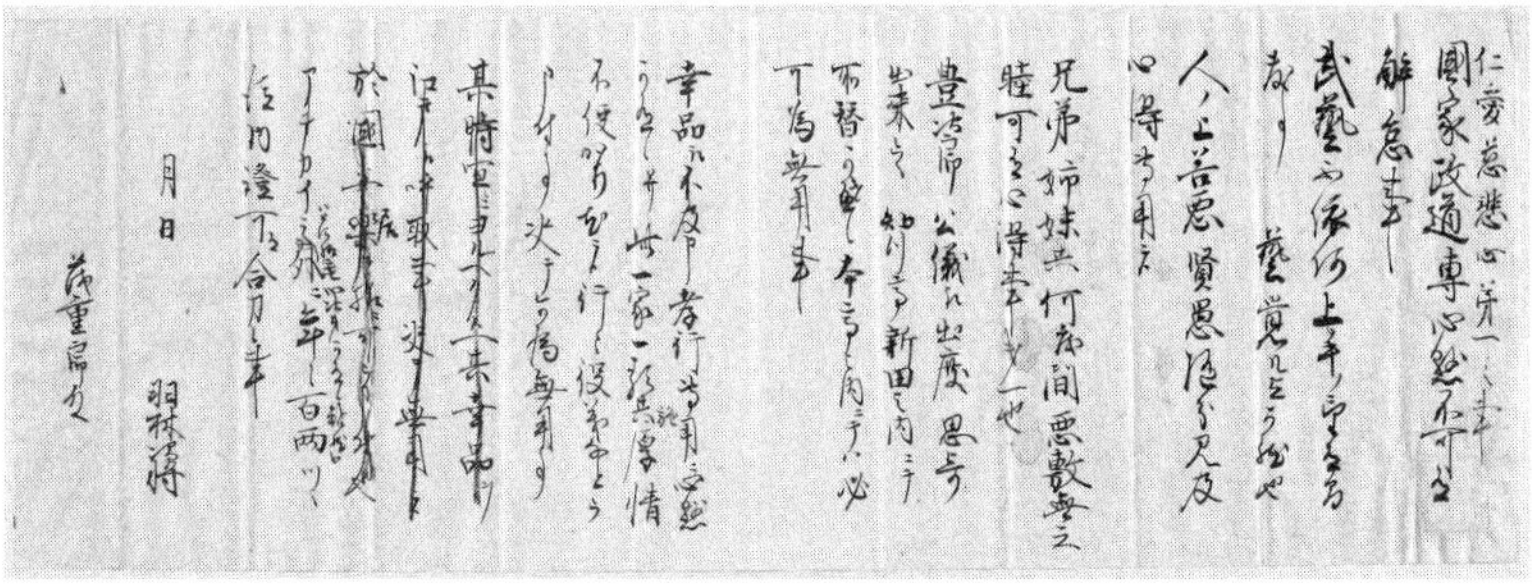

【図7】綱政遺言（「茂重郎へ書付控」，岡山大学附属図書館所蔵）

「一ッ減」だと数年前と同じ「二ッ成」となる。さすがにそれは避けたかったのだろう。切米取については九月晦日に、扶持に応じて一割九厘から一割六歩九厘までの減額が通知されている〔留〕。なお、この物成「三歩減」の措置は、綱政が亡くなった翌年の正徳五年に中止され、「三ッ成」に戻された〔留〕。藩主交替にともなう家中の混乱をさけるためであったのだろう。そのため、上方で新たな借銀を行わざるをえなくなっている〔留〕。

継政への遺言

綱政の跡を継いで岡山藩主となるのは継政である。継政は元禄一五年（一七〇二）八月一七日岡山に生まれている〔系〕。母は栄光院。幼名は峯千代。宝永元年（一七〇四）家臣の池田玄蕃《げんば》由勝《よしかつ》の遺跡三万石を相続して「老臣」に列した。当時は兄の政須が嗣子とされていたため、家老の家へ養子に出されたのだ。宝永六年九月、嗣子の政須が亡くなる。同七年七月、嗣子となって岡山城の西丸に移る。正徳二年（一七一二）五月、江戸《えど》向屋敷《むかいやしき》に移り、同三年二月、初めて将軍家継に御目見得している。このことは先にも述べた。嗣子となったのは九歳、江戸に出たのは一一歳のときであった。

継政に宛てた綱政自筆の「書付《かきつけ》」（ただし下書）が残っている。[19] 同封された他の書付には「宝永七年八月三日」の日付がある。八月九日まであれば綱政も岡山に居る〔履〕。いずれにしても、継政が嗣子とされた直後のものだろう。「書付」は全部で四通あるが、そのうちの一通が「遺言」とでもいうべきものだ[20]（【図7】）。


⑴仁愛慈悲心第一の事。

⑵国家政道専ら心懸け、懈怠《けたい》有るべからざる事。

⑶武芸何によらず上手ノ望み有るまじき事。芸覚えるは然るべきなり。

⑷人ノ上善悪賢愚随分見及び、心得専用ニ候。

⑸兄弟姉妹とも何《いず》れも間悪しく無く、睦まじく心得有るべき事第一なり。

⑹豊次郎　公儀え出したく思し寄り出来候はば、知行高新田内ニテ所替え遣わさるべく候。本高ノ内ニテハ必ず無用たるべき事。

⑺幸品《たかしな》え申すに及ばず孝行専用ニ心懸け有るべく候。并びにこの一家一類とも厚情を施し、不便《ふびん》が り尤に候。役儀などヲ申し付ける事決して無用たるべき事。

⑻宛行はいかさまニモ心次第有るべく候。然るといえども、外に年々百両ずつ内証より合力有るべく候事。


⑴条目⑵条目⑷条目は、藩主としての心構えの根本を説いたもの。綱政自身も常にそのことを心に置いていた。

⑶条目は、武芸はほどほどに嗜《たしな》むべきことを説いたもの。上手になることを望む必要はないが、芸はしっかり覚えるべきだという。

⑸条目は、兄弟姉妹の仲について。家族思いの綱政の心情がうかがえるが、こうした「家族愛」は実は綱政自身、父と母、祖母などから受け継いだものであった。

⑹条目の豊次郎は継政の弟。母は同じく栄光院。宝永三年六月に岡山に生まれた。後に継政に代わって池田由勝の家を継ぎ、政純《まさずみ》と名乗った。この弟を分家して将軍に仕えさせようという考えが起きたときには、本高のうちではなく新田高《しんでんだか》のうちから分知するようにと指示している。しかし、実際には分家はされなかった。政純は長じては和泉《いずみ》のちには出羽《でわ》を名乗り、家老として兄継政を支えたが、仕置職《しおきしょく》に就くことはなかった。

⑺条目は、母である幸品（栄光院）への孝行を説いたもの。ただし、幸品の一家一類に厚情を施すことは尤もだが、役に就けたりはしないように、と注意している。

⑻条目は幸品への宛行《あてがい》のこと。心次第でよいが、それとは別に年一〇〇両ずつを合力するよう指示している。

簡にして要を得た内容と言えるだろう。

もう一通は、自らの葬儀について記したもの(21)。

常に用い候白き服を着、脇に位官《いかん》之冠・袍《ほう》・指貫《さしぬき》・末広《すえひろ》などを入れ、体をあまりあつかわざる様に棺に納むべきなり。兼ねて申し付け候様に正覚谷《しょうかくだに》納むべきなり。

諸事禅法之儀式作法たるべし。

神方無用、尤廟へ入りまじきなり。位牌曹源寺《そうげんじ》に書き置かせ成すなり。

すでに曹源寺の正覚谷には綱政の廟が用意されていた。遺骸の装束や棺への納め方などを指示するとともに、正覚谷への埋葬を改めて指示している。葬儀はすべて禅宗の儀式・作法に基づき、「神方」は無用と念を押しているのが印象的だ。位牌は曹源寺に置き、御廟に神位を置かないように命じている。

残りの二通は幸品に関するもの。一通は幸品の葬儀について。(22) かねてから申し付けているように正覚谷に納めること。望みがあれば養林寺《ようりんじ》にも納めてよいが、諸事禅宗門の趣に従うこと、と指示している。養林寺は浄土宗《じょうどしゅう》であったためか、栄光院が養林寺で弔われた様子はうかがえない。

もう一通は、先の「遺言」にもあった幸品への宛行に関するもので、浅野《あさの》瀬兵衛に渡されている。(23) 一〇〇俵一〇人扶持を与えるとともに、不慮のときには正覚谷に葬るように指示している。

これらの「書付」を書いたとき、綱政は七三歳になっていた。

輝録の死

正徳三年（一七一三）一一月九日、綱政は江戸を発し、同月二六日に岡山に着いた〈留〉。前年幕府から文昭院殿《ぶんしょういん》（家宣）の御霊屋を増上寺に造営する御手伝いを命じられていたため、その完成まで綱政は江戸にとどまっていた。しかし、その間綱政の体調は思わしくなく、「不快」を理由に定例の登城や寺社参詣を取りやめることもしばしばであった〈日次〉。病名は分からないが、「御疝気腹中相」とか「御腰御痛」とかある。六・七月は「暑気」のため「不参」の記事も続いている。

それでも一一月には岡山に帰った。

綱政が岡山に着いた二六日、江戸では丹波守輝録《たんばのかみてるとし》（生坂分家《いくさかぶんけ》）が亡くなった。行年六五歳〔系〕。これで綱政の兄弟姉妹で存命なのは、姉の一条大政所輝子《いちじょうおおまんどころてるこ》のみとなった(24)。

綱政は帰国した翌日から連日後園に出掛けており、能の記事も多い。弟の服忌《ぶっき》のため神社の参詣は控えることになるが、「不快」の文字も見えない。後園での生活が綱政にとって最高の養生なのだろう。

一二月二三日、「物成三歩減」にともなう家中「簡略《かんりやく》」の触が出された。触の冒頭には「年々御物入り多く、御勝手御作廻成《さくまい》されがたきうえ、此のたび御手伝かたがた、いよいよ御作廻成されがたきにつき」とある。藩財政の困難は家中のよく知るところであった。触れの主な項目は、供や召使い女は減らす、寄合《よりあい》の料理は軽く、音信贈答祝儀《いんしんぞうとうしゅうぎ》は身内以外無用、衣類は法の通り、今後拝借は一切行わない、などであった〔留〕。これまでも「簡略」期間に取られてきた措置だが、このたびも改めて「簡略」の徹底が命じられた。

綱政死す

明けて正徳四年正月五日、この年最初の能が後園で行われる。そののち、例年と同じような頻度で開催され、家中の者や領民の拝見も同じように行われている〔日次〕。

正月一三日、輝録の名跡を養子の善太郎が継ぐことになり、江戸に出発する。これにあわせて、綱政は「政晴《まさはる》」という実名を与えた。善太郎は、綱政の次男である軌隆《のりたか》の長男で、宝永五年一〇月に輝録の養子となっていた〔系〕。

四月になると、継政が「腫気」があって便も「不利」という飛脚が江戸から届く〔履〕。綱政はまた嗣子を失うのではないかと心配になり、岡山の寺社に祈禱を命じる。幸い一か月ほどで継政の病状は快方に向かった。

ところが、八月初めから綱政自身の体調が思わしくなくなる。初めは「風気」であったが、ときにふらつくようになり、後園には出掛けるが能も見物だけという日が多くなる〔日次〕。それでも小康を得たため、九月九日には来月五日か六日には江戸に参勤すると決める。九月一三日には綱政養女の智子《ともこ》が一条兼香《いちじょうかねか》と結婚するため京都へ発った〔日次〕。智子はやはり軌隆の長女で、兼香は一条輝子の孫になる〔系〕。

一〇月朔日、後園で能が催された。一〇月六日、この日江戸へ発駕の予定であったが、綱政は体調が悪く「不食」のため、出発は延期となった。そののちも食の進まない日が続いたので、一一日に松尾養伯《まつのおようはく》が脈を見、翌日から養伯の薬を服することになる。しかし、薬効がなかったのか、一六日からは榎宗節《えのきそうせつ》が煎薬を調合する。そののち京都から三輪了哲《みわりようてつ》が招かれるが、その施薬も容態の改善には至らなかった。結局、一〇月二九日の暁七ツ半時（午前五時頃）綱政は亡くなる〔日次〕。七七歳であった。

第七章　綱政にとっての家族と芸能

1　綱政の家族

妻妾と子女

綱政は父光政《みつまさ》、母勝子《かつこ》（円盛院《えんじょういん》）の三番目の子として生まれた。上の二人は姉で、長女の奈阿子《なあこ》は本多忠平《ほんだただひら》に、次女の輝子《てるこ》は一条教輔《いちじょうのりすけ》にそれぞれ嫁いだ。下に異腹の弟が二人あり、それぞれ分家した。次男の政言《まさこと》は備中鴨方藩《びっちゅうかもがた》として「自立」したが、三男の輝録《てるとし》は内分分家のままで、幕府からは大名に準ずる扱いを受けた。ほかに成人した妹が四人いる(1)。綱政は兄弟姉妹とは親しく付き合っており、間柄は良好であったように見受けられる。とくに輝子と政言とは何かと相談をしており、頼りにしていたようだ。

父光政との関係についてはこれまでも触れてきたが、生涯を通じて綱政は父への尊敬の念を欠くことはなかった。母円盛院との関係はよく分からないが、祖母の天樹院《てんじゅいん》は綱政を大変に可愛がっており、綱政も母や祖母に対して孝養を尽くした。

綱政は「放埒《ほうらつ》な君主」だと評価される。池田家の「御系図」に見られる綱政の子女を整理して【表17】に示した〔系〕。「御系図」の編者も指摘するように、不審なものが一〇人ほどあり、実際の数は四〇人前後と思われるが、それ以外にも闇に隠れたものがあるだろう。「履歴略記」は五三人の子女をあ

縁組・婚姻など	没年・行年・戒名
	明暦3年6月2日，岡山に夭す(心空宗幻)
	万治元年9月13日，岡山に夭す(光岫稚電)
	万治3年7月25日，岡山に夭す(英霊幻秋)
	寛文3年2月28日，岡山に夭す(一空幻泡)
堀田正仲室，天和2年7月28日縁約，同年11月15日婚儀	貞享元年4月2日没，21歳(凉泉院)
金森頼時室，天和3年12月15日縁約，婚儀に及ばず卒す	貞享2年9月12日没，19歳(了幻院)
本多忠国室，延宝5年7月21日縁約，貞享元年7月4日婚儀	元禄5年7月朔日没，24歳(蓮珠院)
	延宝2年5月2日，岡山に夭す(実覚珠貞)
	延宝7年正月朔日，6歳，岡山に夭す(祥林院)
池田政元養子，延宝5年正月．遺跡相続	延宝6年12月27日没
	延宝4年8月2日，2歳，岡山に夭す(智海恵静)
天和3年3月江戸に着府，嫡子になる． 元禄5年12月15日元服，従四位下備前守吉政	元禄8年9月29日没，18歳(寂照院)
水野三郎兵衛正義の家に養育せしむ	
	延宝7年12月12日，岡山に夭す(恵林智光)
	貞享3年3月17日没，8歳(芳顔花神)
元禄11年3月朔日元服，多病のため嗣子とせず． 正徳5年2,000俵加増され8,000俵となる	享保5年3月4日没，41歳(亮徳院)

【表17】綱政の子女

		母	生年月日
1	女・市子	侍妾	明暦2年5月17日 岡山西丸に生まれる
2	某・池田土松	侍妾	
3	某・池田山三郎	侍妾	
4	某・池田政之助	侍妾	
5	女・松子	正室千子 丹羽光重女	寛文4年閏5月24日 江戸に生まれる
6	女・妻子	正室千子 丹羽光重女	寛文7年7月9日 江戸に生まれる
7	女・振子	正室千子 丹羽光重女	寛文9年7月21日 江戸に生まれる
8	女	侍妾	
9	輝尹 池田新八郎	侍妾	延宝2年7月26日 岡山に生まれる
10	恒行 池田数馬	侍妾・初	延宝3年7月17日 岡山に生まれる
11	女・多阿子	侍妾	延宝3年8月22日 岡山に生まれる
12	吉政(初め政孝) 幼名岩千代	侍妾吉見氏 玉岡(高照院)	延宝6年9月10日 岡山に生まれる
13	女・豊子	侍妾	延宝6年12月5日 岡山に生まれる
14	某・池田百之助	侍妾	
15	某・池田熊千代	侍妾	延宝7年 江戸に生まれる
16	軌隆・池田主膳 幼名勝千代	侍妾・村田氏 菊野(保寿院)	延宝8年8月5日 岡山に生まれる

貞享元年3月28日丹羽次郎右衛門正貞に養育せしむ.	貞享3年3月3日没, 6歳(観夢)
天和2年11月18日土倉四郎兵衛一長に養育せしむ. のち養子となる	元禄2年8月2日没, 8歳(即幻院)
	元禄9年正月12日没, 14歳(蓮響院)
松平長門守吉元室, 元禄2年7月5日縁約, 元禄14年2月13日婚儀	宝暦11年3月9日没, 77歳(法林院)
貞享4年2月下方覚兵衛俊貞の養子となる	元禄5年7月22日没, 7歳(電心幻如)
松平土佐守豊房室, 元禄14年11月18日縁約, 元禄15年6月25日婚儀	宝暦8年5月9日没, 73歳(玉仙院)
立花飛騨守鑑任室, 元禄9年12月7日縁約, 宝永元年6月3日婚儀	正徳2年6月21日没, 25歳(馨香院)
	元禄3年7月13日夭す
	元禄4年3月29日, 江戸に夭す
	元禄9年6月25日夭す, 6歳(真観如幻)
	元禄12年7月6日夭す, 6歳(寿幻)
	元禄8年4月17日夭す
	元禄8年9月6日, 岡山に夭す(消鉄)
	元禄9年8月29日夭す (剛祐)
	元禄9年8月29日夭す (金露)
	元禄9年8月29日夭す (如通)
	元禄9年8月29日夭す (豊幻)

17	某・藤野禎五郎 幼名梅千代	侍妾	天和元年 岡山に生まれる
18	一明・土倉戌千代	侍妾	天和 2 年 岡山に生まれる
19	女・石子	侍妾	天和 3 年 江戸に生まれる
20	女・品子 初め長子	侍妾太田氏 (秋昌院)	貞享 2 年11月 9 日 江戸に生まれる
21	某・池田岡之助	侍妾吉見氏 玉岡(高照院)	貞享 3 年 岡山に生まれる
22	女・菊子	侍妾中村氏 梅辻(蘭台院)	貞享 3 年 岡山に生まれる
23	女・彌子	侍妾中村氏 梅辻(蘭台院)	元禄元年 岡山に生まれる
24	女	侍妾	元禄 3 年 4 月14日 上坂外記の家に生まれる
25	女・多與子	侍妾	
26	女・椎子	侍妾	元禄 4 年 江戸に生まれる
27	女・増子	侍妾水原氏 高科(幸品)(栄光院)	元禄 7 年 岡山に生まれる
28	女・隆子	侍妾	元禄 8 年正月23日 江戸に生まれる
29	某・池田鉄之助	侍妾	
30	女・剛子(強子)	侍妾	元禄 9 年 8 月 5 日生まれる
31	女・金子	侍妾	
32	女・通子	侍妾	
33	女・豊子 ※13 に同じか疑問?	侍妾	

	元禄9年8月29日夭す(留密)
	元禄9年8月29日夭す(富善)
	元禄10年11月8日，江戸に夭す(理鏡院)
宝永元年8月23日，嫡子となる. 宝永2年2月18日，綱吉に初めて拝謁	宝永6年9月29日夭す，14歳(清宵院)
	元禄10年6月19日夭す(浄智)
	元禄14年10月晦日夭す(虚霊空寿)
	元禄15年8月7日夭す，2歳(覚証院)
宝永6年11月23日，嫡子となる. 正徳3年8月18日，松平陸奥守吉村女和子と縁約. 正徳4年12月18日，遺領相続	安永5年2月6日没，75歳(保国院)
宝永6年7月26日，池田内膳武憲の家を継ぐ. 後に池田玄蕃由勝の家を継ぐ	
	早世
	早世(英岳自性)
	早世(幻室了縁)
	早世(虚霊道観)
	早世(影雲幻泡)
	早世(桂岸紹空)
養女として池田内匠頭政倚に嫁ぐ	
養女として一条准三后兼香に嫁ぐ	

34　女・留子 ※28に同じか疑問？	侍妾	
35　女・富子 ※31～35は不審？	侍妾	
36　某・池田正千代 ※37と同じか疑問？	侍妾	
37　政須・松平三左衛門 幼名徳千代	侍妾水原氏 高科(幸品)(栄光院)	元禄9年8月19日 岡山に生まれる
38　女・安子	侍妾	元禄9年 江戸に生まれる
39　某・池田安千代	侍妾	元禄14年2月9日 江戸に生まれる
40　女・喜子	侍妾	元禄14年6月 江戸に生まれる
41　継政・松平大炊頭 幼名峯千代・茂十郎 引退後空山	侍妾水原氏 高科(幸品)(栄光院)	元禄15年8月17日 岡山に生まれる
42　政純・池田和泉 幼名長千代・豊次郎	侍妾水原氏 高科(幸品)(栄光院)	宝永3年6月10日 岡山に生まれる
43　某・池田新之助		
44　某・池田助次郎		
45　女・凮子		
46　女・徳子		
47　女・久子		
48　女 ※43～48は不審？		
49　女・吉子	瀧川儀大夫一宗女 母は光政女六子	延宝元年2月 岡山に生まれる
50　女・智子	池田主膳軌隆女 母は妾山脇氏	宝永3年11月11日 岡山に生まれる

註)「本系図一」より作成．人名の下の※印は資料にある註記．

げ、他にも一六、七人は襁褓《むつき》の中で亡くなったものもあろうから、七〇人には及ぶと記すが、如何であろうか。いずれにしても、ちょっと想像を超えている。その多さからすれば、「放埓」という評価もあながち的外れとは言えないだろう。

光政は初め板倉重宗《いたくらしげむね》の女《むすめ》（実は子の重郷《しげさと》の女）を綱政の妻に迎えるつもりであった。しかし、この女が急死してしまったため、陸奥《むつ》国二本松《にほんまつ》藩の丹羽《にわ》光重《みつしげ》の女千子《せんこ》を正室に迎えることにした。万治二年（一六五九）一二月二三日縁約、婚儀は万治三年四月一四日に行われている〔系〕。綱政二三歳、千子一六歳であった。二人の間には、寛文四年（一六六四）から同九年までの間に三人の子どもが生まれているが、いずれも女子であった。【表17】に見られるように、それぞれに大名家の正室として縁づいている。しかし、その後は二人の間の子は「御系図」に現れない。千子は元禄一三年（一七〇〇）四月二日に亡くなる。行年四八歳。院号は真証院《しんしょういん》。

千子との子が生まれる前に、すでに四人の子どもが生まれている。そのうち最初の三人は千子との婚儀以前に関係を持った側女《そばめ》との間に出来た子だ。一番初めに生まれた市子《いちこ》は、綱政が初めて岡山に入国する前年に岡山で生まれたことになっている。「御系図」は江戸で妊娠した側女が岡山に送られて生んだものと推測している。当時は板倉の女との婚約話が進められているときだから、江戸で生ませるわけにはいかなかった。光政は激怒しただろう。側女を岡山に送ったのも、光政の指示に違いない。

光政の弟で綱政の後見も勤めた池田恒元《つねもと》（播磨《はりま》山崎藩主）は、家臣への書状のなかで「第一女色是ほど深きは余所にも余り有るまじく候」と述べている(2)。この書状は家督相続以前の寛文一〇年（一六七〇）

のものと推定されるが、それによれば、綱政の女色と気随《きずい》（我がまま）については家中に広く知られていて、女たちにも軽んじられているという。機嫌を取ったり脅したりすることは御前様（正室の千子のことだろう）の女中まで知っている。これは光政が甘やかして育てたせいだと光政まで悪《あ》し様《ざま》に言われていると、恒元は嘆いている。後見という恒元の立場からつい厳しくなるのだろうが、綱政が若い頃から女色に対して強い嗜好を有していたことは否定しようがない。

跡継ぎの苦労

最初に綱政の正式の嗣子《しし》とされたのは吉政《よしまさ》である。延宝六年（一六七八）九月一〇日岡山に生まれた。幼名三九郎。母は侍妾の吉見《よしみ》氏、名は玉岡。綱政「四十二の御ふたつ子」という理由で家臣の岸藤右衛門の家で養育された〔履〕。父が四二歳の厄年に二歳になる子は災いをもたらすという俗習によるものだ。当時は四歳年上の新八郎（輝尹《てるただ》）が将来の嗣子と目されていた。しかし新八郎は翌延宝七年に六歳で夭折《ようせつ》する。この年、三九郎は名を岩千代と改め、初めて祖父の光政に拝謁している。天和三年（一六八三）三月江戸に赴き、嗣子とされ、以後正室千子を母として養育されることになった〔履〕。実母の玉岡は貞享三年（一六八六）一一月八日に亡くなる。

その後、元禄五年（一六九二）一二月一五日に元服《げんぷく》、従四位下備前守《じゅしいげびぜんのかみ》に任じられ、綱吉《つなよし》から諱字《いみなじ》を賜って吉政と称することになった。ときに綱政は五五歳、大いに安堵したに違いない。ところが吉政は元禄八年七月から「足痛」のため外出できなくなり、その後も「足痛」がひどくなって、ついに九月二九日に亡くなってしまう〔履〕。一八歳であった。当時岡山に帰国中であった綱政には急な事態で、茫然自失となったことだろう。綱政が仏教にのめり込んでいくのに、この事件が大きな影響を与えたと考えられる。

吉政の後には勝千代《かつちよ》(のちに軌隆《のりたか》)もいたが、病弱のため嗣子とはされず、生涯部屋住みであった。他にも子どもはたくさん生まれるが、女子が多く、男子も健康に育つものはなかった。

次に嗣子となったのは政須《まさもち》である。元禄九年八月一九日生まれ。幼名は徳千代、後に政千代。母は侍妾の水原氏、名は高科《たかしな》(幸品《たかしな》)。宝永元年(一七〇四)八月二三日に嗣子とされ、名を三左衛門と改めた。同年一〇月に江戸に移り、翌宝永二年二月、綱吉に拝謁している。ところが宝永四年の六月から「不例」続きとなり、宝永六年九月二九日に亡くなる。一四歳であった。期待していただけに綱政の落胆は大きかった。綱政は既に七二歳になっていた。政須の死にショックを受けた綱政が「朦気《もうき》」となったことについては、先にも述べている。

幸い、政須の下には峯千代《みねちよ》・長千代《ながちよ》という二人の男子がいた。母はいずれも政須と同じ幸品。政須が亡くなった翌年である宝永七年七月に峯千代が嗣子となり、茂十郎と称した。正徳二年(一七一二)五月、江戸に移って向屋敷《むかいやしき》に住み、同三年二月、初めて将軍家継《いえつぐ》に御目見得《おめみえ》している。正徳四年、綱政が亡くなると継政《つぐまさ》が家督《かとく》を相続、翌正徳五年四月五日に元服《げんぷく》、従四位下大炊頭《おおいのかみ》に任じられ、将軍家継から諱字を賜って継政と称することとなった。このとき、母の栄光院《えいこういん》と弟の豊次郎が江戸に移された。これは、継政が未婚であったために、母と弟が「質」になったのだという〔履〕。

栄光院
幸品は京都の人。綱政との間の最初の子である増子《ますこ》は元禄七年に生まれている。幸品は寛文一一年(一六七一)生まれだから、この時二四歳、綱政は五七歳。生まれて来る子どもの様子を見ていると、晩年の綱政が岡山では幸品に専ら情愛を注いでいたように思われる。継政への遺言でも、幸品に対する手厚い扱いを依頼していた。継政も実母である幸品への孝養の念を忘れることはなかった。綱政が亡くなった後は栄光院と称した。延享三年（一七四六）八月二三日栄光院は亡くなる。行年七六歳。継政は綱政の遺言通りに、栄光院を正覚谷《しょうかくだに》に葬った。

正室の千子との間に男子は生まれなかった。その後の侍妾たちとの関係は、跡継ぎとなる男子を得るためという動機もあったに違いない。吉政が最初の嗣子となったとき、綱政は既に四六歳であった。元禄八年七月五日に将軍綱吉から佐竹左京大夫《さたけさきょうだいぶ》の女を娶《めと》るようにと命じられるが、直後の九月二九日に吉政は亡くなる〔履歴〕。二番目に嗣子となった政須も一四歳で亡くなり、三番目の嗣子である継政は綱政が没するときには、まだ元服前の一三歳であった。綱政は、「家」を存続させる跡継ぎを得るために最後まで苦労しており、その女性関係の多さには同情すべき面がないわけではない。長命であったからそれだけ子女の数も多く、養子を迎えずに嫡男を得るために励んだ。しかし、それとは別に、先にも述べたように、本質的に女色への嗜好が強かったことも否定できないだろう。

夭折した子については、その存在すら綱政が認識していないものもあったに違いない。ただ、成人した子女とは身近に接して、それなりに情愛を注いだものと思われる。特に嗣子となった三人の男子とは行動をともにすることも少なくなく、その成長を暖かく身守っていたようだ。最初に嗣子となった吉政が絵を描き、綱政が文字を書いた「近江八景手鑑《おうみはっけいてかがみ》」一帖が林原美術館に残されている(3)。

いわば、当時一般的であったように、大名家の「家長」として妻妾や子女に接していたと評してよいだろう。

2　和歌の嗜み

江戸時代人の一般的な心性は、儒学・仏教・神道をそれぞれに尊崇し、場面と役割に応じて三つを使い分けるとともに、三教の本質は同じだと考える三教一致思想に基づいていた。また、江戸時代人の一般的な教養は、儒学と和歌を中心にそのまわりにさまざまな和漢の芸能が結び付いたものと言うことができる(4)。

和歌をめぐる家庭環境

光政も綱政も、こうした思想や教養を身に付けるなかで自己形成を行い、その枠内で個性的な精神生活を送った。光政の場合は、晩年に向かうに順って儒学への傾倒が深まり、神儒一致の立場から仏教に対して排斥的になった。和歌に対しては若い時から晩年まで一貫して関心を持ち続け、廃仏興儒《はいぶつこうじゅ》政策を進めていた寛文期にも、中世和歌集の写本を精力的に行っている(5)。

綱政も若い頃から晩年まで儒学の嗜みを忘れず、藩学校で講釈を聴聞したり、後園に藩儒を招いて講釈させたりしている。ただし、光政と違って晩年になるに順って仏教への傾倒が顕著になった。和歌については、光政が作歌よりは歌書の研究に興味を持ったのに対して、綱政は精力的に作歌活動を行っている。素人見にも、光政よりは綱政のほうが歌を詠むのはうまい。

光政は家族で和歌の世界を楽しむことを好んだ。光政が妹の長子《ながこ》、子どもの奈阿子《なあこ》・綱政と四人で筆写した「射山百首和歌《しやざんひやくしゆわか》」が残されている。[6] これは承応三年（一六五四）春に奈阿子の結婚を記念して江戸で写されたものと考えられる。[7] こうした家族ぐるみの活動のなかで綱政は和歌に対する素養を身に付けていった。

綱政の「道之記」

「池田家履歴略記」には綱政の和歌に関する作品がいくつか記録されており、そのうち「旅日記」については写本が池田家文庫に残されている。

最初のものは、明暦三年（一六五七）の初入国のときに書かれた旅日記「道の御しるしふみ」だ（「綱政公御道之記」[8]【図8】）。この日記は、次の歌から始まっている。

かきくらし涙と共に旅ころも　立帰る空にふるしくれ哉

住み慣れた江戸を離れて、長い旅に向かう不安な気持ちが表現されている。このあとは歌枕《うたまくら》ごとにその地にちなんだ歌が詠まれるが、特別な感慨が読み取れるようなものではなく、どちらかといえば平凡な印象だ。

二度目の帰国は万治二年（一六五九）。このときの道中日記は見えない。帰国中に金山寺《きんざんじ》に遊んだ際に詠んだ歌が「履歴略記」に記されている。これは「於金山寺」の頭文字（おかなやまし）を冠に置いた六首で、紅葉を愛でて詠んでいる。あわせて一二月一二日に詠んだ「石山新宮御法楽詠三首和歌《いしやましんぐうごほうらくえいさんしゆわか》」も記されている。「石山新宮」はこの年二月に光政が岡山城内に設けた祖廟のことで、そこに参詣したときの歌である。祖廟の霊威の盛んなことを讃えている。

三度目の帰国は寛文元年（一六六一）だが、このときも道中日記は見えない。四度目の帰国は寛文五

年だ。この間綱政は病気がちで旅に出られなかった。三年半ぶりに快方に向かったので、帰国することにした。この時は旅日記を遺している。(9) 久しぶりに江戸を離れるので名残惜《なごりお》しく、先行きも不安であった。体調もすぐれず、神奈川に宿泊したが、夜も寝られない。その時の歌が最初に掲げられている。

旅枕ひとりねさめの悲しさに　よの長月をあか
しかねつも

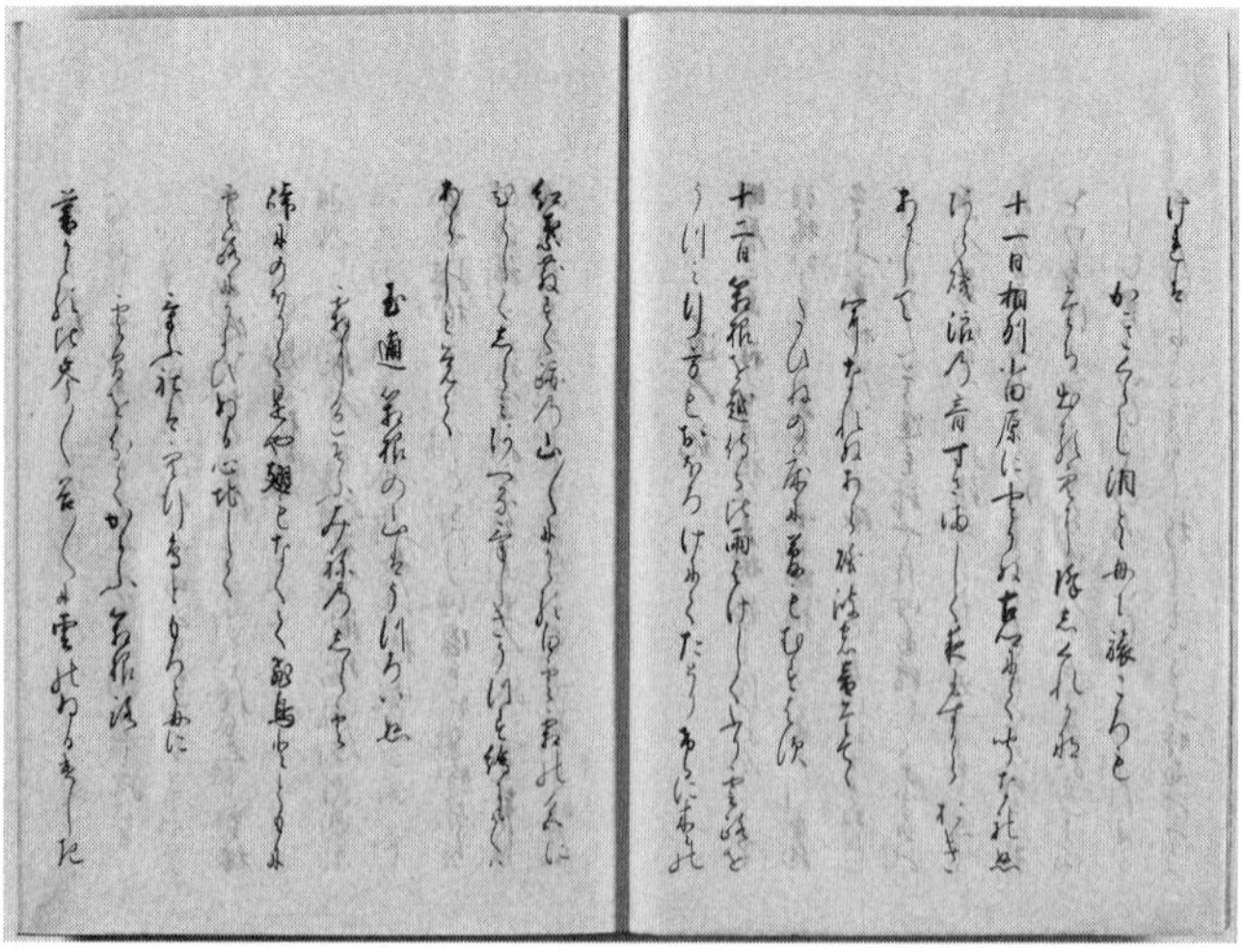

【図8】「綱政公御道之記」（継政筆か，岡山大学附属図書館所蔵）

江戸を出たのが九月一九日、岡山に着いたのは一〇月七日であったから、通常よりはやや日数がかかっている。旅枕で歌を詠みながらのゆっくりした旅であった。次は岡山に着いたときの歌。この旅日記の結びでもある。

散すなよ君か見るめのなくさめに　書集めたる蜑《あま》のもくつを

海士《あま》のとる藻屑《もくず》のようなつまらないものだが、君が慰めのために大切にしてほしい。綱政が、歌を詠むことを親しい者同士で慰め合う「私」的のものと考えていたことがよく分かる。

翌寛文六年のある日、岡山で宴が催された。屛風に絵を掛け、瓶に梅の枝が挿してある。そこへ短冊を付けた松の枝が持ち込まれると、それを綱政が歌に詠んだ。側に侍《はべ》っていた侍女《じじょ》たちがそれに応じて歌を詠む。「よみ人しらす」というのが綱政のことだというから、「い」「とよ」「さは」「まん」「かい」「ゆり」とあるのは侍女たちの名だろう。奥での綱政の生活をうかがわせる。こうしたなかで、侍妾たちとの交情も生まれていくのだろう。

この年綱政は九月八日に江戸に向けて岡山を発つ。大坂までは光政の指示で泉八右衛門が同行した。道中二人は何度か歌を詠み合っている。大坂で八右衛門と別れた後も綱政は歌日記を続けた。このあと「履歴略記」は「曹源公《そうげんこう》のつねに歌を好ませ給ふ、ことしよませ給ふ歌少からす」として七月朔日の歌四首、歳尾《としのお》の歌四首を挙げている。

寛文七年は、二月に「十五首品定歌」を詠み、「甲府殿《こうふどの》」（徳川綱重《とくがわつなしげ》、将軍家綱の弟）との和歌の贈答も行っている。五月には江戸を発って岡山に向かうが、このときも長い旅日記を遺している。(10)岡山では、鷹狩りのときの歌や弟の政言《まさこと》の別邸に遊んだときの歌などが遺っている。

のちに広島藩主となる浅野綱晟《あさのつなあきら》が綱政に宛てた寛文一〇年の手紙二通がある。[11] それによれば、二人はともに京都の公家《くげ》飛鳥井《あすかい》雅章《まさあき》から和歌の指導を受けており、それぞれが雅章から添削された和歌を交換しながら歌作に励んでいた様子が窺える。あわせて歌友として切磋することを詠い交わしたことを綱政は「愚吟草《ぐぎんそう》」として書き残している。[12]

江戸での大名家同士の付き合いの中で、和歌の世界が広がった。ただし、家督相続前後から延宝五年（一六七七）までは歌の記録は今のところ見当たらない。家督後の綱政はいくつもの難題を抱えており、ゆっくり歌を詠む余裕もなかったのだろうか。全く詠まなかったわけではないだろうが。

延宝六年、綱政は一〇月に参府の予定であったが、母の円盛院が病気と聞いて急いで参府し、六月七日に江戸に着いた。しかし、円盛院は一〇月七日に亡くなる。六一歳であった。その死を悼んで綱政は一一首の歌を詠んだ。その歌などを書き記した一冊を近習の広沢喜之介（元胤）が編んでいる（履）。

「竊吟集」

翌延宝七年から亡くなる正徳四年（一七一四）までの歌を集めた自筆の家集「竊吟《せつぎん》集」四冊が遺されている。神原邦男は、この年綱政が四二歳を迎えること、前年に母円盛院が亡くなったことがこの歌集を編む契機であったと述べている。[13]「竊《ひそか》に吟ずる」という題名が、和歌は池田家当主や岡山藩主としての「公」的な自分とは別の、「私」的な行為だという考えをよく示している。訂正や加筆もあり、のちに改めて撰んで編んだものではなく、その時々に書き継いでいったものと考えられる。

最初の年である延宝七年の歌には、寂寞の気配が濃い。円盛院だけでなく、延宝六年一二月二七日には恒行《つねゆき》、延宝七年正月朔日には輝尹《てるただ》が早世している。二人の子どもの死を偲んだ次のような歌もある。

幻も夢もたのみはありけるを　漚《あわ》とやいはむおもかけもなし

この頃の歌には「幻」や「夢」といった言葉とともに、「散る」「涙」「雨」「露」「うき世」「つらし」「はかなし」「かなし」といった言葉も目に付き、無情を嘆く歌が多い。

延宝八年は「程近き山寺の花見」に詠んだ歌に始まる。この山寺は金山寺のことだろう。二度目の入国のときにも金山寺の紅葉を詠んでおり、綱政お気に入りの場所だったに違いない。「竊吟集」には金山寺の僧賢厚《けんこう》と詠み交わした歌が多く載せられていて、綱政が心を許していた歌友だったと思われる。この日は無人であったため歌を草庵に押し付けて帰った。

人遠き住家もはなにさそわれて　世にのかれえぬ春の山寺

続く天和元年から三年までの間は、歌の記載がない。理由は分からない。貞享元年（一六八四）は四月二日に亡くなった女《むすめ》の松子《まつこ》（堀田《ほった》正仲《まさなか》室、涼泉院《りょうせんいん》）を偲ぶ歌に始まり、その義父で大老《たいろう》の堀田正俊《まさとし》の急死を悼む歌が続く。貞享二年九月一二日、女の妻子《つまこ》が亡くなる。金森出雲守頼時《かなもりいずものかみよりとき》と婚約していたが、婚儀に及ばず亡くなった。了幻院《りょうげんいん》、一九歳。正室の子二人が相継いで亡くなった。綱政の悲痛は如何ばかりであったろう。この年は折に触れて了幻院を悼む歌を詠んだ。

後園と和歌

貞享三年。この年から元旦の試筆（書きぞめ）が始まる。光政は漢文を書くのが恒例であったが、綱政は和歌を書いた。

明らかに君万代といはふなり　臣もつかふる道をつくして

徳川将軍の統治を讃え、臣として奉公する決意を述べたもの。新春を寿《ことほ》ぐ歌だ。このころから歌の色調が少しずつ明るくなり、庭の木々や花を愛でる歌が目立ってくる。貞享四年には、「丁卯八月十四日停月亭《ていげってい》にて、向の松山を出る月をなかめて」とか、「（萩を庭の）池ちかくうへしかは、水にうつろふをみて」、「築山《つきやま》の上にあやしき庵をむすび、その窓のもとに書付《かきつけ》」などと題した歌がある。また、「庭に木たちおもしろき松を植て、あさ夕かれを使として、石なとやうのもの、かしこゝにすへわたし、あかすなかめ侍て」と題して、次の二首を詠む。

雪霜もさはらぬ色の庭の松　みさほや人のをしへなるらん

軒ちかく常磐堅盤《ときわかたわ》になつさひて　あかぬも松のみさほならまし

後園《こうえん》の造営に綱政が取り掛かるのは、この年の一二月一六日とされている(14)。とすると、ここに詠まれた庭は本丸御殿の庭だろうか。綱政は貞享二年頃から、のちに後園が造られる小姓町あたりへ野遊びに出掛け、そのあたりの景観を好ましく思っていたようだ。貞享四年の七月には後園のための地ならしの指示が出されている(15)。「竊吟集」によれば、本格的な庭造りを控えて、綱政が庭造りのシミュレーションをしているように思われる。「みさほ（操）」は、意志を変えず、身を持すること。綱政も心掛けようとしたのだろう。「向の松山」は岡山城の東方の山塊のこと。現在では「操山《みさおやま》」という。かつては「三《み》瓶《かい》山」、元禄期頃には「三《み》櫂《かい》山」と書き、「みさほやま」とも読んだという。先の二首からすれば、山の呼び名を変えたのは綱政であったかもしれない。操山は後園の借景として欠くことができない。いずれにしても、これ以降庭造りにのめり込むことで、綱政の鬱屈した気持ちが解放されつつあるようだ。

「竊吟集」第二冊は、元禄二年（一六八九）に始まる。冒頭は同年夏、「常に住方《すむかた》の北に当りて、川を隔《へだて》、別野をいとなみ、めくりに竹をうへわたし、田畑をむねとかたへには、沢の水草茂《しげり》あひて、をのつから外面《そとも》におとす。小山の余りを斬込《きりこみ》、きやり水に流し、さゝやかなるくさふき一棟を二間三間にかこひて、畑をうかち、田をすき、苗うふる。おり立賤《たちしず》の業《わざ》居なから見る。えならぬおもしろさになく、打えまれて、いつも帰らんことを忘る」云々、と題していくつかの歌が詠まれている。そのうちの二首。

流ゆく水もこゝろもすむ庵は　たゝそのまゝの春秋の色

はる〳〵とみゆる芝生のくれなみに　日影をやとす庭のあさ露

この年六月後園の御茶屋が完成し、帰国した綱政は早速九日に後園を訪れ、七月八日には田植えも行われている〔留〕。この頃の気持ちを詠んだ歌だろう。はかなきものの象徴であった「朝露」もここでは清々しい気分のなかでとらえられていて、庭に住む心が広々と解放されているさまがうかがえる。

「竊吟集」第三冊は、元禄八年八月に川遊びの月見を詠んだ歌に始まる。

船にのり河の夜風をひかんより　たゝあたゝかにねて月はみむ

題に「やゝはたさむかりける夜成ければ」とあるから、夜風に吹かれて風邪を引くよりは、暖かくして寝て見たほうがよいという意味。「五十あまりうき世にましはりても、そのうつはものにおよはさる」とも題にあるから、自らを卑下した諧謔《かいぎゃく》か。齢を重ねて次第に「諦念」に向かいつつあるのだろうか。

この年九月二九日最初の嗣子であった吉政がなくなる。この時の歌は見えない。翌元禄九年八月一九日に政須が生まれている。これは同年の参勤のときに三河国《みかわ》二川宿《ふたかわしゅく》大岩寺《おおいわじ》の岩屋観音《いわやかんのん》に「子孫相そくの事」を祈願した結果であった。そのため翌一〇年にも改めて参詣して歌を奉納している。

　すゐ久にかけてそたのむ大いはの　みねのいはやのかたきまもりを

もともと綱政自身、父の光政が岩屋観音に祈願して授かった男子だったという。今回もその霊験を授かったということで、以後綱政はこの観音をたびたび参拝した[16]〔履〕。またこの年には後園内に慈眼堂《じげんどう》を設け、「国家安全子孫繁栄」を願って、綱政持仏《じぶつ》の如意輪観音《にょいりんかんのん》を納めた[17]。その願文《がんもん》に記した歌。

　底ひなき千いろの海にたとへつる　弘きちかひのかけたのむなり

慈眼堂の縁日は光政の命日である二二日とされ、家中・領内の者の参詣が許された。元禄一一年には光政の一七回忌にあわせて曹源寺が建立される。この曹源寺に綱政は自らの寿像を納め、その自讃にも歌を記した[18]。

　うつしをく世にはこゝろのなけれとも　わかすゐに見ぬ人やしのふと

老境と和歌

六〇歳を前後する頃から「家」の存続への願いが強まり、それに応じて神仏への信仰が深まった。そこには「無情」の気配より未来にかける「願い」が強くなっている。この頃から従者たちと前句付けをして遊ぶようになり、その様子も記録される。発句も楽しむようになる。次は「雪仲に発句」と題したもの。

　峰につむ雪やお山のわたほうし

後園から借景の操山の雪景色を詠んだものだ。綱政はより自由に文芸の世界を楽しむようになった。

「竊吟集」第四冊は、宝永元年（一七〇四）から正徳四年（一七一四）まで。後園の庭で四季の移り変わりを詠むことが多くなる。ときに児島《こじま》の川口に出て、八景を詠むこともあった。宝永二年・三年には備中足守《びっちゅうあしもり》藩主の木下公定《きんさだ》と詠み交わした歌もある。正徳二年五月一二日に家臣の下条《しもじょう》長兵衛八八歳と牧野《まきの》摂斎《せつさい》八六歳を招いて尚歯会《しょうしかい》を催し、歌を詠んだのもほほ笑ましい。最後の年七七歳の元旦試筆。

かき初て千代も尽せしわかみとり　栄ふる春をまつのことの葉

最後の歌は、「十五夜十三夜二よの月晴明にて、庭もくまなくさえわたりけれは」と題して、後園での月見を詠んだ。

此秋は名におふそらのくまなさに　よるともわかかぬ八月長月

死を前に、月のような清明な心持ちであったろう。

「竊吟集」を見ていると、和歌が綱政の生活にとって欠くことのできないものであったことがよく分かる。だから、和歌を通じて綱政の心の移ろいを垣間見《かいまみ》ることができる。政治の表向きの「公」の世界とは別の綱政の姿が浮かび上がってくる。

3　能の世界

能の楽しみ

能も武家の嗜《たしな》みの一つであった。武家の式楽《しきがく》と言われるように儀式に演ぜられるものであったから、その世界に通じていることは武士の教養の一つであったのだ。光政も若い頃は能の稽古に励んでおり、自ら演じた能の番付《ばんづけ》も残っている(19)。しかし、儒学にのめり込むようになると、慶安三年(一六五〇)一二月七日に役者たちを扶持放ちにしている〔日記〕。質素倹約の旨に反すると考えたのだろう。

それに対して綱政は能を深く愛好したことで知られている。綱政が能への関わりを深めていくのは、光政が亡くなり、学芸を重んじた将軍綱吉とのつながりが深まった頃からだと思われる。貞享三年(一六八六)六月二七日、江戸城で綱吉の「御直能《おじきのう》」が催され、諸大名に交じって綱政も拝見した。そして、それを慶事として綱政は、八月一六日と二三日に日頃から付き合いのある大名を招いての御祝儀の能を江戸上屋敷で催している。綱政の能の記事が増えるのはこの頃からだ。以下、神原邦男の研究によりながら、綱政と能との関わりについて紹介しておこう(20)。

後園で最初に能が興行されたのは、元禄四年(一六九一)閏八月一二日のことである。武家の能興行には、慶事を祝して行われる「御祝儀の能」と、専ら個人的な遊興のために行われる「御慰みの能」とがあるという(21)。今回の興行は後者の「御慰みの能」であった。この時の在国は、元禄四年五月二三日から元禄五年三月二九日までの約一一か月であったが、この間に綱政は、御城で一五回、後園で六回、計二一回の能を興行している。この頃はまだ江戸にも国許にも能舞台は造られていない。

江戸上屋敷に能舞台が造られたのは、元禄七年。翌元禄八年には岡山城の御殿にも能舞台が造られている。江戸でも岡山でも日常的に能の稽古や興行を行う施設が調えられた。元禄九年八月六日、綱政は江戸城御座の間で綱吉を前に能「三輪《みわ》」を舞っている〔日次〕。さらに元禄一五年一二月五日には、綱吉の柳沢吉保《やなぎさわよしやす》邸への御成《おなり》に際して、「舟弁慶《ふなべんけい》」を舞った〔日次〕。これを契機に、綱吉らの柳沢邸への御成に際して演能の機会を与えられるようになる。

宝永三年（一七〇六）の場合は三回〔日次〕。九月三日の綱吉の御成には「三井寺《みいでら》」を舞い、綱吉から褒められた。一〇月五日には「大納言《だいなごん》」（徳川綱豊《つなとよ》、のちの将軍家宣《いえのぶ》）の御成があった。このときは「三輪」を舞うよう事前に仰せがあったが、それ以外の所望があるかもしれないということで、「野宮《ののみや》」「舟弁慶」「天鼓《てんこ》」の衣装も持参した。結局綱政は「三輪」と「天鼓」を演じている。一二月一一日の綱吉の御成にも、能衣装の準備をして柳沢邸に詰めた。この時は綱吉が仕舞《しまい》を演じ、綱政にも所望があったので、「芭蕉《ばしょう》」などを舞っている。また、宝永五年一〇月五日の柳沢邸への御成では「野宮」を舞った〔日次〕。

こうした柳沢邸での演能などを通じて、金剛《こんごう》・金春《こんぱる》・宝生《ほうしょう》など幕府お抱えの能役者とのつながりが深まり、上屋敷での能にもこうした役者たちが参加するようになる。それによって綱政の技量も高まっただろうし、その評判が綱吉や柳沢などにも伝わっただろう。

この間、宝永四年に後園に能舞台が造られるが、神原は度重なる御成での演能が造営の契機になったのではないかと述べている。(22) また、この頃には二六人から二八人ほどの能役者が召し抱えられていた〔日次〕。

領民の御能拝見

江戸上屋敷での能に岡山藩の村役人が見学を許された例があるので紹介しておこう〔日次〕。元禄国絵図の改訂作業をめぐって、岡山藩の備前国児島方と幕府領の讃岐《さぬき》国直島《なおしま》方との間で国境争論が起こっていた(23)。この裁判は岡山藩の強力なバックアップもあって元禄一五年一二月に児島方勝訴の裁許が幕府評定所《ひょうじょうしょ》で下される。この訴訟のために波知《はち》村九左衛門ら三人の百姓が江戸に詰めていたが、訴訟が「首尾能く」済んだので、追付け帰国する予定になっていた。この三人に、江戸に居合わせたということで、一二月二三日の御能拝見が仰せ付けられたのだ。なおこの日には、天満屋《てんまや》市十郎はじめ五人の御用町人も御能拝見を許されている。

藩主の主催する能興行では、家中の主立った者やその妻女の拝見が許されるのが普通であった。加えて、後園での能では町在の一般人の拝見が許されることも少なくなかった。もともと後園に能舞台を造ったのは、城内での能興行では拝見できる者が限られるため、下級の家臣や領民にまで見学させたいという綱政の意向によるものであった〔日次〕。宝永四年九月二一日に後園能舞台で行われた最初の能は、在方男一八〇人・女五〇人、町方男七〇人・女七二人、計三七二人が拝見している。この時の能は、九月二一日を一回目として、九月二三日、一〇月二日、三日、四日、と計五回行われ、二回目以降は、町方男七〇人・女七五人、在方男一八〇人・女七五人、に決められていたから、五回の総計は一九七二人になる〔日次〕。各回の参加者は引率者からみて、町別・郡別に割り当てられたという。ただしこの時以降は、希望者に拝見を許すかたちになった。

次の在国期間である宝永六年(一七〇九)五月から翌七年七月の間に、綱政は後園で五八回能を興行しているが、うち四二回は領民の参加が確認できる。詳しい数字は【表18】に示した。後園での藩主による能興行が、領民の藩主に対する「親しみ」を感じさせる機会として利用されたことは間違いないだろう。

後園で行われた能は、宝永四年から正徳四年（一七一四）までの八年間、そのうち在国していたのは四年間だが、その間に一四五回も行われている。最後の興行は正徳四年一〇月朔日。亡くなるほぼ一か

【表18】宝永6年・7年（1709・10）後園での能興行

宝永6年（1709）	町方(人) 男	女	在方(人) 男	女
5月19日	—	—	—	—
5月25日	—	—	—	—
6月朔日	—	—	—	—
6月4日	—	—	—	—
6月12日	—	—	—	—
7月19日	—	—	—	—
7月29日	—	—	—	—
8月6日	—	—	—	—
8月11日	—	—	—	—
8月15日	—	—	—	—
8月21日	—	—	—	—
8月25日	—	—	—	—
8月29日	—	—	—	—
9月5日	140	160	—	—
9月11日	158	195	12	5
9月18日	20	100	146	104
9月21日	68	97	110	93
9月25日	33	121	166	96
10月3日	37	100	138	93
11月23日	—	—	—	—
11月26日	—	—	—	—
12月12日	131	230	42	20
12月16日	162	250	21	—
12月21日	157	240	20	10

宝永7年（1710）	町方(人) 男	女	在方(人) 男	女
1月27日	—	—	—	—
2月3日	120	226	56	27
2月5日	125	225	48	25
2月13日	61	148	114	82
2月18日	62	156	108	81
2月23日	70	166	100	75
3月朔日	64	159	90	80
3月4日	94	165	80	85
3月6日	104	166	89	77
3月18日	75	139	92	118
3月21日	91	170	84	83
3月25日	81	142	95	85
3月27日	84	172	100	85
3月晦日	134	151	36	60
4月3日	78	134	95	122
4月11日	82	149	99	114
4月15日	85	146	103	120
4月19日	199	108	—	157
4月23日	56	132	140	133
4月28日	61	155	90	107
5月3日	81	130	82	120
5月13日	107	—	58	180
5月16日	174	246	6	6
5月23日	159	224	11	22
5月27日	＊163	＊303	—	—
6月2日	160	250	4	—
6月5日	146	240	5	6
6月11日	138	239	2	5
6月16日	172	235	20	15
6月21日	160	229	15	18
6月26日	162	249	7	5
7月4日	171	254	—	—
7月11日	161	196	5	11
7月21日	161	230	18	36

註）「日次記」宝永6年・同7年より作成．宝永7年5月27日の町方男＊は「町在共」，町方女＊は「家中町共」の数字である．

月前だ。この時の拝見者は総計八〇六人。うち家中の女二二四人、城女中二〇人、町方・在方の男二一二人・女三〇七人であった。後園と能興行は晩年の綱政にとって欠くことの出来ない慰めの場であるともに、政治の場でもあった。

蹴鞠 なお綱政が親しんだ芸能としては蹴鞠《けまり》も挙げることが出来る。蹴鞠は江戸時代には公家の飛鳥井家が独占的に家職《かしょく》として伝授を行っており、綱政も飛鳥井雅章から伝授を受けている。「蹴鞠免状之次第」という書付によれば、承応二年（一六五三）の「紫組冠懸緒《むらさきくみかんむりかけお》」から寛文七年（一六六七）の「紫上《むらさきのうえ》」まで一三回の免許を受けており、藩主になる前の綱政が蹴鞠を熱心に学んでいたことが分かる。(24)

飛鳥井雅章から和歌の指導も受けていたことは先にも触れたが、ほかに中院通茂《なかのいんみちしげ》の指導を受けており、「竊吟集」にも通茂の七〇賀を祝う歌が載せられている。飛鳥井や中院といった公家との間を仲介したのは一条関白家《いちじょうかんぱくけ》に嫁いだ輝子《てるこ》であったろう。参勤の途次に綱政は京都に寄って輝子を訪ねており、その機会に公家たちとのつながりも広がったに違いない。

和歌も蹴鞠も能も、中世以来京都を中心に栄えた伝統的な芸能である。こうした京都の伝統文化を生活に取り入れ、親しむことによって、厳しい藩主としての政務との調和を図っていたのだろう。

おわりに

綱政の時代と政治

池田綱政は寛永一五年（一六三八）に生まれた。この年、前年から続いていた島原天草一揆《しまばらあまくさいっき》が終結し、同一八年・一九年には寛永の飢饉が起きる。この二つの事件を機に各地の領主たちは、幕府の指示に基づいて民政《みんせい》を重視した政治へと舵《かじ》を切る。

綱政は岡山藩主池田光政《みつまさ》の長男であった。早くから跡継ぎになることが決まっており、江戸で祖母や母に大切に育てられた。そのため「気随《きずい》」な態度が目立ち、それを父から注意されることも少なくなかった。

二〇歳になったとき、初めて領地の岡山に入り、父の付けた近習《きんじゅう》に支えられながら、政治の手習いを始めた。以後ほぼ一年交替で江戸と岡山の間を往復する。この修養期間は十数年にわたり、あわせて儒学と和歌を中心とした教養も深めた。

三五歳になった寛文一二年（一六七二）に父の跡を継いで岡山藩主となる。以後正徳四年（一七一四）に七七歳で亡くなるまで、四三年にわたって岡山藩の政治を担った。そのうち最初の一〇年間は父が隠《いん》居《きょ》として健在であったため、その協力を仰ぐこともあったが、その時期でも父とは異なる自分らしい政治のあり方を模索した。

綱政は、「領国は将軍から預けられたものであり、領民がくつろげるようにするのが領主としての将軍への奉公《ほうこう》だ」と考えており、これは光政と共通する政治理念であった。ただし、綱政治世四三年の間には、たびたび洪水などの災害に見舞われ、大きな飢饉にも襲われた。そのたびに領民の救済や災害からの復旧のために力を尽くした。年貢の収納なども一進一退であった。幕府から課せられる御手伝普請《おてつだいふしん》や江戸での生活のため、藩財政はご多分に漏れず火の車で、上方《かみがた》での借財に頼らざるを得なかった。それでも新田開発や運上《うんじょう》の確保、社倉米《しゃそうまい》などの金融政策によって、大きな破綻を来すことはなかった。他面、家中物成《かちゅうものなり》を低く抑える「簡略《かんりゃく》」政策を断続的に続けざるを得なかった。領民からの収奪を強めるよりは、家中に堪忍《かんにん》を強いることで難局を乗り切ろうとした。

「仁政《じんせい》」を基本とした政治理念において、綱政と光政の間に大きな違いはなかったが、その政治手法は異なっていた。光政はシステムよりは人を重視し、自らの眼鏡にかなった人材を通じて村や百姓に直接働きかけ、細かな政治を旨とした。そのため自らも藩内の状況を直接把握し判断する、行動的な藩主であった。それに対して綱政はシステムを整備し、役職の役割を明確にして政治を行おうとした。小仕《こし》置《おき》や郡代《ぐんだい》を重視し、肝煎《きもいり》・下肝煎・作奉行《さくぶぎょう》などを設け、民間の中間層に藩と村方をつなぐ役割を担わせた。評定《ひょうじょう》の充実もはかったが、最終的な判断は自ら行い、家中に直接教諭することも少なくなかった。

光政には「公儀《こうぎ》」の政治を自ら実践しているという自負があり、その立場から幕閣に対しても自分の意見を素直に述べた。それに比べれば綱政は幕府の方針や幕閣の意向に従順であった。特に将軍綱吉《つなよし》や柳沢吉保《やなぎさわよしやす》との付き合いは深く、それを自らの誉れと感じていた。

光政は家中から領内まで「正路」な人の連鎖を作ることを目標とした。そのため民衆の間にまで儒教を広めようとさまざまな教化政策を行った。キリシタン神職請《しんしょくうけ》は民衆の「精神世界」への乱暴な介入であった。綱政は民衆の内面への介入を避け、礼儀などの外見的な規制を通じて秩序の維持を図ろうとした。他方では、刑罰の緩和や「赦《しゃ》」の多用によって恩恵的な関係を民衆との間に作り出そうとした。後《こう》園《えん》での能興行への領民の招待も、領民との「親しい」関係を作り出そうとする配慮であった。

綱政の人格

光政は強靭な意志を持った人であった。幼くして父を亡くし、藩主としての緊張のなかで自立心を養った。常に反省を欠かさず、自己にも他者にも厳しい人であった。綱政には光政ほどの強靭さや厳格さは見られない。祖母や母に大切に育てられながら、他方では藩主となるための修養を父から課せられた。綱政の女色への嗜好は、そうした環境の中で生まれたのではないだろうか。一方で甘やかされ、他方で厳格に規制される。緊張と弛緩のなかで、心の揺れもあっただろう。藩主として独り立ちしてからは、藩政の最終責任者としての重圧と闘わなければならなかった。歳を取るに順って「朦気《もうき》」になることもあり、その政治判断に揺れや迷いが生ずることもあった。それでも藩主としての自覚を失うことはなかった。

儒学・仏教・神道を一体のものとし、ともに尊重する三教一致思想は、当時一般的であった社会意識だが、綱政もそのなかで思想形成を行った。藩学校や閑谷《しずたに》学校の縮小を提案したこともあったが、儒教や教育の役割を軽視したわけではなかった。平時には学校の釈菜《せきさい》にも参列し、教授の講釈も聴聞した。中年から仏教への傾倒が強まったのは、家族・親族の不幸が重なったことが契機であった。晩年になるに順って、自らの心の平安と池田家の存続を仏神に祈願することが多くなる。

綱政は和歌・能・庭園を深く愛好した。光政は心を正し自己を厳しく律することによって、政治の主体となった。綱政は、和歌・能・庭園によって心の養生を行い、情緒に遊ぶことで政治の重圧からの息抜きとした。特に和歌と庭園は、自然を愛《め》でる心を養い、豊かで広い情操を培ったことだろう。その点では光政の「剛」に対して綱政は「柔」とも言えるが、繰り返し述べているように政治主体として無責任であったのではない。いわば「公」と「私」の棲み分けと調和を図ったというべきだろう。もちろん常に調和がうまくいっていたわけではないが。

能と庭園は、「私」的な慰めの場であるともに「公」的な政治の場でもあった。後園での能興行には家臣とともにその子女も招待され、藩主の「恩」と家中の一体感を感じさせる場となった。また、そこへは百姓・町人の男女も見物を許され、領民の藩主に対する「親しみ」を感じさせる機会として利用された。そうした「恩恵」行為を多分「巧まず」に出来たのも、綱政の藩主としての素質であった。

綱政は家族の親密な関係作りを大切にした。それは父光政から受け継いだものであり、綱政自身その温もりの中で育った。光政は家の存続のために侍妾を持つことを厭わなかったが、その数は必要の範囲にとどめ、「奥向《おくむ》き」の秩序を維持することにも意を用いた。綱政にはそうした配慮は乏しく、幸い「奥向き」で大きな「争い」が起きたようには見えないが、家中にはその乱れを危惧する向きもあった。侍妾の産んだ子の中には綱政が認知していないものもあっただろうが、ある程度成長した子女に対しては愛情を示し、適当な縁組みを準備するなどの気配りを行っている。女色への耽溺は過剰と言わざるを得ないが、「家長」としての役割をないがしろにすることはなかった。

光政と比較しながら綱政の生涯を考えてみたとき、「明君」か否かということはあまり意味のあることだとは思えなくなる。綱政に「明君」という称号は似つかわしくないが、彼が元禄時代をまっとうに生きた大名であることは間違いないからだ。

「三輪《みわ》」は綱政が好んで演じた能の作品である。そのあらすじは次のようだ。

「覚むるや名残なるらん」

大和の三輪山の麓に玄賓《げんぴん》という僧が住んでいる。そこへ里の女が訪ねてくる。その素性《すじよう》を知りたくなった玄賓が女の教えた所を訪ねると、三輪の女神が現れる。女神は、神は衆生《しゆじよう》を救うために俗世の迷いのなかにある。仏法の力で救ってほしいと言う。そして里に伝わる神と人との夫婦物語を語り、やがて天の岩戸の神楽《かぐら》を舞う。そのうちに伊勢と三輪の神が一体であるという奥義《おうぎ》が示され、「かくありがたき夢の告げ　覚《さ》むるや名残《なごり》なるらん　覚むるや名残なるらん」と謡われて終わる。

「三輪」は前段と後段に分かれ、前シテの三輪明神は里の女として現れ、後シテの三輪明神は昔話と神道の奥義を語る。そしてこの物語全体が玄賓の夢であるという複式夢幻能《ふくしきむげんのう》の形をとっている。物語のように人生は幾重にも糸が重なり結ばれている。舞いは、幽玄ななかに静かにすすむ。それを舞いながら綱政は何を思っただろうか。舞いのうちに、因縁のあれこれが浮かび消える。夢はやがて覚める。神仏への想いが残る。

綱政は藩主として生きることを運命付けられていた。その人生に悩みや迷いは尽きなかったが、総じて池田家当主および岡山藩主としての役割を全《まっと》うし、政治的にも文化的にも十分に充実した人生であった。その運命に応《こた》えた満ち足りた人生であったと評してよいだろう。

註

はじめに

（1）白幡洋三郎『大名庭園』講談社、一九九七年。
（2）谷口澄夫『岡山藩政史の研究』塙書房、一九六四年、は、岡山藩の実質的な成立を寛永九年の光政の岡山入封におき、それ以前の忠継—忠雄時代を「前池田氏時代」、それ以降を「後池田氏時代」と呼んでいる。
（3）戦国期から江戸時代初期にかけての池田氏の動向については、岡山大学附属図書館・林原美術館編『天下人の書状をよむ—岡山藩池田家文書—』吉川弘文館、二〇一三年、によられたい。
（4）岡山藩では利隆時代（忠継が幼少であったため兄の利隆〈武蔵守〉が備前国の仕置を監督した）および忠雄時代の法令を「武州様法令」（E2-69）「忠雄様法令」（E2-70）としてまとめており、「家」としての交替とは別に、藩政の継承性は意識されていた。
（5）戦前には永山卯三郎『池田光政公伝』（復刻版）世界聖典刊行協会、一九八〇年（初版は一九三二年）があり、戦後には前掲註(2)谷口著書、同『池田光政』吉川弘文館、一九六一年、がある。最近では、上原兼善『「名君」の支配論理と藩社会　池田光政とその時代』清文堂出版、二〇一二年、倉地克直『池田光政』ミネルヴァ書房、二〇一二年。
（6）一七世紀末の元禄時代に書かれたもの。著者不詳。江戸史料叢書『土芥寇讎記』人物往来社、一九六七年。
（7）磯田道史『殿様の通信簿』朝日新聞社、二〇〇六年、など。
（8）柴田一『岡山藩郡代　津田永忠』上・下、山陽新聞社、一九九〇年。
（9）神原邦男『大名庭園の利用の研究　岡山後楽園と藩主の利用』吉備人出版、二〇〇三年、など。
（10）藤井駿・水野恭一郎・谷口澄夫編『池田光政日記』国書刊行会、一九八三年。

(11) 前掲註(5)参照。

(12) 綱政の動静を右筆が記録した「日次記」があり、元禄九年(一六九六)から正徳四年(一七一四)までが神原邦男編『池田綱政の日記』第一巻〜第一四巻、私家版、二〇〇八〜二〇一四年、として刊行されている。

(13) 『岡山県史・近世Ⅱ』岡山県、一九八五年、の第一章第一節「岡山藩政の展開と領民」(柴田一執筆)がまとまったものの一つとしてあげられる。

(14) 徳川社会のとらえ方や動向については、とりあえず倉地克直『徳川社会のゆらぎ』(全集日本の歴史・第一一巻)小学館、二〇〇八年、同『江戸の災害史』中央公論新社、二〇一六年、などによられたい。

(15) 幕府政治の動向については、朝尾直弘『将軍権力の創出』岩波書店、一九九四年、によられたい。

(16) 岡山藩政資料は廃藩置県後に池田侯爵家によって管理され、戦後岡山大学に寄贈された。池田家文庫の史料については、『池田家文庫総目録』岡山大学附属図書館、一九七〇年、の資料番号を示す。

(17) 前掲註(10)。原本は林原美術館に所蔵されている。

(18) 『池田家履歴略記』上・下、日本文教出版、一九六三年。

(19) 「池田氏系譜」(1)〜(10)(C1-18〜28)。本家の系図は「本系一」「本系二」(C1-18・19)、分家の分は「巻之二」から「巻之十」(C1-20〜28)となっている。

(20) 岡山藩政の動向を記した基本資料。藩の留方が作成した。承応三年(一六五四)から明治二七年(一八九四)までの約三〇〇冊が残っている(A1-53〜350)。

(21) 藩主の動静を右筆が記録した帳簿(いわゆる御側日記)を「日次記」と総称する。帳簿の名称、記載の内容や様式は時期によって異なるが、明暦四年(一六五八)から大正一五年(一九二六)まで約二〇〇冊が残っている(C10-972〜1170)。

(22) 藩の評定所の記録。寛文八年(一六六八)から貞享二年(一六八五)までの一四冊がある(E3-1〜14)。うち延宝八年(一六八〇)までは、『御留帳評定書』上・下、岡山大学出版会、二〇一七・一八年、として刊行されている。

(23) 岡山藩学校の日録。仮学校が創立された寛文六年(一六六六)から廃藩置県の明治四年(一八七一)までの六九冊が残っている(R1-1~69)。

(24) 「諸職交替」E1-1。岡山藩の主な役職の更迭記録。

(25) 藩士が先祖の由緒から池田家での代々の勤功を書き上げて藩に提出したもの。三四二三家の三〇二七冊が残されている(D3-1~2934、他)。途中で断絶した家については、「除帳」がある(D4-1~279)。

第一章

(1) 寛永一九年一〇月一六日付けの「侍帳」D1-4に、「加左衛門」を名乗る家臣は見当たらない。

(2) 中川瀬兵衛清秀の女絲子。利隆を出産したのちに病気となり、実家に帰され、のちに離縁。清秀の子の清成が豊後国岡城主となり、以後江戸時代を通じて中川氏は岡藩(竹田藩ともいう)の藩主を務めた。光政の四女の左阿子が中川久恒に嫁いでおり、江戸時代を通じて両家の関係は続く。

(3) 「池田綱政宛徳川家綱一字書出状」C6-320。

(4) 『寛政重修諸家譜』(続群書類従完成会、一九六四~六七年。以下本文中に〔寛政譜〕と略記する)によれば、綱政の婚約者は重宗(周防守)の息子の重郷(阿波守)の女である。重宗の養女として結婚する話しになっていたのだろうか。池田家の「御系図一」(C1-18)も「重郷女」とする。

(5) 三宅正浩は、この時期に多くの藩で嗣子の参勤交替が行われることに注目している(「幕藩政治秩序の成立」『近世大名家の政治秩序』校倉書房、二〇一四年)。三宅は国許での家老政治への移行期の問題としてとらえているが、ここでは嗣子の藩主教育と嗣子への相続の問題としてとらえた。

(6) 『御留帳評定書』上、岡山大学出版会、二〇一七年、「解説」。

(7) 「綱政公御道之記」C10-1227-1。これには最初の入国のときのものと四度目の入国のときのものが一緒に収められている。装幀も美麗で、包紙に「継政公御遺物」と朱書されている。継政が筆写したものか。ほかに同じ内容のものとして、享保一〇年（一七二五）一一月一四日に水野正勝が写した「美地農記」P915-13がある。

（8）C13-379。包紙の上書きに「備前へ参候御書の分、御返事申上ル、八通」とあり、後に綱政自身が一つの包紙でまとめて自らの心覚えのために残したと考えられる。八通の書状の本文と解説は、倉地克直「池田綱政の初入国と光政」『岡山地方史研究』一四四、二〇一八年、によられたい。

（9）「御系図三」C1-20、「池田蕃奉公書」D3-172。

（10）福田千鶴『酒井忠清』吉川弘文館、二〇〇〇年。

（11）倉地克直『池田光政』ミネルヴァ書房、二〇一二年。

（12）綱政の異母弟である八之丞（輝録）が蕃山の養子となり、その知行三〇〇〇石を継いでいた。なお、前掲註(11)倉地著書にもよられたい。

（13）綱政の異母弟で、光政の次男。正保二年（一六四五）生まれだから、当時一三歳。江戸生まれ江戸育ちの綱政とは違って、岡山生まれの岡山育ちであった。

（14）「諫箱」は承応三年（一六五四）に光政が設けた一種の目安箱。光政は、「諫箱」に入れられた目安の全てに目を通し、書き付けた。その書付は「御諫箱之書付」E5-63としてまとめられており、全文が上原兼善『「名君」の支配論理と藩社会　池田光政とその時代』清文堂出版、二〇一二年、に翻刻されている。

（15）光政の子女については、前掲註(11)倉地著書によられたい。

（16）同前。奈阿子・輝子・富機子は、いずれも綱政と同じ光政の正室勝子の子。

（17）『武江年表』上、筑摩書房、二〇〇三年。なお、倉地克直『江戸の災害史』中央公論新社、二〇一六年、にもよられたい。

（18）神原邦男・吉本勇「備前藩江戸屋敷の研究（一）―生駒正直著『備藩邸考』翻刻―」『吉備地方文化研究』第九号、一九九八年。

(19) 倅の五郎三郎が大膳の跡目二〇〇〇石を相続したが、翌万治二年(一六五九)二月八日に病死、番家は一旦断絶となっている〔奉〕。
(20) 前掲註(11)倉地著書。
(21) 『日記』は、明暦四年(七月二三日に万治と改元)の正月から九月四日までの記事が欠けていて、残念ながら、この期間の光政と綱政の動きがよく分からない。
(22) 「万治二年　侍帳」D1-14。この帳面に岩田八右衛門の名はなく、「万治四年　侍帳」D1-15から伊与付として名が上げられる。
(23) 「寛文十一年　侍帳」D1-21。
(24) 田中誠二「寛文期の岡山藩政」『日本史研究』二〇二号、一九七九年。前掲註(11)倉地著書。
(25) C9-103。表紙とも八丁の仮綴じ横半帳。包紙上書に「御心覚之御帳　一冊　廿九」とあり、「御廟御文庫／綱政公御手留御政事」と記した貼紙がある。
(26) 倉地克直「池田綱政の「心覚の書」」『岡山地方史研究』一四七号、二〇一九年。
(27) 久世大和・牧野織部とともに取次に当たっていた久世三四郎は、万治三年(一六六〇)正月二四日に亡くなった〔寛政譜〕。
(28) 田中誠二「岡山藩徴租法の研究」『史林』五九巻一号、一九七六年、が詳しい。
(29) しらが康義「岡山藩の「石高」について—幕藩権力構造分析の視点から—」北島正元編『近世の支配体制と社会構造』吉川弘文館、一九八三年。
(30) 「備前国九郡帳」B3-35-1、「備中国十一郡帳」B3-35-2。
(31) 前掲註(18)神原・吉本論文。
(32) 前掲註(7)に同じ。
(33) 前掲註(24)田中論文。

(34)「綱政朝臣道之記」C10-1228。表紙に「故御廟宝蔵」と記した貼紙がある。
(35)前掲註(18)神原・吉本論文。
(36)岡山藩学校については、ひろたまさき・倉地克直編『岡山県の教育史』思文閣出版、一九八八年、によられたい。
(37)財団法人特別史跡旧閑谷学校顕彰保存会編『閑谷学校ゆかりの人々』山陽新聞社、二〇〇三年。
(38)倉地克直「池田光政と狩猟」『林原美術館紀要・年報』五号、二〇一〇年。
(39)永山卯三郎『池田光政公伝』(復刻版)世界聖典刊行協会、一九八〇年(初版は一九三二年)、所収。
(40)これを「児島新田藩」という。恒元は慶安二年(一六四九)に播磨国宍粟郡に三万石を与えられ、児島の新田高は本藩に返された。
(41)延宝二年(一六七四)春と推定される池田丹波守(輝録)宛の熊沢蕃山書状では、蕃山は、もともと分知には反対であったと述べている(『増訂蕃山全集』第六冊、名著出版、一九七九年)。ただし、寛文九年当時から蕃山がそのように考えていて、その意見が光政に伝えられたかどうかは分からない。
(42)前掲註(11)倉地著書、前掲註(38)倉地論文。

第二章

(1)「家督之時分登城之様子」C6-315-1。表紙には「寛文十二壬子暦六月日(印)・同十三年・延宝二年　家督之時分登城之様子」とある。以下〔家督〕と表記する。
(2)渡辺助左衛門は延宝元年(一六七三)六月二四日に病死、替わりとして六月二九日に山下文右衛門が代官頭に任じられている〔奉〕。
(3)渡辺助左衛門は明暦三年(一六五七)正月二一日から、岩根須(周)右衛門は同年八月一〇日から、それぞれ一六年間郡奉行を務めていた〔奉〕。

（4）閑谷学校については、特別史跡閑谷学校顕彰保存会編『増訂・閑谷学校史』福武書店、一九八七年、によられたい。
（5）以上の二件の人事については、「門閥譜代層による巻き返し」とする評価もある（『岡山県史・近世Ⅱ』岡山県、一九八五年）が、二件とも光政が直接関わっており、家督相続・分知にともなって懸案を光政自身が処理したものと考えたほうがよいだろう。また、津田の閑谷への移住は、「凡庸な綱政では永忠を使いこなせないと見た光政の配慮」とする意見もある（柴田一『岡山藩郡代　津田永忠』上、山陽新聞社、一九九〇年）が、前後の綱政と永忠との関係からみれば、あまりにもうがった見方と思われる。「閑谷学校建設に専念させるため」という光政の説明はそのまま信じてよいのではないだろうか。いずれにしても津田の閑谷移住が光政の意向であることは間違いない。
（6）寛文九年（一六六九）の調査によれば、全領民のうち九七・五％が神職請となった。うち津高郡・赤坂郡・磐梨郡・邑久郡・上道郡・備中浅口郡は、一〇〇％が神職請になっている。倉地克直『近世の民衆と支配思想』柏書房、一九九六年。
（7）『御触書寛保集成』一二三八、岩波書店、一九七六年。
（8）『増訂蕃山全集』第七冊、名著出版、一九八〇年。
（9）『藩法集1・岡山藩』上、二五〇・二五一、創文社、一九五九年。
（10）倉地克直『池田光政』ミネルヴァ書房、二〇一二年。承応三年の洪水後の「改革」においては、光政が百姓ばかりを大切にして、武士を蔑ろにしているとの不満が家中にあった。
（11）守屋茂『岡山県社会事業史』上、大雅堂、一九四五年。
（12）前掲註（4）および横山定「岡山藩郷学・閑谷学校の整備過程について」『吉備地方文化研究』二七号、二〇一七年。
（13）「京都日帳」T7−15。袋上書に「延宝三年禁裏新院御普請京都之日記」、貼紙に「大納戸」とある。延宝三年正月七日から同年極月三〇日まで、禁裏造営に関する出来事が日次に記されている。
(14) 谷口澄夫『岡山藩政史の研究』塙書房、一九六四年。
(15) 「延宝三、六月十五日　学校の事申上ルひかへ」永山卯三郎『池田光政公伝』(復刻版) 世界聖典刊行協会、一九八〇年(初版は一九三二年)。
(16) 藩学校の小子数は寛文一一年(一六七一)の一二〇人をピークとして年々減少し、この年延宝三年(一六七五)は六八人になっている(前掲註(6)倉地著書)。
(17) 「烈公御返翰」前掲註(15)に同じ。(15)(17)の史料については、原本を確認できていない。二通のうち、綱政書状は控えで、光政書状は原本と思われるから、二通は一緒に綱政の手元で保管されたものと推定される。
(18) 木谷村二七九石余を閑谷学問所料にするという延宝二年四月朔日付けの池田綱政の宛行状R2-2。
(19) このときの光政と綱政の遣り取りについて、私自身もかつて、二人の間に「不協和音」が存在すると指摘したことがある(前掲註(11)倉地著書)。しかし、二人の間に意見の相違があったことは確かだが、それを「不協和音」と表現するのは適切でないと考える。その評価は、本文のように、「厳しい藩政の状況を踏まえた上で、二人の間でギリギリの対論が行われた」と改めたい。
(20) 藩学校の小子数は延宝三年(一六七五)以降も減少し、延宝八年(一六七九)に最低の一七人となる(前掲註(6)倉地著書)。
(21) 「御預書付」G2-227。
(22) 「酒井忠清宛池田綱政書状控」C7-640。包紙上書に「延宝四丙辰二月四日　雅楽殿へ申遣候勝手ノ事ひかへ」とあり、「御廟」の貼紙がある。
(23) 「自分勝手作廻積目録」G1-44。端裏貼紙には「一」と朱書されていて、天和三年の「簡略仕法」の議論の際に津田重二郎・服部与三右衛門によって整理された書付類の一つであることが分かる。柴田一は津田重二郎が作成したものとするが(前掲註(4)柴田著書)、今のところ確証はない。

(24)「自分勝手簡略積目録」G2−230。端裏貼紙に「二」と朱書されている。

(25)「覚」G2−231。端裏貼紙に「三」と朱書されている。

(26)光政の娘で他家に嫁いでいたものに与えていた化粧料（持参銀）を一時的に借用したもの。具体的には、のちに述べる社倉米の元銀となった奈阿子（本多忠平室）の湯沐料一〇〇〇貫のことを指す。

(27)江戸時代の貨幣は金銀銭の三貨制で、元禄時代の公定相場は金一両＝銭四貫文＝銀六〇匁であったが、実際の両替は、時と所の相場によって大きく異なった。

(28)国富家文書「諸用留十三」『岡山県史・備前家わけ資料』岡山県、一九八六年。

(29)光政が岡山を離れるのは、延宝七年（一六七九）二月一〇日。

(30)「池田綱政宛池田光政書状」G2−228−2。「御簡略御書付　五通」と上書され「御廟」と記した貼紙のある包紙に包まれた書付類（G2−228）のうちの一通。

(31)「巳之暮ゟ戌之暮運上銀上納覚」G1−43。端書に「運上銀之内巳ノ歳ゟ新規ニ被召上分書分ケ目録」とあり、「四」と朱書されている。

(32)国富家文書「諸用留十二」『岡山県史・備前家わけ資料』岡山県、一九八六年。

(33)前掲註(28)に同じ。

(34)同前。

(35)倉地克直「池田光政と狩猟」『林原美術館紀要・年報』五号、二〇一〇年。

第三章

(1)「御積平シ免三ツ八分過不足指引并諸運上不足之覚」G1−42。端裏貼紙に「五」と朱書されていて、天和三年（一六八三）の「簡略仕法」の議論の際に津田重二郎・服部与三右衛門によって整理された書付類の一つであることが分かる。

(2) 倉地克直『徳川社会のゆらぎ』(日本の歴史・第一一巻)小学館、二〇〇八年。

(3) 正式に大庄屋制が復活するのは宝永四年(一七〇七)一二月のことである。この時、肝煎・下肝煎がともに大庄屋と改称され、役米二〇俵が下されることになった。人数は全領で六三人であった〔留〕。

(4) 「故少将様御逝去留」C5-2531。

(5) 「仰置之覚書」(五月朔日)C4-102-1。(5)と(6)の史料は一緒に包紙に包まれており(C4-102)、その上書に「仰置之覚書　六月二日　大学指越候　二通」とあり、貼紙には「御廟」と記されている。光政の死後池田大学から江戸に送られた覚書を、六月二日に綱政自身が書き付けたもの。

(6) 「仰置之覚書」(五月六日)C4-102-2。

(7) 前掲註(1)に同じ。

(8) 「亥ノ年御借銀之覚」G3-67。端裏貼紙に「御借銀高委細服部与三右衛門書出シ」とあり、付紙に「十」と朱書されている。

(9) 『藩法集1・岡山藩』上、一〇六七、創文社、一九五九年。

(10) 同前、一〇七二。

(11) 同前、一〇七五。

(12) 倉地克直『近世の民衆と支配思想』柏書房、一九九六年、前掲註(2)倉地著書。

(13) 倉地克直「池田光政と狩猟」『林原美術館紀要・年報』五号、二〇一〇年。

第四章

(1) 木村礎『近世の新田村』吉川弘文館、一九六四年。

(2) 『岡山県史・近世Ⅱ』岡山県、一九八五年。

(3) 同前、および柴田一『岡山藩郡代　津田永忠』下、山陽新聞社、一九九〇年。

（4）「社倉米ニテ取立ノ開墾地面積及費額摘録」M1－29。「津田氏旧記」より抜粋とある。
（5）『備前記』備作史料研究会、一九九三年。岡山藩で長く郡奉行を務めた石丸平七郎定良が元禄一三年から同一七年（一七〇〇～〇四）にかけて編纂した地誌。
（6）「津田佐源太ヨリ来留」L4－33－2。表紙に「元禄十六年未　津田佐源太ヨリ来留」とあり、元禄一六年（一七〇三）の隠退にあたって津田が提出したものであることが分かる。
（7）前掲註（4）（5）（6）による。
（8）前掲註（4）に同じ。
（9）前掲註（6）に同じ。
（10）前掲註（5）に同じ。
（11）『百間川の歴史』建設省中国地方建設局岡山河川工事事務所、一九七八年。
（12）前掲註（2）および註（3）柴田著書。
（13）前掲註（4）に同じ。
（14）前掲註（5）に同じ。
（15）前掲註（3）柴田著書。
（16）「御銀書付」G9－90－1。
（17）「寛文十一年亥ノ暮在々御借シ米（算用書付）」M1－58－2。註（18）の史料と一緒に包紙に包まれている（M1－58）。包紙上書には「シヤソウ書付」とあり、「御廟」と記された貼紙が付けられている。
（18）「社倉米之利分之内ヲ以只今迄取立候覚」M1－58－1。
（19）前掲註（17）に同じ。
（20）この年より原則として救米の支給を止めることとし、前年の救米の半分にあたる額が郡方請込米として貸付運用されることになった（前掲註（3）柴田著書）。しかし、先にも述べているように、実際に飢饉時に救米の支給を止めることは出来なかった。

(21) 前掲註(6)に同じ。

(22) 岡山藩における褒賞制度の変遷と「孝義録」については、妻鹿淳子『近世の家族と女性』清文堂、二〇〇八年、によられたい。

(23) 『増訂蕃山全集』第六冊、名著出版、一九七九年。

(24) 正宗敦夫は『蕃山全集』全六冊、蕃山全集刊行会、一九四〇〜四三年、の編者である。

(25) 前掲註(23)の正宗敦夫の「勘」による。

(26) 「綱政公へ上ル書二通」淵本基一編『宍粟日記』(私家版)一九四二年。書中に日置草也の隠居のことが記されている。日置猪右衛門(忠治)は貞享三年正月一五日に隠居し、同月一八日には草也と名乗ることを許されている〔奉〕。水野三郎兵衛が貞享四年三月一四日に死亡している〔奉〕ことも考えれば、この書状は貞享三年のものと考えてまず間違いないだろう。

(27) 元禄八年五月朔日付け「日置猪右衛門宛津田佐源太書状」前掲註(3)柴田著書。淵本基一編『続宍粟日記』(私家版)一九四二年にも収録されている。

(28) 塚本学『徳川綱吉』吉川弘文館、一九九八年、および倉地克直『徳川社会のゆらぎ』(日本の歴史・第一一巻)小学館、二〇〇八年、によられたい。

(29) 倉地克直『江戸文化をよむ』吉川弘文館、二〇〇六年。

(30) G3-71。「御作廻書付」と書かれた包紙に、五通の文書が包まれている。包紙付紙には「大納戸ハね蓋」と記されている。

(31) 「覚」G3-71-4。

(32) 「覚」G3-71-5。

(33) 「巳ノ歳京大坂江戸御国共御借銀元利之覚」G3-71-2。端裏に「九」と朱書されている。

（34）「年寄共へ申聞覚」G9-94。「元禄二己巳年十月九日年寄番頭惣中へ申聞す書付」と記した包紙に包まれており、「御廟」と記した貼紙に「十六」と朱書されている。
（35）「知足院記」C6-472-2。

第五章

（1）『岡山後楽園史』岡山県郷土文化財団、二〇〇一年。後楽園の造営が津田永忠の功績として語られることもあるが、津田の関与は乏しく、実質的に企画・推進したのも綱政自身であった。
（2）白幡洋三郎『大名庭園』講談社、一九九七年。
（3）同前、および『兼六園全史』兼六園観光協会、一九七六年。
（4）『衆楽園』津山郷土博物館、一九九七年。
（5）柴田一『岡山藩郡代　津田永忠』上・下、山陽新聞社、一九九〇年。
（6）前掲註（1）著書など。
（7）「延養亭瑞鶴賦」『岡山後楽園史・資料編』岡山県郷土文化財団、二〇〇一年。
（8）「閑校開発略記」R2-13。寛政七年（一七九五）に有吉覚右衛門が著したもの。『増訂閑谷学校史』福武書店、一九八七年、に翻刻されている。
（9）倉地克直『近世の民衆と支配思想』柏書房、一九九六年。
（10）「備前岡山城下諸郡共并備中領分寺社数寺社領書上」P1-218。
（11）倉地克直『近世日本人は朝鮮をどうみていたか』角川書店、二〇〇一年。
（12）「備前備中御領分寺数帳」P1-373。
（13）前掲註（10）に同じ。
（14）『御触書寛保集成』一一八三、岩波書店、一九七六年。

(15) 倉地克直『江戸文化をよむ』吉川弘文館、二〇〇六年。
(16)「備前備中領分之内寺社領判物之扣」P1-237。
(17) 近藤萌美「江戸前期岡山藩主の先祖祭祀とその思想背景」『岡山県立記録資料館紀要』九号、二〇一四年。
(18) 永山卯三郎『池田光政公伝』下巻（復刻版）、世界聖典刊行協会、一九八〇年（初版は一九三二年）。
(19) 同前。寛永一五年（一六三八）に利隆の霊前に供えるために光政が筆写したものである。
(20)「曹源寺記録」P1-189。
(21) 神原邦男「「護国山曹源寺展」に寄せて―池田綱政と曹源寺―」『護国山曹源寺』岡山県立博物館、二〇一四年。
(22) 前掲註(20)に同じ。
(23) 同前。
(24) 前掲註(5)柴田著書。渕本基一編『続宍粟日記』（私家版）一九四二年にも収録されている。
(25) 前掲註(5)柴田著書。
(26) 池田正一郎『日本災変通志』新人物往来社、二〇〇四年。菊池勇夫『近世の飢饉』吉川弘文館、一九九七年、にもよられたい。
(27)「曹源寺様御任官之一巻」C4-107-1。
(28) 定兼学「元禄・宝永期の流罪地鹿久居島について」「「赦」と流罪」『近世岡山地域史の研究』（私家版）一九八八年。
(29)『岡山県史・近世Ⅰ』岡山県、一九八四年、大森映子「大名課役と幕藩関係―元禄十二年備後福山の幕領検地―」歴史学研究別冊『歴史認識における民族と国家』青木書店、一九七八年。
(30) 倉地克直『徳川社会のゆらぎ』（日本の歴史・第一一巻）小学館、二〇〇八年。
(31)「津田佐源太ヨリ来留」L4-33-2。

(32) 以下の内訳にある三件を合計してみると、一万四四〇貫一六〇匁三分になる。なぜ計算上の数値の合計と違いが出るのか、分からない。
(33) 前掲註(31)に同じ。
(34) 村井淳志『勘定奉行荻原重秀の生涯』集英社、二〇〇七年。なお、塚本学『徳川綱吉』吉川弘文館、一九九八年、および倉地克直『徳川社会のゆらぎ』(日本の歴史・第一一巻)小学館、二〇〇八年、にもよられたい。

第六章

(1) 倉地克直『徳川社会のゆらぎ』(日本の歴史・第一一巻)、小学館、二〇〇八年。
(2) 倉地克直「文献にみる中国・瀬戸内地域の概況」『一七〇七宝永地震報告書』内閣府(防災担当)、二〇一四年。
(3) 前掲註(1)倉地著書。
(4) 倉地克直「宝永年間の学校縮小をめぐる動きについて」『閑谷学校研究』二三号、二〇一八年。
(5) ひろたまさき・倉地克直編『岡山県の教育史』思文閣出版、一九八八年。
(6) 夫役の賦課などが免除されていた。『増訂閑谷学校史』福武書店、一九八七年。
(7) 同前。
(8) 深井紀夫「岡山藩学校奉行市浦毅斎について」『閑谷学校研究』第四号、二〇〇〇年。
(9) ここで述べる市浦清七郎の経歴については、彼の「奉公書」D3-227による。
(10) 林原美術館所蔵「泉・市・小三先生行状記」。『吉備群書集成』第四巻(歴史図書社、一九七〇年)「泮水餘波」に所収されているものは、字句が数か所異なる。ここでは林原本によっている。
(11) 篠岡謙道は福山検地帳御用や留帳御用を津田佐源太の下で務めたのち、宝永元年(一七〇四)には切米五〇俵を給わり、郡方役義を勤める。宝永六年八月一九日に学校御用を仰せ付けられ、学校縮小の「危機」が去った後の一一月一〇日に御廟御用を兼ね、一二月二五日には和意谷・閑谷諸事御用を市浦と相談して務めるよう仰せ付けられている。正徳二年（一七一二）に市浦が職を辞すと、岡助右衛門とともに跡役を仰せ付けられ、御廟学校奉行となった〔奉〕。なお、倉地克直「色欲を慎むよう藩主に直言した　笹岡次郎七郎」『閑谷学校ゆかりの人びと』山陽新聞社、二〇〇三年、にもよられたい。

(12)「留帳」・「日次記」・「備陽国学記録」および各家の「奉公書」では、その徴証は見付けられなかった。

(13)林原美術館所蔵「芳烈祠堂記」。市浦清七郎が光政の遺徳を顕彰し芳烈祠の由来を記したもので、本文は宝永元年成立。引用したのは、本文の後に「惟直按」として追記された文章の末尾。「惟直」は清七郎の諱。「泮水餘波」所収の「芳烈祠堂記」では、この部分は省略されている。

(14)「御系図一」C1‐18。「須」と「順」のくずしはほとんど同じなので、「政須」を「政順」と記す資料や書物もあるが、この史料では「政順」を訂正して「政須」としている箇所がある。本書では「政須」とする。

(15)新井白石『折たく柴の記』岩波書店（文庫）、一九九九年。

(16)倉地克直『近世日本人は朝鮮をどうみていたか』角川書店、二〇〇一年。

(17)この時、西川（旭川）は京橋で常水より六尺（一・八m）高く、東川（吉井川）は吉井村前で常水より四尺（一・二m）高、備中中島川（高梁川）は中島村前で常水より一丈一尺二寸（約三・四m）高かったという〔留〕。

(18)西川は京橋で常水より一丈二尺（約三・六m）高く、東川は吉井村前で常水より一丈一尺（約三・三m）高、備中中島川は中島村前で常水より一丈二尺（約三・六m）高かった〔留〕。

(19)C9‐122‐1。包紙上書に「茂重郎へ書付」とあり、（貼紙）「御廟」と記した貼紙がある。この包紙に註(20)(21)(22)の三通の書付が包まれている。

(20)〔茂十郎宛羽林次将書付〕C9‐122‐1‐1。

(21)「葬之事」C9‐122‐1‐3。宛名はない。

(22)〔茂十郎宛少公書付〕C9‐122‐1‐2。

（23）「書付」C9-122-2。註(19)の三通の書付と一緒に紙縒で括られている。外包紙上書に「宝永七寅ノ八月三日御渡被遊御書付」とあり、内包紙上書および端裏書に「書付　浅野瀬兵衛ニ渡置」と記されている。
（24）輝子が亡くなるのは享保二年（一七一七）四月一五日である。倉地克直『池田光政』ミネルヴァ書房、二〇一二年。

第七章

（1）倉地克直『池田光政』ミネルヴァ書房、二〇一二年。
（2）年未詳一一月一四日付「淵本弥兵衛宛池田恒元書状」淵本基一編『宍粟日記』（私家版）一九四二年。恒元が亡くなる寛文一一年九月四日以前で、嗣子の政元が豊前守に任官する寛文九年一二月二五日以後なので、寛文一〇年（一六七〇）の書状と推定される。綱政が家督相続する以前のものである。
（3）平成三〇年林原美術館特別展「王朝文学への憧れ」。
（4）倉地克直『江戸文化をよむ』吉川弘文館、二〇〇六年。
（5）若いころの寛永八年（一六三一）から一三年に「八代集」の筆写を行ったことに始まり、生涯にわたって和歌の古典の筆写を行っている。永山卯三郎『池田光政公伝』下巻（復刻版）、世界聖典刊行協会、一九八〇年（初版は一九三二年）。寛文八年（一六六八）には何種類かの『風葉和歌集』の抜書を作っている（林原美術館など所蔵）。
（6）林原美術館所蔵。なお、原豊二「池田光政ほか筆『射山百首和謌』（林原美術館蔵）について」『山陰研究』九号、二〇一六年、山崎桂子「『正治初度百首』再考─新出「射山百首和歌」（林原美術館所蔵）より─」『国語と国文学』平成三一年二月号、二〇一九年、にもよられたい。
（7）綱政は承応二年（一六五三）一二月二三日に伊予守になっており、奈阿子は承応三年（一六五四）七月三日に結婚しているから〔系〕、その間に筆写されたと考えた。

（8）「綱政公御道之記」C10-1227-1。
（9）同前。表紙題箋には「万治二年御帰国」とあるが、実際は寛文五年のものである。
（10）「綱政朝臣道之記」C10-1228。表紙に「故御廟宝蔵」と記した貼紙がある。
（11）林原美術館所蔵。平成三一年林原美術館企画展「鳥ノアト―手紙　紡ぐ言葉・伝える心―」。福留瑞美「和歌の学びと交流―池田綱政と広島藩・浅野綱晟―」『国文学』一〇三号、二〇一九年。
（12）同前。
（13）林原美術館所蔵。神原邦男「〔資料紹介〕「竊吟集」岡山藩主池田綱政の自筆歌集」『林原美術館紀要・年報』二号、二〇〇七年。
（14）『岡山後楽園史』岡山県郷土文化財団、二〇〇一年。
（15）神原邦男『大名庭園の利用の研究　岡山後楽園と藩主の利用』吉備人出版、二〇〇三年。
（16）『岡山藩主池田家と吉田・二川』豊橋市二川宿本陣資料館、二〇一七年。〔奉〕〔履〕。
（17）前掲註(15)に同じ。
（18）狩野常信筆「池田綱政像」曹源寺所蔵。『護国山曹源寺』岡山県立博物館、二〇一四年。
（19）前掲註(1)倉地著書。
（20）前掲註(15)神原著書。以下、ここでの記述は同書によるところが多い。
（21）同前。
（22）同前。
（23）大森映子「元禄期における備讃国境争論」『史艸』二三号、一九八二年、倉地克直『絵図と徳川社会』吉川弘文館、二〇一八年。
（24）「蹴鞠免状之次第」R5-95-5。『京都と岡山藩』岡山大学附属図書館・岡山シティミュージアム、二〇一五年。「綱政公蹴鞠御免状其外品々」と記した貼紙のある桐箱に、扇や「鞠垣之絵図」などとともに収められている。

あとがき

わたしが池田綱政に導かれた筋は二つある。

一つは、言うまでもなく『池田光政』（ミネルヴァ書房、二〇一二年）を書いたことだ。この本は光政の評伝なので、その一生を扱っているが、どうしても藩主時代が中心となり、隠居後のことは手薄であった。子の綱政に藩主の座を譲ったのちも、光政は一〇年間生きている。彼の最後の「改革」は道半ばのままであり、その行く末も気になる。この一〇年間の岡山藩政をきちんと見ておきたいという気持ちは以前から強くあった。

もう一つは、『江戸の災害史』（中央公論新社、二〇一六年）だ。この本では、一七世紀の半ば以降に領主の救恤システムが形成されることを述べているが、そこでは例として、延宝・天和期の洪水・飢饉とそれへの岡山藩の対応についても触れている。このことについては、かつて岡山藩における「非人」支配の問題として論じたことがあるが（「延宝・天和期岡山藩の「非人」について」『岡山大学文学部紀要』三号、一九八二年）、改めて藩政全体の動向を押さえておく必要があると考えていた。

こうした筋道を進む後押しになったことも二つある。

一つは、『御留帳評定書』上・下（池田家文庫資料叢書3、岡山大学出版会、二〇一七・一八年）を刊行したこと。この史料の校正を重ねるなかで、延宝・天和期の岡山藩政についてのイメージが次第にふくらんできた。

もう一つは、『岡山後楽園史』（岡山県郷土文化財団、二〇〇一年）編集の末席に加えていただいて以来、岡山県郷土文化財団が主催する後楽園関連の事業に参加させていただいていること。そのなかで池田綱政という人物に対する関心が少しずつ湧いてきた。神原邦男さんの『池田綱政の日記』（私家版、二〇〇八〜一四年）の刊行にも後押しされている。

個人の生涯を通して時代や社会を見ることの面白さは、『池田光政』を書くなかで感じていた。評伝という叙述の形にも自分に馴染むものがあった。史料を読むうちに、これまでの綱政の人物像に不満を感じるようになった。

手始めに光政と綱政の関係について、二つのテーマで少しウォーミングアップをしてみた。一つは、嗣子時代の綱政に対する藩主教育について。もう一つは、藩学校に対する綱政の態度と「学問嫌い」という評価について。それぞれ二つずつ文章を書いた。

「池田綱政の初入国と光政」『岡山地方史研究』一四四号、二〇一八年
「池田綱政の「心覚ノ書」―万治二年二度目の帰国中の綱政―」『岡山地方史研究』一四七号、二〇一九年
「宝永年間の学校縮小をめぐる動きについて―光政と綱政（1）―」『閑谷学校研究』二二号、二〇一八年
「延宝三年の学校廃止をめぐる動きについて―光政と綱政（2）―」『閑谷学校研究』二三号、二〇一九年

いずれも本書に吸収されて重要な論点になっているので、いささか重複する部分のあることはお許し

いただきたい。

これらの仕事をしながら岡山藩の「留帳」などを読み直し、綱政の人生に沿って藩政をトレースし直した。あらかた文章を仕上げて、いつもお世話になっている編集部の岡庭由佳さんに読んでいただいたところ、あれよと言う間にこのような形で陽の目を見ることになった。

いささか心残りなのは、当時の岡山地域民衆の生活誌について十分に触れられなかったこと。綱政の人生を評伝という形で追うなかでは、なかなか適当な場面を見付けられなかった。やり残しがあるほうが次につながると居直って、読者の温情を乞いたいと思う。

史料の利用については岡山大学附属図書館利用者支援グループの皆さんにお世話になっている。岡山地方史研究会をはじめ岡山地域で活動する多くの歴史研究者・愛好家の皆さんにも、いつもご教示と刺激を与えられている。写真は瀬戸祐介さんの協力を得た。皆さんに改めて感謝の意を表したい。

二〇二〇年は閑谷学校開学三五〇年、岡山後楽園開園三二〇年にあたる。地域の素晴らしい文化財を未来に伝えるためにも、引き続き微力を尽くしたいと思う。

二〇一九年六月一一日　日日是好日

倉地克直

著者略歴
一九四九年、愛知県に生まれる
一九七七年、京都大学大学院文学研究科国史学専攻博士課程単位取得退学
現在、岡山大学名誉教授
〔主要著書〕
『徳川社会のゆらぎ』(小学館、二〇〇八年)、『池田光政—学問者として仁政行もなく候へば—』(ミネルヴァ書房、二〇一二年)、『「生きること」の歴史学—徳川日本のくらしとこころ—』(敬文舎、二〇一五年)、『江戸の災害史—徳川日本の経験に学ぶ—』(中央公論新社、二〇一六年)、『絵図と徳川社会—岡山藩池田家文庫絵図をよむ—』(吉川弘文館、二〇一八年)

池田綱政
元禄時代を生きた岡山藩主

二〇一九年(令和元)九月十日　第一刷発行

著　者　倉《くら》地《ち》克《かつ》直《なお》
発行者　吉　川　道　郎
発行所　株式会社　吉川弘文館
郵便番号一一三—〇〇三三
東京都文京区本郷七丁目二番八号
電話〇三—三八一三—九一五一〈代表〉
振替口座〇〇一〇〇—五—二四四番
http://www.yoshikawa-k.co.jp/
印刷＝株式会社　理想社
製本＝誠製本株式会社
装幀＝清水良洋・高橋奈々

ISBN978-4-642-08359-1

天下人の書状をよむ　岡山藩池田家文書

岡山大学附属図書館・林原美術館編

Ｂ５判・一六〇頁・原色口絵二頁／二四〇〇円

戦国乱世を乗り切り、近世大名として成長した岡山藩主池田家。信長・秀吉・家康ら天下人より送られた書状類九六点を一挙公開。史料には現代語訳と解説を付し、天下人の言動や人柄、藩主や家族の生きざまや心性に迫る。

岡山藩（日本歴史叢書）

谷口澄夫著

四六判・三五六頁・口絵二頁・地図二丁／三〇〇〇円

幕藩体制の有機的一環としての藩制研究は今や勃然として起りつつある。本書は著者多年研究の結晶として、外様の雄、岡山藩をその全期間に亙り総合的に解明し、藩政の確立、展開、解体等個別的研究に先鞭をつけた力編。